JN035657

再生へのエール

アルコール依存症者の自立支援センター
『いばしょ』の物語

風見豊

22世紀アート

この本に登場するすべての人物から実名、仮名に関わらず、年齢、病歴、家族構成、学歴、職業等の個人情報が掲載されることについて承諾を得ている。

風見豊

※本書は２０１４年クムラン社から出版された『ただいま回復中…？　―アルコール依存症者の自立支援センター―『いばしょ』の物語』を電子出版するために著者の依頼を受けて私が新たに加筆、修正したものである。

ＮＰＯ法人　京王断酒会　服部信男

目次

『いばしょ』とは

むさしのメンタルクリニック院長　原　仁美（ひとみ）

今年の1月2日に兄が死んだ。56歳、アルコール依存症だった。肝硬変から糖尿病を併発し、亡くなる前の半年はインシュリンを最大量打ち続けた。繊細で、かなりのわがまま、でも人を傷つけることの言えない人だった。

悲しみが波のように繰り返し、繰り返し私の心に溢れる。彼の人生はこの世に生を受けたときから過酷だった。両親とも精神科医で、多忙だったことを償うためにお金で雇われた人に囲まれて育った。大人が利害のために子供を利用する姿を幼い頃から私たちは体験した。両親はお互い個性が強すぎて、夫婦としては機能不全だった。

父方が画家の家系だったためか兄は絵が上手だった。将来の職業選択に迷ったとき、彼が第二の父親と慕っていた精神科医で、のちに彼の治療者にもなる土居先生（甘えの構造の著者）に、将来の方向について、絵描きになろうかと思うと相談したところ、それでは食べていけないから、どうしてもなりたいものがなければ、医師になりなさいと勧められ、医学部に進学することになった。

どうしても医師になりたかった私と違い、兄はそれほどこの職業に就きたかったわけではなかった。大学入学の頃からアルコールの依存は始まった。その背景にあったのは、対人恐怖症ともいえる対人緊張の高さと、幼少期から続く頑固な不眠だった。学生時代は車のレースにはまり、何台もの車をお釈迦にした。飲酒運転がなかったのは彼の真面目さゆえであろう。精神科医局に入局するとすぐに当時の主任教授に呼ばれ「この教室はアルコール依存症の巣だから注意するように」と言われた。最悪の組み合わせだった。

医学部時代から交際していた相手と卒業と同時に結婚した。それ以前に兄が好きだった人との結婚は母親に反対され、結局母親の友人の紹介で知り合った相手と結婚した。

最初のクライシスはこの結婚の破綻が引き金になった。今思うと自分には味わえなかった普通の家庭が欲しかった兄と、キャリアを求める生き方に馴染む、ニューヨークの大学を卒業した彼女との結婚は、当初から食い違っていたのだろう。度重なる不協和音のあと、ある日突然、妻と幼い息子が姿を消して海外に行ってしまった。朝「行ってらっしゃい」と普通に挨拶して夜にはその姿は跡形もなく消えていた。あとは相手の雇った敏腕弁護士による裁判が始まった。

兄自身にも相当問題があったことは認めていたが、この過程が兄には辛すぎた。その直後に父親が脳内出血で急死した。アルコールの影響もあり、重度の躁状態となり入院した。土居先生が兄の家まで行って入院を説得してくれた。溢れんばかりのＦＡＸの山が、朝、夜かまわず私の自宅に届き、このときの恐怖が、その後も私の記憶に刻まれ、兄への不信感と怒りが、私の心にはあった。

立場上総合病院に入院したこともあり、アルコールの専門治療は受けることができなかった。このとき使用した大量の向精神薬の影響もあり、この頃から多飲症（1）がはじまった。

入院を契機に治療者が変わった。断酒とスリップ（2）を繰り返し、2回目のクライシスが彼を襲う。再婚した妻との間の息子が最も予後の悪い白血病に罹患（りかん）する。まだ8歳だった。3年間白血病と闘い、2年間は無菌室を出入りした。この闘病の最中に妻が癌になった。幸い初期の癌で根治できた。さらに病院の経営上の厳しい時期が加わり、彼は母親の一存で理事長を引き受けざるを得ない立場に追い込まれた。私はこれに真っ向から反対していたが、私の意見は無視された。ここで私がもっと兄と話し合えば良かったのかもしれない。大きな流れのなかで、私も自分を保つことで精一杯だったし、兄への不信が尾を引いていたのかもしれない。

10リットルという大量の腹水で兄は救急搬送され、余命一ヶ月と診断される。3年前の出来事である。病室でアルコールの治療を受けることを私と約束するも、兄の身体はボロボロだった。

それから私が主治医になった。兄もそれを強く望んだ。断酒はもう難しくなかった。「なんでこんなに自分の身体に無頓着でいられたのかと思う」と兄は言っていた。

問題は多飲症との闘いだった。水の離脱症状でイライラし、不眠が悪化し、待つことができず当り散らし、入院していた病院の医師はそれが理解できず、度々衝突した。一貫した治療のため病院の心療内科に一時主治医を交代していた。最終的には私がまた診ることになり、数ヶ月の戦いの末これを克服した。安定したのも束の間、その数ヵ月後に糖尿病との闘いが始まる。飲水も制限され、食べ物も厳しく制限され、心を満たすために頼れるものは何も無くなってしまった。当時兄が買った絵は、母親にしっかり抱かれていた幼子の絵だった。

辛い最後の戦いが始まった。骨と皮になった体で、少しでも多く食べると最大量のインシュリンを打っていたにもかかわらず、血糖値が３００を超えた。運動療法といっても体力もなく、マンションの階段を上り下りする程度だった。亡くなる一ヵ月半前に「もう辛くて死にたい」と言った彼に、私は少し厳しく言った。「今のお兄さんにとって死ぬことはとても簡単なこと、お兄さんは辛いことがあると、これまで病気に逃げたり、お酒に逃げてきた。今度は逃げないで辛さに耐えて、誇りを持って生きて、死んで欲しい」兄は少し考えて「君の言う通りだね、もう少し頑張るよ」と言ってくれた。正月兄は自宅で倒れ病院に運ばれた。ＣＣＵ(3)の病室で、脳死状態になった兄の手を握って、意識はないので生体の反射反応でしかないだろうが、彼は握り返してきて、私は彼に話しかけた。「お兄さん、よくよく頑張ったよ。私は誇りに思うよ、子供にもその姿は伝えるからね」と。

誰でも人はこの世に生まれてきて、幸せになる権利があると私は思う。幸せを感じる時間が、兄にはあまりにも少なかったのではないか、それが残念でならない。残された兄の家族が、少しでも安心して暮らせるように、現実的な配慮ができたことが、私の贖罪なのかもしれない。

アルコールは感情を消してしまう。生きていくことの辛さ、深い孤独、甘えることの許されない悲しみを感じないようにしてくれる、いわば親友だ。しかし、その親友が現実の人とのつながりを壊し、信頼を失わせ、さらなる孤独地獄へと追いやってしまう。そこには誇りを持って生きる、誇りを持って死ねるという人生はない。

この『いばしょ』物語から見えてくるものはなんだろうか？　自分史を投稿してくれた人たちに共通するもの、みんな〈愛情貧乏〉だ。なかには赤貧の人もいる。見果てぬ夢を心の奥にしまっている。現世では決してかなわない無償の愛をそそいでもらうこと。飲酒渇望はその裏に愛情渇望を秘めているのではないか？　そこがアルコール依存になる人とならない人との違いなのではないだろうか。その夢がかなわないとしたら、どうすればいいのか？　私はその答えは、自らが人を愛すること、愛されなくても愛情がよくわからなくても、愛することを学ぶ努力をすることはできる。それが負の連鎖を止めることにつながるのだ。

『いばしょ』はどこか網のような存在かもしれない。落ちていく命を受け止め、粉々に壊れないようにする網。引っかかる人もいれば、少し引っかかることで粉々にならず、無事に着地する人、ずるずると少しずつ落ちていく人、様々だ。それでも真っ逆さまに落ちるより、はるかに救えるものがある。愛情を教えられる場、こんな貴重な『いばしょ』をつくり上げた人たち、その中心にいる幸子(さちこ)さん、そして熱い心を持って網を両手一杯に広げて支えている豊さん、みんな素晴らしい人たちです。

私たちみんな一つのチームですよね？

【註】

（1）多飲症：水に魅入られたように一日中飲水にふける。著しい場合には一日に十リットル以上の水をあおるように飲む症状。

（2）スリップ：飲まない期間がある程度続いたあとに再飲酒すること。

（3）CCU：coronary care unit　心臓血管系の重症患者を対象とする特殊な集中治療室。

『いばしょ』ができるまでの記

何とも不思議なものができた。いい大人が泣き、笑い、怒り、叫んでいるのだ。子供の頃から抑え込まれてきた感情が一気呵成に爆発することもある。斜に構えて威張りくさり、上目使いで人の気配をうかがい、隙を突いて悪さをする達人でもある。「エエ格好しい」するヤツは消えて行く。世間じゃ、まともに相手にしてもらえない「ロクでもねェヤツら」の集まりが『いばしょ』だ。

私はアル中本人だ。酔っ払って大暴れした「クズ」だ。断酒会(4)は私を「仲間」として受け入れてくれた唯一の場所だ。人には言えない体験談を大笑いして聞いてくれる。体中から汗が吹き出し、モゾモゾとした照れ臭さで、いても立ってもいられなくなる。そのくせ滅多（めった）やたらに嬉（うれ）しくなる。訳のわからない喜びで心のなかが一杯になるのだ。同じ馬鹿な体験をした「阿呆ども」が山のようにいる。自分の馬鹿さ加減はさておき、人の失敗談ほど面白いものはない。腹を抱え、嬉し涙を流しながら笑ってしまう。この喜びが断酒会だ。

「嫌なヤツ」も「いいヤツ」も「キザなヤツ」もいる。皆仲間だ。飲んだくれて死んで行くのもいる。私は酒で早死にしてしまう、その生命が惜しかった。悔しくて悔しくて、葬儀にも出られない。一人ベランダの椅子に座って泣いているのが常だ。何人も何人も死んで行く。口も聞きたくないヤツらとは年単位かかって、ようやく「一言話（ひとことばなし）」ができるようになったというのにィー……次の例会のときには「飲んで死んじゃったよッ」とのひそひそ話が聞こえてくる。せっかく酒が止まったというのにィー……悲しいことだがこれも断酒会の真実だ。

どんな理由があろうと早過ぎる！　何とかならないのか！　私の苦悶の始まりは、仲間のあまりにも早過ぎる死だった。

「オレにできることはないのか？　何かないのか？　なんでもいい！　できることなら何でもいい！　生命をつないで行く方法はないのか？　少しでも長く、少しでもまともに生きて行く方法はないのか？　嫌な思いをしながら生きてきて、アル中になったらなったで世間様からは毛虫のように嫌われ、果ては野たれ死にかよッ！「馬鹿（ばか）ったれども、馬鹿にするんじゃねェ！」悲しみが怒りに変わり、どん詰まりの状態で悶々とした日々が続く。出口がまったく見えない。断酒会の例会に出てもみんなの話が嘘っぽく聞こえてくる。「挨拶話に来てんじゃねェだろう。体験談を話すために電車賃使って来てんじゃねェのかよッ。くだらない話ばっかしてんじゃねェ、ボケどもがァ」長い間に積もりに積もった憤懣（ふんまん）が爆発寸前のところまできていた。例会通いも10年過ぎて、毎回同じことを繰り返すだけの断酒会に飽きがきていたのも事実だ。

この頃になって冷や汗ものの夢を見るようになっていた。酒が止まっていても死から逃れられない仲間の夢だ。「風見ィー、風見ィーよッ」と、どす黒い顔で迫ってくるヤツの夢だ。伊佐美（いさみ）だ。例会に来て、酒臭い息を吐きながら私の隣に座った男だ。脱水症状でゼロゼロしている。お茶を飲みたがっているのにイジワル婆ァが、「飲みたかったら取りに来いッ」と、ぬかしやがってよォー、ムカッと立ち上がりかけたのを押さえつけ、「オレのを飲めッ」と、すんでのところで大立ち回りを回避させた男だ。以来、ことあるごとに「風見ィー、風見ィーよッ」になったヤツだ。

その伊佐美が死んだ。酒じゃない。動脈癌破裂、緊急入院、アッという間だ。入院中、奥さんが例会で言う。「本人は弱ってきています。風見さんに、お見舞いにきていただけたら本人もどれだけ勇気づけられるか」と。「はい、そうですか、行きますよッ」と気楽に返事ができる人間じゃないんだよッ、オレはァー。そんなことできるぐらいなら、アル中になんかなっていないんだよォー。ズルズルべろべろ泣いてばかりじゃ、お見舞いにも何にもならないでしょう？「泣いてばかりじゃ見舞いもへったくれもないでしょう！」耳たぶまで真っ赤にして、ジィーとうな垂れているだけで、返事をするだのしないだのの騒ぎじゃない。すでに泣いている。涙が止まらない。「どうにかして欲しいのはこっちの方だァー」ただただ泣いているだけでどうにもならなかった。

断酒会でできた唯一の友達を失った。深い悲しみに沈んで立ち上がれない。それでも断酒会には出続けていた。また一人、また一人と死んで行く。「屍（しかばね）を乗り越えなければ断酒はできないものなんだ」と江東断酒会(5)の芝（しば）ちゃんが言う。歯を食いしばって聞いていた。事実だ。これ以上の事実はない。が、我慢がならん！なんとかならんのか！「オレの脳ミソは腐って使い物にならなくなったのか！　働かせろッ、働かせろッ、脳ミソを働せろッ！」何も出てこない。自分で自分の出来の悪さを罵っていた。「所詮、犯罪者の子、二代目アル中のオレに何ができるっていうんだ！　たいそうなこと考えてんじゃねェーよッ！　馬鹿坊主にゃ何にもできねェのが通り相場よッ」と諦めた。このときは確かに諦めきったつもりだったのだがァー……何でもかんでもしつっこいのがアル中本来の特徴、なかなかどうして諦めきれずに、このあと何年も何年も可能性を考え続けることになる。

2、3年過ぎたと思う。朝昼構わず飲んできた連中だから、仲間と一日中缶詰め状態になっていれば飲む機会も減って、何とか飲まないでいられるんじゃないかなァー、という思いがふくらんできていた。そうだッ！　昼間いられる場所をつくろう。幸い三鷹市断酒会(6)で作業所づくりのお手伝いをした経験がある。作業所でいい！　あまり良くないが、この際ぜいたくは言ってられない。作業所の体裁を表向きはつくっておいて、中身をミーティング主体にすればどうってことないさッ！　よしこれで行こう！　腹は決まった。問題は人だ。誰に頼めば早くでき上がるかだ。ズブの素人がどう動けばスピーディにことが運ぶかだ。このあたりのズルさはズバ抜けているので、人が言うほど苦労はしていない。

私はガキの頃から自分じゃ動かず、まず人を動かすことを考える。「オレより優れたヤツはどこにでもいるものさァー」が心情なのだ。練馬断酒会の修平さんが自分の会を法人化したと聞いていたので、興味本位で、「簡単？」と聞いたら「簡単、かんたん、何にも難しくなんかねェよッ」と言うのでやることにしただけだ。やるとなると大田断酒会の綱さんしかいないということになって、寿司屋で「綱さんやってくれる？　あとはオレがやるから」いい加減もいい加減、具体的なことは何も決めていないのに、何かやる振りをして頼んだら、「わかった！　書類の方はオレがやるよッ」ということになっただけなのだ。18歳も年上だが妙に綱さんとは馬が合う。結果は丸々ＯＫ。

綱さんの努力精進のおかげでＮＰＯはとれた。「さて、どうしようか？」次は間違いなく私の出番だ。「調布市にアルコール依存症の通所施設をつくろう」を謳い文句にすりゃ役所の連中も動かざるを得まい、などと自分勝手に考えたのだが、なかなかどうしてどうして酒で溶かした脳ミソの方は思い通りに動いてくれない。どうしようどうしよう、との不安が先に立つばかりで前に進むことができない。意気地のねェ己の優柔不断を罵るのは十八番「動かざること山のごとし」の6ヶ月が、アッという間に過ぎてしまった。この6ヶ月間は都庁がＮＰＯ法人設立にＯＫを出したあとの縦覧期間中なので、正式な認可が決定されるまで、動かない方がいいには違いはないのだが、それにしても頭の中が「真っ白け」というのは許せるものじゃない。んがァー、どこで何の力が働いたのか、はたまた神が味方をしてくれたのか、6ヶ月間の縦覧が終わるや否やいきなり動けた。奇蹟としかいいようがない。いや台風の季節、気圧の変動の激しい10月のおかげだ。手足の先がビリビリ痺れて、何かに夢中になっていないと、いても立ってもいられないイライラ感に襲われる。多かれ少なかれ誰にでもあることなのだが、いかんせん酔っ払っていたときなんざァー、コントロールの利かない、いささか難物君で、自分でも困り果てていた代物だ。言い訳がましいが、私の酒乱の原因は、ほとんどがこれだ。「私の気分はお天気次第」を私に知らしめてくれたのも実は断酒なのだ。

私は、仲間からも嫌われる「酒乱」タイプのアル中だ。「次は何が起こるのッ？　次はいつ大暴れするのッ！」との不安のなかに家族を陥れて、理不尽な恐怖心をあおり続けてきた正真正銘のワルだ。この通所施設の話とて妻の幸子さんは寝耳に水のはず、前置き話は何もせず、この日も家に帰って顔を見るや否や「幸子さん！　今、オレの使えるお金は全部でいくらあるッ」まるで酒乱そのもの、一瞬キョトンとした表情になった幸子さんは、明らかに酒乱の臭いをかぎ分ける、いつものパターンに入ってしまったのだ。長年の経験で私にはわかる。何分の一秒かの静寂のあと、「1千万円」との答えが返ってくる。「うーん、わかったァー」少な過ぎるという不満はあるが、それを口に出しちゃ男がすたるってェもの、グッと堪えるぐらいの断酒歴は積んできている。が、少な過ぎる。遅ればせながら通所施設をつくる話を、幸子さんにした何日か後に、私はソォーッと自分の押入れのタンスの引き出しを開け、隠していたタンス預金、なけなしの200万円を「これも使ってくれェッ」と言って渡している。「我が家のサイフは幸子さん」との不文律は、結婚当初からの決まりだ。変えたら私が破滅してしまうことぐらいはわかっている。オレは利口なのさァ！　うそ、うそよッ！　正直いうと餓鬼の頃から貧乏でお金なんぞ持ち歩いたことがないので、いざお金を持っていると落ちつかないのよッ。どうやってお金をつかえばいいのかわからない人なのよッ！飲み代欲しさに金には汚いのがアル中の相場なのだが、私みたいのもいるのよッ。

私に役所関係の人脈はない。ここでも誰かいないかだ。いないか、いないか、誰かいないか！　いる、いたァ！　靖枝さんだッ！　ご主人の定夫さんは京王断酒会の一泊研修の朝のミーティングの最中、脳梗塞でゲロゲロバターンと倒れ、３ヶ月後に不帰の人となったアル中本人、見事な死に方としか言いようがない。よく芝ちゃんが言ってた「例会でバターンと倒れて死ぬ覚悟がないと断酒はできないぞォ！　一度でいいからそういう人を見てみたいものだ」を地で行った人だ。みんなは見ない方がいいよッ！　辛くて、悲しいからねェ！　目の当たりにした靖枝さんの悲しみはたぶん言葉には表せないだろうし、我々も胸が痛かった。今も息子さんのために京王断酒会には出続けている健気な母だ。半端な根性でできることじゃない！

靖枝さんが紹介してくれたのは偉い人のようで、私の話が終わると、障害福祉課の植田課長、山本係長、そして担当してくれた主査の矢口さんへと、いきなりつなげてくれた。いくら役人嫌いのアル中といえどもこれじゃファンにならざるを得まい。その節は本当にお世話になりました。ありがとうございました。「わかりました。計画は実行してください。やり続けてください。その方が話は進めやすいですから。市長のお墨付きもとっておきましょう。作業所ですねッ」と、矢口さんは言う。いい感じ。この人に任せておけば大丈夫、「間違いない人だ」と相手に思わせる雰囲気が伝わってくる。実に得な人だ。私とて藪から棒に初めて会った人を信用する訳じゃないが「市長のお墨付き」という保険をかけて事に当たろうとする、その用心深さに感心したのだ。最初の話し合いは実にスムーズ、あれよあれよッという間に終わってしまった。もめると思っていたので、チョッと物足りなかったなァ。役所の人ってこんなに物わかりのいい人たちなの？　本当なの？　何もやってくれない堅物連中の集まりじゃなかったの？　世間並みに植え付けられていた悪いイメージが、スーッと消えて行ってしまったのよッ！　説得には相当なエネルギーが必要になると思って覚悟していただけに拍子抜けしたのさァー……さあ始まりだ、始まりだ、さあ始まりだぞォー！

さて場所はどこがいいか？　最初は三鷹市断酒会の安っちゃんに頼んでいたが、そうそううまい物件が見つかるはずはない。「うさぎ小屋なら腐るほどある」と。安っちゃん。ダメ！　広さがなくっちゃダメだッ！　ギュウギュウ詰めじゃ息が詰まって、たとえ昼間だけとはいえ、午前10時から午後４時半までの長きに渡るので、アル中さんにとって地獄の釜ゆでと同じこと、辛抱しきれるものじゃない。「場所はこの人に相談してごらんなさい、とてもいい人よ」と、偉い人（実は、こども生活部長の斉藤さんなのだが）が紹介してくれた人がいたので会いに行くことになった。善は急げだ。

一級建築士の看板を掲げた不動産業者、日本信用地所の社長、反町（そりまち）さんとはもちろん初対面、妙に落ち着いた感じのする人だ。ゆったりと話を聞いてくれる。いや、ただ年をとっているだけだったのかも知れない。が、動きは早い。聞き終わるや否や「そうですか、それじゃこれから見に行きましょう」と案内されたのが、人様の庭先をまっすぐ進んだ奥の倉庫の三階だ。中に入ってビックリ仰天、兎にも角にも驚いたのはホコリだらけで汚いことだ。賃貸するための物件はキレイじゃなくちゃ誰もその気にはならないでしょうにィー。おまけに天井板はなし。むき出しのコンクリートに、むき出しの鉄筋、たぶん間借りしている人のものだと思うが、片隅にしょぼくれたスチィール製の机と椅子がある。働いているとおぼしき人も二人いた。「ここ？　ここかよォー！　こんなきったねェところかよォー！　ふざけんなッつのォー」と、心のなかでぶつくさ言っていた。おおよそ人に貸そうなどという物件じゃないのは一目瞭然「あの人たちは気にしなくて大丈夫、すぐ出て行くから」と家主さんは言う。「いやァー、そうじゃなくてェー」と、言いたいんだが、何かが喉の奥に詰まっていて声にならない。走っている。頭のなかはすでに走っている。いやァー「驚き桃の木山椒（さんしょ）の木」不思議もふしぎ、頭が勝手にグルグル回転して「作業所」のイメージを、この場所で、この場所で、つくり上げ始めている。まだ借りるとは決めていないんだ！　相手は貸すとも言ってないんだ！　待て、待て、待てったらアー！　と、心のなかで呟（つぶや）いてみるが、ダメだ！　決めている。何かが決まっている。ここだ！　と、誰かが叫んでいる。ここだ、ここだ、ここ以外にはない！　との叫び声が聞こえてくるのだ。

決め手はこの広さだ。とにかく「広い」。50坪以上ある空間が30坪、20坪に仕切られ、両開きのドア付き、洋式のトイレが一つ、小さなキッチンもついている。悪かろうはずがない。「天井の板を張ってください、冬、寒そうですのでェー。トイレの隣にもう一つ男性用のトイレをつけて下さい、立ってするのと、座ってするのとを。費用は私が出します。掃除は私たちがやります。リハビリにもなりますのでェー」と、一人勝手にしゃべっている。貸してくれるとはまだ言っていないってェッ！家主さんは、日用雑貨を取り扱う提灯屋こと川口商店の社長、川口恭男さんだ。お酒とはまったく無縁の人らしい。さてどうお願いしたものか、反町さんは商売がら乗り気なのは当然でしょうが、恭男さんにとって、アル中の集団は初めてのことで、さぞや、さぞやビックリしたはず、その節は誠に、誠に、大変なご迷惑をおかけいたしました！　これが私というアル中ですので平に、平に、ご容赦願います。結局、この日は色よい返事はもらえず、見せてもらっただけで終わった。あとは反町さんの凄腕しだいということになる。

家に帰って幸子さんに、「いいねェー、あそこならいいねェー、広くてさァー」と私は夢中で話をしていた。実のところ、私は幸子さんから、この事業に関しての了解らしきものは一切もらってない。私の走る方向に照準を合わせてついてきてくれているだけなのだ。14歳、中学3年生、同じクラスの同じ班のお隣さん同士という間柄、古い古ゥーい、あまりにも古いお付き合い、あうんの呼吸なんぞ当たり前、いやも応もない。たぶん生涯続くんでしょうね、幸子さんに対する私のわがまま病はねェー。もし一緒にいるのが嫌になったら、いつでも私のことをお捨て遊ばせェー……

私は、小さな、小さな会社の社長だ。精密な電子計測器関係の仕事をしている技術屋だ。社長といっても、今は社長らしきことは何もしなくてもいい人になっている。経営全般は幸子さんと息子さんがやってくれている。おまけに婿養子のアル中ときているので、いない方がマシかもしれないと、時々自分でも思うことがある。チョッとしたことで腹をたてては怒鳴り散らす技を最も得意とする馬鹿タレ社長、トラブル防止上、余程のことがない限り電話に出ることはない。得意先といらぬ面倒を起こして、幾度となく幸子さんに助けられている。過去形じゃない、現在形だ。

2、3週間後だったか、反町さんが来た。まさか、まさか「ダメでしたよ」と言うんじゃないだろうな「頼むぜよ」と祈った。姿を見た瞬間、確かに祈った。「借してくれましたよ。家賃なんですがねェー……」と切り出されたとき、ジーンと胸が熱くなったのをシッカリ記憶している。「これで、これで何人かの生命は助かるぞ」踊っている。心が熱い。目頭も熱い。ウルウルかよ、うッ、やばいこれはァー……セーフ！　かろうじて涙はセーフだ。

「なかなかない物件ですのでェー、調布駅からは近いですしィー、いかがでしょう、この数字では？　一応書類は作って持ってきたんですがァー」現実が目の前にきた。熱い思いはほんの一瞬だった。数字を見て冷めた。工事費が３００万円近くかかり、一ヶ月47万の家賃、他諸経費込みでいきなり400万近いお金が出る。少なくとも二年は実績を積まないと市も都もOKは出してくれない。私が使えるお金は合計1200万、持たせてもせいぜい一年と数ヶ月、二年は無理、無理だ。「工事にかかる費用はこちらからお願いしているんですからいいとしても、47という数字は無理です。大家さんともう一度相談してみてください。お願いします。生命を守るための施設づくりなんです。そこを理解してもらって下さい。あの広さがいいんです。あの広さがないとダメなんです。あの広さがあれば、あそこでアル中でも何とか社会復帰ができるんです。」もう無茶苦茶、無理やり屁理屈をならべ立てて、訳のわからないことを言っている。相手は困っている。どう受け答えしていいのかわからず困っている。私は熱い思いで話をしているだけで、世間相場も何もあったもんじゃない。「いやァー、そうですかァー、もう一度話してみましょう。たぶんダメだと思いますがねェー」反町さんがどう言おうと私には確信めいたものがあった。恭男さんと目が合ったときから、あの人なら必ず貸してくれるはずだと。理由はない。互いの目の力が同じ方向を睨(にら)んでいるだけだ。こういうときの私の直感力は結構鋭い。

どこでどうなったのか詳しいことはまったくわからないが、二週間ぐらい経ったと思う。今度は家賃が31万5000円、管理費が1万5000円、合計33万円とのこと。反町さんの表情が妙にサバサバしていたのが印象に残っている。「この金額ならいける！　納得してもらえる」との確信からか、信じて疑わない力さえ感じさせてもらった。折れた。私は折れた。「オレの意地もここまででいいさァ」私もサバサバしていた。欲得じゃない何かが動いている。が、今のところ、正体は不明なり。

家賃交渉は成立した。平成18年4月1日からスタートすることにし、猛ダッシュで工事を進めることを確認しあい、正式な書類を作成して契約完了ということになった。恭男さんからは「貸すよ」とは言われていないが、本契約の書類には「川口恭男」とのサインがあり、実印も押してある。あとで「貸すよとは言ってない」って言ったってダメですよ。手遅れです。お借りします。

2月の末、再び反町さんが会社に来た。「工事が終わりました。いつでも使えますので、3月からにしますか？」「はい、わかりました。使わせていただきます」初めの一歩がいよいよ始まる。

市役所の矢口さんから言われている定員10人以上はすでにいる。京王断酒会の若い会員を集めるだけで10人は超える。人数には入らないが、「家族病」(7)の家族を入れるとエライ数になってしまう。満杯状態にならないように声をかけなければならない。懇談会で「新しいことを始めます。10時から4時半までいられる場所をつくりましたので参加してください。具体的なプログラムはこれからですが、とりあえずミーティングが中心になると思ってください。お昼は自分たちで作って食べます」私という人は、何を始めるにしてもキチンとわかりやすく説明するということを知らない阿呆タレ、だから幸子さんがあとで苦労するんです。わかっているんですが直りません。一人で考え一人で納得して一人でやる。何が何だかさっぱりサの字の会員たちは気の毒としか言いようがありません。我慢してつかァーさいッ、悪気はありませんのでェー……私の日本語の通訳は幸子さんですからねェー……承知してくださいねェッ。説明も何もなくていきなり本音の本音を言ってしまうらしいのだが、私はまったく気がついていない。幸子さんは大変な思いをして、みんなに説明したらしい。いつもいつもお世話様デース！

私が一番最初にしたことは通所したい人たちの全員集合だ。14人もいる。ちょっと多過ぎかも。倉庫の三階はホコリだらけには変わりはないが、天井の板はしっかり張られ、男性用トイレもスタンバイ状態、何も文句はありません。２００Ｖの配電盤取り付けも完了。「明日っから掃除、磨けばキレイになるってェッ！　大丈夫、心配すんなってェッ！　さあ、これからみんなで大家さんに『お世話になります』の挨拶に行くよッ！　ＯＫ？　オーケー、行こう」ゾロゾロ虫がモゾモゾ動き出した。「きたァー、ついにここまできたァー」そのときの感慨は今も記憶にあるにはあるが、7年目に入った今はただただ大変なだけで、「どうしてこんなこと始めちゃったんだろう」との後悔の念の方が大きいかも知れないなァー……手遅れ、手遅れ、後悔しても手遅れですよ、現在進行形ですからねェー……

「こんにちは！　お世話になる連中を連れてきましたァ」狭い狭ァーい事務所の壁にへばりつくように一列に並んで「よろしく、お願いしまーす」と全員でペコリと頭をさげた。私は人に頭はまず下げない人、今回だけは勝手が違って結構気持ちがいい。不思議ふしぎィー、恭男さんに会うのはまだ二回目だというのに、一番近い親戚気分になっている。「この本、私が書いたものですので読んでみてください。アル中の心理が少しはわかると思いますのでェー」と、拙著『酒乱の眼』(8)を手渡している。原先生との分析療法の治療記録をメモっただけのものを幸子さんの薦めで出版したのだ。恭男さんはニコニコして受け取ってくれたが、今思うとお酒とは無縁の人には迷惑だったかなァー……今頃反省しても遅いかァー……とりあえず面通しは終わって人心地ついた気分になれたのは事実、ここ数ヶ月の緊張感がスーッと抜けていくのが感じられた。ホッとした気分という方が当たっている。

「ありがとうございます、今後とも宜しくお願いします」と、再度お礼を言いながら顔を上げたときにピタッと恭男さんとまたまた目が合った。ニコニコ顔に走る眼光の鋭さを私は見逃さなかった。さすが社長業の「眼」、私も同じ社長業、何かしら相通じるものを感じ、安心すると同時に「この人は、実がある」と直感し、晴れ晴れとした気分にさせてもらっている。「でもォー、大変なのはこれからなんですよォー、豊さん！　しっかりしましょうね」自分で言ってりゃ世話ねェやァねェー！

確かに始まりだ。掃除もさすが人数、それなりに終わることは終わったが、椅子も机も何もない状態、さてどうする？　どうにもならなかったら最後にゃ新聞紙でも敷いて車座でミーティングをやりゃいいさァー、と思っていたのであまり気にはならなかったが、それにしてもなァー……何かいい方法はないかなァー……「ひらめき一番八王子の倉庫」際コーポレーションの広樹さんに頼めば何とかなるかも知れない。この人、私の下の娘のご主人様で、娘の里枝ちゃんをとても大事にしてくれているありがたい婿さん、幸子さんの運転する車をぶっ飛ばして倉庫に着くや否や、初めましての挨拶もそこそこに「広くん、椅子と机ある？　見せてくれる」驚きの広さだァー……探したァー、あったッ、あったッ、あったってばァー！　しっかりした椅子が30ヶに、どっしりがっしりした長テーブルが2ヶと、普通のサイズが1ヶ、都合3ヶ、上司に事情を話してくれたらしく超々破格値、ありがたいことに調布の『いばしょ』まで、運んでくれるとのこと、もう何も言うことはありません！　最高の息子さんです！　長テーブルを2ヶ、四角になるように並べればミーティングはできる。トラックが横づけされ、広くんと二人で「よいッしょッ！」と椅子とテーブルをなかに運び入れたときの感動は忘れられない！　テーブルを3ヶ縦方向に並べると、王宮の食卓と同じスケールになって最高の気分になる。このテーブルで一緒に食事をする場面を想像するだけで、目頭がウルウルよッ！

アル中さんの体はガタガタ、とにかく栄養をつけなければダメだッ、ということで幸子さんは土曜日一日中駆けずり回ってＩＨヒーターを探し出してきた。倉庫の三階なので、危険防止のため火は最初から使う予定はない。２００Ｖ仕様のいいのがどこかにないかねェー、と話し合っていた矢先のゲット、電話口の幸子さんは興奮気味、「ねェー、ねェー、豊ーさんあったの、あったの。定価は８万だけど、見本品なので４万でいいっていうのよッ。買っていい、買っていい」私も二つ返事、「ＯＫ、それを買わないって法はないでしょう。ゲットして」幸運としか言いようがありません。

今一つのお願い、机が欲しい。机があれば後は何もいらない。市販品の値段を調べてみると三人座りの横長机の高いこと高いこと、一脚３万も５万もするんじゃそれだけで破産宣告だわさァ。待てェー！　破産するもしないもまだ始まっていないッてッ！

どうも私はまたまた靖枝さんの前で愚痴っていたらしい。「あちこちの施設の人たちは市役所からもらっているらしいわよ。もちろんタダよ、もともと私たちの税金じゃない。どこかにないかしらねェー」と言う。「言いすぎ、言いすぎ、靖枝さんは狛江でしょう。ここは調布市、君は税金払ってないでしょう、調布市にはァー」と私も言い返す。どうも靖枝さんとの話はいつもトンチンカンになる。それでいて馬が合う。お互い自分の言葉に無責任なところがいいのかも知れない。

「市民センターに行けば、あるって聞いたわよ、順子さんが」一瞬どこの順子さんなのかわからない。「どこの誰だっけ？　順子さんってェー……？」どういう訳か断酒会には「ジュンコさん」が一杯いて名前だけではさっぱりサの字、ついつい確かめる習慣がついてしまっている。「ほらァー、あの順子さんよッ、あのほらァー、市役所のよッ」この人の人脈はすごい。京王でも例会に使わせてもらっていた市民センターが建て替えのため取り壊しになるので、中にある机と椅子は持って行っていいとの情報、まさかガセネタじゃ？　そんなうまい話があっていいの？　ところが靖枝さんの情報に限ってそれはなかった。どう感謝していいのかァー……ありがたかった。こんな感動をタダでもらっていいのか？　泣き虫坊主の私だが、ホロリほろほろムードになりそうなのを、グッとこらえて、「リヤカー」と叫んでいた。私は団塊の世代、この世代はリヤカーには慣れている。

エレベーターの傍に大家さんのリヤカーがある。滅多に出番があるじゃなし、ここで出なくてどうするのッ！　ダッダダッダーと階段を駆け下りて行き、恭男さんを捜す。いた！「恭男さん、リヤカー貸してッ！　市民センターに机を取りにいきたいんでェー……お願いします」頭の中はリヤカーで一杯「どうぞ、どうぞ、いつでもどうぞ」猪突猛進、二つ返事で借りることはできましたがァー……リヤカーは貸して頂きましたがァー……まさかまさかあれほどの重労働になろうとはァー……顎が出るってやつよッ。出ましたよッ、顎が出っ放しよッ！

リヤカー部隊を編成、といっても結局は全員で行くことになるのだが、ゾロゾロ怪しい連中がリヤカーを引っ張って旧甲州街道を横切り、調布駅前のパルコの前を通り、京王線の踏切を越えて行く。怪しいことこの上なし、荷台に乗ってキャーキャー言っているのもいれば、おおよそ街中を歩く格好じゃないのもいる。うすら禿げの金髪頭にビーチサンダル履きの50男を想像してみてほしい。他人の顔して離れて歩きたいのだが、そうもいかない。この群れを率いているのは私ですのでェー……お嬢様育ちの幸子さんも年齢的にはそれ相応のオバさんになったので、このへんてこ軍団の中にいても平気になったかのなァー、とついついいらぬことを考えてしまっているゥー……私、夫です！　リヤカー軍団の「行きはヨイヨイ帰りはつらい」の始まりです。

三階から膝隠し板付き長机を降ろす作業はきつい。重い、とにかくバカ重机、全員汗だくになりながらの奮闘、まだ4月半ばなのに梅雨のようにムシムシする暑さの中、片道30分を5往復もするとさすがにぐったり、タイミングよくアイスクリームを買ってくるのもいる。「暑いからねェー、差し入れです」うまい、この暑さの中のアイスクリームはホッとする。うむッ、こいつゥー……何か変だなァー……調子がよすぎるぜェッ！　さっきまで、青息吐息だったのに妙に饒舌になって浮わついている。青白い顔が赤くなり、おまけに甘ったるいサワー系飲料の臭いがする。実はこの男、涼一は、酒が切れるとガタガタと身体が震えはじめ、一杯飲むとケロッとおさまるのを知ってからは「震え=飲めばなおる方程式」を実践しているヤツで、飲むとなると一直線、脇目もふらずコソコソと動き回ってコンビニで酒を手に入れ、ものの一、二秒でガバっと飲み干す飲み師なのだ。恐らく生きてる間は酒は止められないタイプかも知れないが、酒を止めて生きて行くか、死んで酒が止まるかは本人次第、正真正銘これがアル中の実態なので致し方ない。後は神のみぞ知るだ。努力はするさァー、もちろんねェー、今もしているさァー、でもォー……ダメな者はダメなんだよねェー……

十分な量の長机とパイプ椅子は手に入れた。後日順子さんが靖枝さんに、「えッえーッ、みんな持っていっちゃったのッ」と言われたらしいが、三階のフロアーで使える机と椅子は一つ残らずいただきました。掃除もちゃんとしておきました。清潔な完全主義者の集まりですのでェー、我々アル中はァー……順子さんには整理ダンスもいただいている。木目に節目がクッキリ浮かぶとても品の良いタンス、きっちり納まるところに納まって、タオル、パンフ、ちょっとした小物などの収納に使わせてもらっている。「人の善意とは？」を常に私に問いかけてくれる大切な品物の一つになっているのも事実、お礼の申し上げようのないほどのありがたさを感じさせてくれている。

相前後(あいぜんご)するが、なぜ妻の幸子さんが頻繁に登場するのかをここで話しておく。あまり言いたくはないがァー……酒乱の私が三つ指ついて所長をお願いした人だからです！　選考基準は四人もの子たちを育てた母親業の実績が一つと、もう一つは私という業(ごう)の者の酒乱を大人しい大人しい、ただのアル中に調教した唯一の人だからです！　「長谷川病院(9)に入院してください」いつもの命令口調で「あなたが家にいると子供たちがダメになってしまいます。断酒会に行ってください」これまた命令口調。第四子の私が抵抗してもムダです。もちろんあらん限りの抵抗はしましたが所詮ムダ、すべてが徒労に帰すだけです……言い出せばきりがなくなるしねェー……第一子長女の決め台詞(ぜりふ)の強烈なこと……暴れ馬の調教、さぞや大事業だったと思います。ご苦労さまでした！

アル中さんはたいがい産み落とされてから、母親との間で基本的信頼関係を築けなかった人たちだ。人間関係の礎(いしずえ)ができていないがゆえに、大人になっても人と上手く付き合えないだけ。信頼関係を礎にしてアル中さんを調教できる人が幸子さんなのです。すでに夫の私で証明済み、要はマザコンの調教師、それを快く？　受け入れてくれたのが幸子さんなのだ。だから所長は幸子さんしかいないんです。他にいますか、そんな物好きな方が？　正解中の大正解。私にすれば上出来です。『いばしょ』という名前にしましょうよッ、アル中さんの自立を支援する場所だから自立支援センターにしましょうよッ、作業する場所じゃなくて心を治す場所にしましょうよッ」、どうぞどうぞ思い通りにしてください。縁の下の力持ちは任せなさい。それっきゃ役に立ちませんのでェー……

「3月から使えますよッ」ということで毎週火曜日に発足に向けての打ち合わせをやることにした。どうにかこうにか掃除も終わり、調理場を決め、冷蔵庫を設置し、食卓用のテーブルの位置を決め、さあァ！　いよいよ来週から始まりだぞォ！　そんな最後の火曜日「4月1日に開所式をやります」宣言。出たァー、いきなり出ましたァー！　いつもいつも私の不意を突く幸子さんの得意技「いきなりやるぞ宣言」が。びっくり仰天してクレームをつけるとお定まりの言葉が返ってくる「やるって、ちゃんと言いました」と。「何にも相談されていません。相談した気になっているだけでしょう？　いつものことでしょう！　言われた覚えは金輪際(こんりんざい)ありません」とムキになる夫。これも我々夫婦が長年愛用しているパターン化された会話の一つ、ほんの数秒間かなァー……「両者一歩も引かず状態」が続くのはァー……でェー、最後はなぜか私の方が先に言ってしまうんだなァー……「言われたかなァー」と。勝負あり！　「幸子の勝ちで豊の負けだ」。

テーブルを真ん中に置き、壁伝いに椅子を置くと、簡単なバイキング式の会場が、アッという間にできあがる。テーブルクロスは小綺麗な模様入りのビニールシート、その上にバーベキュー用の発砲スチロールの皿を用意し、当日のお昼頃までに適当な食べ物を盛ってのせ、準備ＯＫとなる。3、40人もの人がお祝いに駆けつけてくれたのにはまたまたビックリ、いつ誰がどうやって手配してくれたのか私にはさっぱりわからない。が、これも幸子さんの采配(さいはい)以外にはないでしょう「頼りになる人この上なし状態」は永遠に不滅です！　わかっていてもクレーマーをやりたがるのが私という夫、黙っていて「お説ごもっとも状態」ができれば四方八方丸く収まるのにねェー……

京王の会員家族はもちろん、病院、保健所、福祉関係、役所など様々な人たちが集まってくれた。つい30秒前に、間違いなくワンカップをグイッと飲み干し、酒の臭いをプンプンさせてイケシャーシャーと椅子に腰掛けているのやら、腹水でパンパンになっている体を持て余し気味にしているのやら、顔を真っ赤かにして吹き出物をつぶしているのやら、まともそうなのを探そうなんぞ無理ムリ、お先真っ暗、開所式にして先制パンチを食らった感じだ。マイクを持った人たちから次から次へと祝辞をもらう。耳障りな言葉は一つもない。さすがにその筋の関係者の人たちは手馴れたもの、感心することしきりなれども、感動はない。「無味乾燥この上なし話」だ。

式半ばにして市議の登場、林あきひろさんだ。『いばしょ』の構想を最初に話したのは実はこの人で、所長の幸子さんでも人脈係りの靖枝さんでもない。一票の重みを十二分に使わせてもらう、私の癖と言ってもいいかも知れない。知り合いでも何でもないまったくの赤の他人。選挙などに興味のない私だが、このときとばかりは活躍していただかないと気が済まない。ただし現役でいる限りは確実に私の一票は手にすることができる、一種の大人の取引だと私は思っている。「私のところにきてアルコール依存症の方々の施設をつくりたいと熱く語られましてェー……」と演説調が始まり、脚色混じりに長々と話す。この人たちの話は実に長い。祝賀ムードがスーッと冷めて行く。私は酒乱。別名、瞬間湯沸器。「言わなくても言いことまで言いやがってェッ」と腹に据えかねているところにマイクが回ってきたので「確かに一等最初にお話はしましたが、その実チッとも役立たずでェー……」と話し始めるとドッと笑いが渦巻いてしまい、話の閉めくくりが「どこかに飛んでれら状態」になってしまい、焦りに焦りまくってしまった。それでもどうにかこうにか冷や汗を掻きながら「……ありがとうございます」とは言えた。掌はビッショリの汗、瞬間的にホッと溜息が出たのを妙にハッキリと記憶している。私のお口は災いを招くようだ。のちのち幸子さんに「林さんが市の人に話を通してくれていたみたいよ。市役所の誰だったかなァー、誰かに言われているはずよッ〈市会議員さんにも言われているしねェー〉ってッ」と言われて愕然、それなりに動いてくれていたなどとは露知らず、今となっては「誠にまことに申し訳ありませんでしたアー」としか言いようがありません。どうぞいつまでも現役の市議でいてください、私の一票はお約束いたしますのでエー……あしからず……

開所して二日目に事故が起きた。チューダパンダカ(10)的存在の武男さんが運送屋の車の荷台から卓球台を降ろすのを手伝っているときに、どこがどうなったのかよくわからないが、とにかく下敷きになって背骨を圧迫骨折してしまったのだ。気の毒も困ったもはたまたどうしたもんかも何もない。「また武男かよォー、面倒ばっかり起こしやがってェー」という気持ちの方が強くて、怪我をした武男さんの痛みを思いやる優しさなんぞ湧いてきやしない。なぜって？　武男のヤツによォー、15

年前に2、3年で戻るからって騙されて、代わりに断酒会本部の幹事会に出るようになったまではいいのさァー、がなァー、4年過ぎにゃ、京王断酒会の会長をやってくれないかってよォー、年でよぼよぼの前会長の山さんが頼みにきやがってよォー、引き受けざるを得なくなって引き受けちゃってよォー、今もイヤイヤ会長やってるからなんだよォー。武男のヤツ、今も会長をやってくんねェんだよォー、僕はNO．2がいいとか何とか言っちゃってォー……「会に出ろ！　幹事会になぜ出ない」と、極悪三人組に問い詰められているのを見るに見かねて「オレが代わりに幹事会に出てやるよッ」と言って助けてやったというのによォー！　まったく、今思い出しても腹が立つぜェッ！　チッとばかりしつっこいかなァー……会長になっちゃったもんはしょうがない、あとはやるっきゃなかったのさァー……一度断酒会を離れてしまうと敷居の高さはエベレスト越えになってしまうのよッ。しゃアーないぜェー、これがアル中だもんよッ！

仕事を理由にすれば断酒会の役は逃げられるなんてまだ知らない無垢な時代のことで、本来なら年からしても断酒歴からしても武男さんが京王の会長に納まっていなければならないのに、定年退職後も一向に断酒会に出てこようとはしない。アル中独特のズルさだ。これがあるから世間から毛虫のように嫌われるのさッ、アル中は！　これもチッとばかり言い過ぎかなァー……

退院は三ヶ月後、運送屋の保険会社と治療代、慰謝料込みで90万という額で折り合いがついた。痛い目にあったわりには安すぎるぜェ、と思ったが本人がそれでいいと言うんだからいいんでしょうよッ。武男さんが「通所可」となっての数週間後「豊ーさん、これッ、迷惑かけたんでェー……なかに30万入ってます」と私に厚みのある封筒を手渡そうとするので、私は咄嗟に「オレ、お金はダメ！　貧乏人育ちでよォー、すぐ〈邪〉な心が出るからダメだ。お金は幸ちゃんに渡してッ」と考えもせずに受け取りを拒否、内心「金じゃねェーだろう、金じャよッ」とむかついている。むかつきついでに今後のことをしっかりと話すことにし、全員を集めて事故の検証報告をし「今後このような事故が起きないように気をつけましょう」と注意を促し武男さんの件にはピリオドを打つことにした。武男さんは大慌て者、怪我が人一倍多い。今でも小さい怪我はする。が、背骨の圧迫骨折などという、まかり間違えば生命に関わるような大怪我は、今のところはなくなっている。若い人たちを他の断酒会場に連れて行く大切な役割を担っているのが武男さん。所長の幸子さんは「92歳まで元気にやりなさい」と言っていますのでェ……どうぞお気張りやすゥー……

私は開所式に出たきりで、以後三ヶ月間一度も『いばしょ』に顔を出していない。所長は幸子さん、やるべきプログラムが決まるまでは絶対に行かない、口も出さない、文句も言わない、とガッチリ決めて実行している。私たち夫婦は中学の同期生、意見が食い違うと夜中の1時2時でも大激論をする。「卵の中に黄身二つ」夫婦と言われ、おまけに私はお口にチャックができない性分ときているので始末に負えない。自分で自分のことがわかっているだけに、出ようにも出られない歯がゆさは確かにあった。が、それもこれもただただ私の性根のせい、飲みたくって仕方ない連中の前で、所長の幸子さんとドッタンバッタンやる訳には行かなかっただけです。「忍の一字」とはこのときのことを言うのさッ！　よく辛抱しましたねェー、豊さん！偉かったねェー……自画自賛デス！

この時期、暗くて重い重ォーい気持ちでたぶん仕事場にいたんでしょう「父ちゃん、なに馬鹿なこと始めんだッ」って怒っていた息子が、憐れんでくれたのかどうかはいざ知らず「仕事が暇だったら『いばしょ』に行っていいんだよッ」と言ってくれている。瞬間、涙腺が緩んで涙がポロリときやがったが、そこはそれッ、グッとこらえて「ありがとう」と言えた。でもこれが精一杯、むずがゆい喜びがジワッと湧いてきてその場にいられなくなり、洗面所に行って顔をグシャグシャと洗っている。私は「虐待親父」、そんなに優しくしてくれなくてもいいよォー……と強がりだけは一人前なのだが、やっぱり嬉しいものは嬉しくていいかもねェー。馬鹿親父が一人芝居で一人で納得だわさァー……息子にとって父親が20歳そこそこの若造だったのは、不幸中の「不幸」だったかも知れない！　恨みつらみが山のようにあるというのにさァー……

作業所とは一味も二味も違うみんなの居場所、「心と心がぶつかり合う場所」と口で言うのは簡単かんたん、普通はプログラムが決まっていてアル中さんがいる、というのが正解手順でしょうが、『いばしょ』は順序が真逆で、まずアル中さん在りきでプログラム無し、これからみんなで作りましょうてェーんだから、幸子さんの苦労は並大抵じゃなかったはずです。一日2回のミーティングと食事づくりが中心に据えられ、体力回復用の朝夕のラジオ体操、冬場のウォーキングに夏場の『いばしょ』ジム、日替りメニューで15分間卓球に脳ミソ回復用の将棋、他にクリーン掃除もある。が、何と言ってもここっきゃないというのが2つある。「トラブル奨励作戦」と「レディース包囲網作戦」だ。これは凄い。「トラブル奨励作戦」とは大抵は喧嘩だが、何かトラブルが起こったとき丸く収めるなんてことはせずに、どんどん焚きつける。不平不満を内にため込んで鬱屈させないように、喧嘩でも何でもしてみんなの前にさらけ出すのだ。一方「レディース包囲網作戦」は人並み以下のことを言ったりやったりすると、ご婦人方に囲まれてガンガンやられる。逃げ出して当たり前と思いきや、何となんと嬉し涙にむせぶ馬鹿タレ揃い、さすがの私も呆れて何も言えません。「やるだけやりやがれ、フンッ」を決め込んで知らん振りの助、世間相場では考えられないのがアル中さんの脳ミソ、酒で溶けて元には戻らないんでしょうねェー……もう手遅れの人も何人もいますからァー……頭は首の上にくっついている「置き物」でいいってことでしょうかねェー……酒が止まっていれば何だっていいってことよッ、ご婦人方にやられている分には人に迷惑をかけてないんだからという屁理屈でいいことにしましょう……

一週間後の確か金曜日に、一日だけだが朝から『いばしょ』に行っている。私のアルコール依存症治療を10年間の長きに渡って診てくれた長谷川病院の娘さんである原先生が、お祝いに駆けつけてくれるとのことで、前の前の前の晩から落ち着かないでいた。今は独立して、むさしのメンタルクリニックの院長、7年ぶりの再会になる。4年前にこのお医者さんに診てもらった治療記録を『酒乱の眼』という一冊の本にして出版している。凄まじい治療記録本だ。お祝いにきてくれることもそうだが、会いたくても機会がなかった人に会える喜びは、何と表現すれば良いのだろうかァー……ただただ嬉しいだけで他に言いようがない。幸子さんの気配り(きくば)にこのときだけは感謝、さすがの幸ッちゃん、幸子(さ)さん様々でェーす！　面と向かっては言えない「感謝」も活字にすると何とかァー……言えたみたいな気分です。一言「ありがとう」って素直に言えれば、私の人生変わっていたかもねェー……

原先生と幸子さんとの関係は3年前からだったと思うが、幸子さんが患者として診てもらうようになったことに始まる。私の会社で一緒に働いている長男さんの「父(とう)ちゃんは父ちゃんなんだよォー！　父ちゃんはこれ以上どうしょうもないんだよォー、いいんだよッ、父ちゃんはもう！　問題は母ちゃんなんだよッ！　母ちゃんの父ちゃんに対する接し方が問題なんだよッ。

俺が診てもらった遠藤先生でもいいし、父ちゃんを診てくれた原先生でもいいから、母ちゃんがカウンセリングを受けてくれよッ」が決め手だった。幸子さんはその場で拗(す)ねて泣いて喚(わめ)いて「何で私なのよォー、私のどこが悪いって言うのよォー……」と大粒の涙を大きな目からボロボロこぼして息子に嫌々(いやいや)をしている。母と子がやり合っているときの私は大体が知らん振りの助を決め込むのが習わしでェーす。「ずらとん術」の使い手ですので私はァー……でしゃばるとロクなことにならないのよッ。長い長ァーい経験がとらせる行動なのさァー……情けないけんどよォー……

その日は険悪なムードが一杯いっぱいで暗い暗ァーい夜になり、いても立ってもいられなかった記憶がある。翌る日の午後、目を真っ赤かにしながら「私、原先生にすることにしたのォ、あなたのことを一番わかっている人だからねッ」と言われたのには今度はこっちがビックリ仰天の助、息子さんに言われたぐらいでは絶対に動かないと踏んでいただけに、本当にタマゲタよォー……

先生に診てもらったからといって幸子さんと私の関係が特別変わった訳ではない。が、何となくスッキリハッキリしてきているのは感じられた。曖昧な返事しか期待していないのに「いやよッ」とズバッと言ったり、「何よ？　それッ」と挑戦的に返してきたり、生意気な女がもっともっと生意気になっただけの話、この感覚が私との関係では必要だったのかなァー、と言えば言えなくもないが、私にしては迷惑千万「なに言ってやがんだッ、この女」となるのが関の山……フンッ！　どうぞどうぞお好きにお変わり遊ばせッ！　もしかしてェー、これが一番大事な変化だったりしてェー……今でもどこがどうなったのか良くわからないのが、真実うそ偽りなき真(ま)っことの事実だ。とにかく生意気な女だッ！　こんな女と苦労をともにしてきたのかと思うとォー……言わぬが花、あっちもそう思っているんでしょうからね。一ついいことがあったのは偏頭痛薬を処方してもらってくれたことだ。その名も釣藤散(ちょうとうさん)[11]とアデホスコーワ腸溶剤60[12]、この薬のおかげで、今はさすがの偏頭痛のヤツも鳴りを潜めている。助かっています。わざわざ心配して相談してくれたんでしょう、ありがとうございます、今後ともよろしくねェー……

前置きが長すぎだッ！　ミーティングの始まりは10時だ。直後の10時半に原先生がきた。倉庫の三階、30もの鉄の階段を静かに上がってきてくれ、ニッコリ微笑んで「こんにちはァー」……心臓はバグバグどっきん、高鳴りを抑えるのが精一杯、どう挨拶してどうお迎えしたのかはっきりと思い出せない。もともとあがり症なので、嬉しいやら照れ臭いやらでごっちゃごっちゃだ。空いている席に座ってみんなの話をニコニコして聞いてくれている。一渡り回ったので最後に「先生何か?」と聞くと静かァーに穏やかァーに「いえ、私はァ」とNOサンキューの意思表示をされ、スーッと立ち上がったので、みんなはリラクゼーションのためのラジオ体操第一、私と幸子さんはお見送りの役、階段を下りるときも私は緊張しっ放しで、足を踏み外さないように一段一段確認しながら下りなければならないほどだった。道々勇気を振り絞って言ったことがある。「先生、実は残念で残念でしょうがないことあるんです。診察の最後の日〈今日で終わりにします〉と自分で言ったくせに、いざとなると震えるほど淋しくて涙がこぼれそうになり、病院の玄関のところで先生とお別れの握手ができなかったんです。先生がそのつもりでいてくれるのは、ポケットから右手を出そうとした動作でわかったんですが、私は恥ずかしくって手が出せなかったんです。それがズーッとズーッと残念無念で心残りで……今ならできます、お願いしますッ!」念願かなってついに握手に成功、やったァー、大願成就、大々成功大成功、ついに完了形です!　でもォー……やっぱりィー……ジーンと熱くなって涙が溢れてよォー……もうダメ!　止まらない。やわらかくて暖かい手の温もりでよォー……涙のやつ、止まってくれねェのよッ!　くそったれ!　止まらん涙は涙でもういい、もう一つ大事なお願いごとをしなくっちゃならないんだからよッ、感動は後回し、後回しでいい!　「先生、『いばしょ』の主治医になってください。我々ではどうしようない連中がくると思うんです。そういう連中の診察を先生にお願いしたいんです。いいですか?　パンフにもむさしのメンタルクリニックの名前を載せていいですか?　先生を頂点とした〈ピラミッド型〉の安全網をつくりたいんです」今思うと私は原先生に「ピラミッド型」の安全網の意味を何も説明していないはずだがァー……意味不明、正体不明がアル中なのさァー、しゃァーないじゃん!

半ば強引、私はこういうときの押しは強い。「私にできることなら協力させてもらいます」との返事がもらえた。「先生しかいないんです!　弱い脳ミソで考えた精一杯です」とまでは言ってないが、心良く承知してもらったときの喜びは天にも昇る思いだったのは事実だ。『いばしょ』をつくって得た最高の喜びはこの瞬間だけだったのかも知れない。なぜ?　以後はズーッと苦労の連続のような気がしてしようがないからさァー……誰のせいでもありません、みんな私の蒔いた種ですものォー……仕方がありませんでしょうォーよッ、一人納得物語第一巻の終わりです。「ステゴザウルス（13）」の愛情乞食が、先生のサポートを受けて、ほんの少しだけですがァー、人の暖かさがわかるようになってきましたァー、ということなのさァー……いいじゃん、それでよォー……

トウシローのくせに敢えて言う。「ピラミッド型の安全網ができたら、ひょっとしたら助かるかも知れないッ！　何人かの生命は助かるかも知れないッ！　『死んだら酒は止まります』などという馬鹿医者の言うことなんぞ聞かなくて済むようになるかも知れない」と確信めいた思いがここ4、5年どんどん膨らんできていたのは事実だ。要は、一人のお医者さんに家族全員を診てもらい、家族病たる厄介者の正体を見極めてもらった方が治る確率が高くなるんじゃないか、と私の断酒会通いの経験が言わせているのだ。根拠は何もない。結果も良く分からない。原先生に甘えるしかないと思ったから甘えたのだ。が、今予想だにしなかったことが現実に起きている。『いばしょ』の連中のほとんどが原先生に診てもらっているので、自然派生的に「原先生友達」の輪ができ上がり、そしてそれが思わぬ方向に勝手に広がって行き、時としてクリニックの待合室が一種の「サロン」になってきているというのだ。エスケープ組も現役組も一緒に、時に仲良く時には互いを噂の種にし、曲りなりにも人間関係をつくり出している。真っこと不思議なものができ上がったもんだ。先生の苦労は大変だと思う。バッティングしちゃいけない人だっていると思いますけどォー……今後とも宜しくお願いします。

「4月1日に原先生が届けてくれた真っ白いランの花の鉢植えをテーブルの真ん中に置いてミーティングをやっているのよッ、かっこいいっしょッ」と、幸子さんが帰ってきて話してくれる。「とってもキレイなのよォーッ」と幸子さんや靖枝さんが言うから「そうだよなァー……」と、私も納得できるんであって、アル中共が言ってみやがれ、オレが飛んで行ってヤツらを張り倒してやるぜ！　ドクダミとか彼岸花ならまだしも、「白ラン」ツー顔じゃねェーつのォー。プログラムができ上がるまで「絶対に行かんぞォー」と決めた腹いせか何だか知らないが、この時期のイライラ虫のヤツはピーク寸前のところにいやがって、いつ爆発してもおかしくない状態、なだめすかすのが大変、「動きたいのに動いちゃなんねェッ」辛さったら堪ったもんじゃない。「辛抱あるのみ」の世界よッ！　経験しろったってそう易々と経験できるもんじゃない。今でも溜息が出るぜエッ！

なんだかんだで三ヶ月が過ぎた頃、役所の方から「一度きてください」との連絡が入った。なァーに、都の方も楽勝さッ、OKが出るに決まってるさァ、と私は高を括っていたので気楽に幸子さんと一緒に障害福祉課の矢口さんに会いに行った。ところがどっこい、そうそううまい話じゃなかった。これにはほんのチョッぴりガッかりの助。精神保健福祉法の改定に伴い、法律の名前が障害者自立支援法に変わったせいで、今どき作業所をやる自治体などない。ほら、そんなことよりこっちの方が先、と山積みされた車椅子の嘆願書類を見せられて、こりゃダメだ、ということで早々に退散してきたらしい。矢口さんのお口から退散という言葉は一言も出ていないんですよォー……彼の名誉のためにも私が証人になりますのでェー……ダメだったことは事実だけどね。が、そんなことはこッちとらァー、どうでもいいってことよッ、要はこの作業所話はアウト！　厳粛なる事実があるだけです。

次善策として調布市が事業化し、家賃補助をしてくれることになったそうな。いざ予算のこととなると役所の方も難しいらしく、最初に提示された額を「もう少し何とかしてくれませんか？」とお願いしたら、その三ヶ月後に山本さんがフラッと『いばしょ』にきて「25万でやって行けますか？」と、かなり厳しい口調で言うので、いかに鈍な私でもその覚悟のほどは理解できたので「わかりました。やって行きます」と答えた。山本さんは半年前は係長だったはず、そのつもりで私が「課長に宜しくお伝えください」というと「私が課長です」との答えが返ってきた。これにはチョッとばかりビックリ「そうですかァー……いやァー、ありがとうございました」としか答えようがありませんでしょうよォー……生真面目が洋服を着て歩いているような人かなァーたぶん……うーん？

秋口には私と幸子さんの目の前に矢口さんの手になる書類があった。事業化に必要な設立趣意書に関して私は熱弁をふるったつもり、今生この限りとばかりにイー……そして言われた。そう今回初めてお会いした障害福祉課の南女史に軽く一発食わされた。「アル中！　ああッ、あの脳ミソの黄色い人たちね」ガクン、ガクン、大ショック。この先制パンチは効いた。痛ッ！

「そうかァ、この人たちにとってアル中は病気じゃないんだ。そうかァ、そうなのかァ！」納得、なっとく、さもありなん。酔っ払って道路に寝っころがっているわァー、大声を出してわめき散らすわァー、家族はぶんなぐるわァー、血みどろのケンカをして警察にとっつかまるわァー、ブタ箱には叩き込まれるわァー、「ヒト科の人」にして人間にあらず、クズ以下のクズ、人間じゃないんだ。傍にいた矢口さんが、南女史にチラッと視線を向け、「それはそうなんだけどォー……ほらッ、こういう人たちもいるわけだからァ」と、仲裁論を出してくれたので、私はほんの少しだけは溜飲が下がったものの、どうも一緒に行ってくれた幸子さんが反応したらしく、「アルコール依存症は〈家族病〉です論」を唐突に繰り広げ始めた。これにはまいったッ！　私などはげんなり食傷気味、担当の二人は聞かざるを得ないでしょうよッ、火を点けたのはそちらさんですものね！　南女史は弁解してあげません。言ったのは君なんだからしょうがないでしょう……まァー、どう言われようが真実は真実ですからァー……それはそれでいいとしてもォー、矢口さんと私が可哀そうですよッ、この展開はァー……ねッ、そう思いません、そう思いますでしょう！　確かに脳ミソは黄色くなってしまったかもしれないが、飲んでいる人と止まっている人の違いだけでもわかってもらえたらいいのになァー、と私は今は静かに思っている。世の偏見と真正面に向き合わなければならない宿命を背負っているのがこの病気だ。

補助金交付時に必要な書類の話に入ってようやくホッと一息つけた。事業化のメインテーマのなかに『いばしょ』の理念である「家族病」を明記してもらうことにし、本人のみならず家族の参加もＯＫということにしてもらった。ピカピカの南さんが「どこの施設でも食事代とか通所代とかとってるみたいですよッ。『いばしょ』さんもそうしたらいいですよッ」と言う。はい、はァーい、わかりました、そうさせて頂きますよッ、ありがとねェッ。あれから7年経っている。南女史は元気でいるかなァー……ほんの少しだけ心配しておりますゥー……

問題はまだある。しかも大問題だ。家主さんの説得だ。33万が25万になるやならざるや！　どう考えたって無理でしょうにねェー、当たって砕け散ったら元も子も無いんですからね。お覚悟はお宜しいですか？　いつにします？　明日ですか、明後日ですか？　いざ、お覚悟ォー……大概(たいがい)こういうときの私は寝起(ねお)きの気分次第で決まる。お天気野郎そのものズバリが私だ。

私らしくやるにはどう行くか？　アウチィ！　間が悪すぎィ！　チャンとした覚悟ができていないときに限って家主の恭男さんに会ってしまうのだ。オレの人生、こんなものさァー……当たってくだけっちまえェー……

「恭男さん、頑張ってみたけど25が限界みたい、何とかそれでお願いします」と、図々しいにもほどがあるのはわかっていながら思い切って言ってみた。「あァーあァー、いいようにしておきますから」との返事、これって何？　いいよってことなの？　「申し訳ありません」と言うのが精一杯、半分狐につままれた気分でそそくさと三階に上がってしまった。信じられないことって実際に起きることなのかなァー、と訳のわからない屁理屈が頭のなかでグルグル回っていた。

来年4月1日からの契約書を不動産屋の反町さんが持ってきてくれた。33万は変わらず、でも25万で「いいよッ」という、いわゆる両論併記、「払えるようになったら払いなさい契約書」って見たことあります？　初めて見させてもらいました。家賃のみならずもう一つ大きな大きなことがある。実は水道代が「タダ」なんです。なぜってッ？　わかりません！　聞くと「いいからいいから大した額じゃないから」と言ってニコニコしているんですよッ！　信じられますか？　今どきのご時世にいる人、いない人？　信じられませんが真実です。電気代は払っています、が、いつも「いいよッ、いいよッ、いつでもいいよッ」って必ず言われるそうです。やり繰り担当は幸子さん、2、3回に分けて払っているそうです。ムダのないよう、一滴いってき大事に使わせていただきます。お礼の言いようなどありません。ただただ感謝です、ありがとうございます……

『いばしょ』は善意で成り立っている。「大切な私の居場所」と思ってくれている人たちの寄付で成り立っている。北断酒会の孝(たかし)の奥さんの京子(きょうこ)さんは毎月お肉を送ってくれる。特別仕様でない限りお肉は買ったことがない。珍しくマトンが送られきた。食当の人たちが角突(つの)き合わせてどう調理しようか？　と話し合っている。そこまではいいのよッ！　出てこなくってもいいのが出てくるんだわさァ、こういうときに限ってェッ、アル中がさァ！　不味(まず)いだの美味(うま)いだの臭(くさ)いのが嫌だのぬかしやっがってさァ、こっちとら頭にきてよォーッ「四の五の言ってんじゃねェー！　馬鹿たれどもがァー！　京子さんがどんな思いで毎月毎月送ってくれていると思ってやがんでェー！　手前ェーらにはそのありがたさがわかんねェーのかよォーッ！　食うんじゃねェーッ、食わんくてエエッ！」爆発……しょっちゅう怒りまくっているので私の爆発には慣れっこになっているはずなのに、このときの食事はお通夜並み、誰も何も言わず、ただ黙々と口を動かしているだけ、余程このときの一発が効いたのか、その後東京断酒新生会の本部例会で京子さんに会うと、誰とはなしに「毎月お肉を送っていただき、ありがとうございますゥーッ」とぬけぬけと抜かしやがる。京子さんも困ったらしい。こんなもんよォー、アル中ってェッ！　いいってことよォー……アル中とつき合っていくのって結構しんどいのよォー……

東京断酒新生会の理事長、西（にし）やんのかみさんの利子（としこ）さんには湯飲み茶碗をワンサカもらっている。茶碗そのものもそうだがその心が嬉しかった。まだ夫婦して『いばしょ』を立ち上げた不安の中にいる時期だっただけに、とんでもないご褒美をもらったような気がしてェー……余程嬉しかったんでしょう、幸子さんは靖枝さんと一緒に両国にある本部事務所まで取りに行ってくれている。板橋断酒会の例会がお茶出しを止めたので「いらなくなったのォー」という。「お茶碗、事務所にあるんだけどいるッ?」いるッ！　もらう、取りに行く、「ありがとう」実に簡易平明なやりとり。……善意の塊に『いばしょ』は支えられている……今年で8年目に入った。毎日毎日いろんな事件が起きている。私の心に残った風景を記録するのも「いいかなア」と思い心趣（こころおもむ）くままに書き記（しる）して行くことにする。忘れ去るにはあまりにもユニーク、一過性で済ませてしまうにはあまりにももったいないことばかりのような気がしてェー……

「知りたがりやん」の旅の始まり

『いばしょ』に通う人たちに最深部の記憶から掘り起こした、プロフィールを書いて提出してもらうことにしたのは、自分たちの生い立ちを整理整頓して、きちんと箪笥の引き出しにしまうことができれば、今後の人生を楽に生きて行くきっかけになってくれるんじゃないか、との期待が一つと、もう一つは成長過程のなかのどのような事件が心の痛みとなって、この病気を誘発してきたのか、本人の立場から他の人たちのことを考えて見るのも「いいかも知れないなァー」と直感的に感得したからに他ならない。記述のみで推察して行くのは、かなり危険な作業になるには違いないが、私という本人は「好奇心のくすぐり」が始まると、行き着くところまで行かないと止まれない性分なので、結果のことは憂慮せずに、パソコンのワードを開いて、キーボードを操作することにする。

プロフィールの提出は本人・家族の自由意志であり、強制的な力はまったく働いていないことをまず紙上で確認しておく。どういう過去を背負っていようとも、その心のなかを他人の目で覗かれるのを嫌がる人がいるのは当然のことであり、この病気の性質上、表沙汰にしたくない事実は、心のなかで静かに眠りについていても良いと私は思っている。仮に「秘密」としようか、その秘密は「生きてきた証」であり、今ある生命を支える「礎（いしずえ）」ともなり得る「貴重な思い出」だからだ。プロフィールを提出してくれた人たちは、私がそれを読み分析し、その結果を活字に置き換えて、一冊の本にして出版することを予め承知してくれた寛容な人々である。私の好奇心を嫌がらずに受け入れてくれた愛すべき人々だと深く感謝している。さてェー……硬い話はこれくらいにしてェー……この本のテーマである「病気のもと探し」の主意を提供してくれた体験談を記すことにする。

私は技術系の小さなサービス会社を経営している代表取締役だ。息子がともに第一線で働いている。「父ちゃん！　元三（もとみ）さんはクズだよ」とは、その息子の言葉だ。元三なる人物は、私が東京断酒新生会から預かっている京王断酒会の会員であり、私が会長になったときの第1号会員である。働きもしないで女房の一江(かずえ)さんのヒモを年単位でやっていても平気な顔をしている真性アル中だ。断酒会に通う電車賃をさまざまな方法でくすねる達人でもある。くすねたお金でワンカップを買い、酒を飲む。断酒会に通うのは酒を飲むお金をくすねるためだ。断酒会を隠れみのにして、一江さんの機嫌をとり、電車賃をくすねて酒を飲む。手のつけようのない札付きだ。男の子二人の学費を稼ぐのに一杯一杯な一江さんを見るに見かねて「仕事には使えないなァー」と知りつつも、「使いッ走り程度ならできるかも知れないなァー」と温情雇用したのだが、7年後には私の堪忍袋の緒も切れて解雇宣告した人物だ。アル中に、下手な温情はかけない方がいいと、お教え頂いたのも、この御仁(ごじん)だ。

東京断酒新生会の本部の事務局員になって鍵を預かり、夜8時の休憩時間に墨田断酒会の例会を中抜(なかぬ)けして、同所にある本部事務所で酒を飲む。当時の理事長が私に電話で「あれはダメだよッ！　悪いけど辞めさせるよッ」と連絡があり「本人に確かめて見るよッ」「ダメダメ裏はとれているから」ということで、にべもなく辞めさせられている。会社では出会い系サイトの利用料金取立て騒ぎで、会社の電話回線を1週間に渡ってパンク状態にさせ、業務に支障をきたし、ユーザーの工場に物品を引き取らせに行かせれば、できもしない仕事に手を出して工場内にオイルを撒き散らして、多額の賠償金を請求される……数え上げればキリがない。下の息子さんが大学の出席日数が足りなくて、卒業が半年間延びて、解雇時期を失(しっ)する原因になるにはなったのだが、就活の際に履歴書の父親の職業欄を「無職」にする訳にも行かず、本来あってはならない無給雇用の形態を私にとらせている。この時期は仕事で使う半田ごてを持ったまま居眠りするのは日常茶飯事になり、取引先の高床式(たかゆかしき)の倉庫の縁(ふち)から転げ落ちて股関節を骨折して、窓口業務担当者に救急車を手配してもらって緊急入院する始末、箸にも棒にもかからない状態になっている。病院に搬送される直前に「ＥＴＣカードとタバコを持ってきてください」と頼んで、その二品のみを持って入院したと聞かされるに及んで、私はアルコール依存症者に対する無力さを自分のものとせざるを得ない現実のなかにいた。カードを現金化して酒を飲み、タバコをくゆらせて、のうのうと車椅子で病院の廊下を愛想笑いを浮かべて行き来する元三の姿が目に見える。残念な結果だが、忍の一字もここまでとすることにしたのだ。

「クズにも生命はある」とは息子の言葉に対する私の無言の抵抗だ。社会のなかで生きて行けないアル中の『いばしょ』をつくり、自立支援センターをボランティアで運営して行く決心をしたのが13年前、『いばしょ』は来春で9年目を迎える。元三は長期間の飲酒で脳ミソを溶かし、記憶も切れ切れになり、連続した行動がとれない、軽度の痴呆状態になってしまったが、一江さんが「大人しくなっていい」と言うので、それはそれなりにいいのだと思っている。確かにアル中さんの社会復帰は難しいが、社会復帰が可能なアル中さんが社会に戻れなくて、再々入院を繰り返す現状を座視することは私にはできない。『いばしょ』で猛特訓を受けて生活保護を離れて自立した人もいれば、半分生活保護で半分は仕事ができている人もいる。2年後の満額年金受給を楽しみにしている人もいる。さまざまな形態が許されるのが『いばしょ』だ。私は『いばしょ』に集うアル中さんの生命が愛おしいのだ……生命が限りなく愛おしい……

生れたときは真っさらな生命が、なぜ「クズ」と呼ばれるアル中になって行くのか、私の好奇心は年ごとに、この一点に集中するようになってきていた。体験談に耳を傾けていても「何故、ナゼ君はアル中になったの？」と心の中で繰り返してしまうのだ。人様の心の中に土足で踏み入る訳には行かないのは当然のことなのだが、どうもムズムズして毎日が落ち着かない。そんな気持ちがピークを迎える頃、突然思いついたのが「『いばしょ』の記録を残す」という大義名分だ。事前に何の連絡もせずに例会のなかで『いばしょ』の記録を残します。プロフィールを私に提出して下さい」と宣言にも似た強い口調で言っている。返す返すもそんな私の提案に賛同してくれた人々に感謝している。「クズ」と言われる人たちがこんなにも明るく、こんなにも楽しく、「こんなにもいいヤツらなのかァー……」「知りたがりやん」の旅が始まる……

【註】

（4）断酒会：酒害から回復し、自力更生をするための自助グループ。全国の各地域にそれぞれの独立した断酒会があり、毎日どこかしらで例会や懇談会が開かれ、アルコール依存症本人やその家族が自らの体験談を話す。

（5）江東断酒会：東京断酒新生会の支部の一つ。東京断酒新生会は1952年、全国に先駆けて設立されたアルコール依存症者本人とその家族のための断酒会組織、NPO法人。各地域に25の地域組織（千代田、中央、港、新宿、文京、台東、墨田、江東、品川、目黒、大田、世田谷、中野、杉並、豊島、北、荒川、板橋、練馬、足立、葛飾、江戸川、西武、京王、町田）があり、各地域で体験談を語り合う例会や懇談会が毎日開かれている。本部事務所では東京地域での電話による無料の酒害相談を受け付けている。

（6）三鷹市断酒会：アルコールで悩む本人、家族を回復に向け、東京都三鷹市で活動する自助グループ。会長は長本幸雄氏。２０２０年に創立40周年を迎えた。

（7）家族病：アルコール依存症は本人のみならず、家族全体の心と体を冒していく病であり、家族の回復も必要とされている。

（8）『酒乱の眼』：２０１３年に出版された風見豊氏の前著。悲惨な生い立ちからアルコール依存症の回復までが赤裸々に綴られた精神分析療法の記録を含む体験記。『アルコール依存症の正体～私という酒乱はこうして生まれた』というタイトルとして新たに弊社より電子版が出版された。

（9）長谷川病院：東京都三鷹市の精神科病院。アルコール依存症の治療にも力を入れている。

（10）チューダパンダカ：仏教でいう釈迦の弟子の十六羅漢のひとり、チューダパンタカ（注　茶半諾迦）のこと。出来が悪く仲間からは愚人扱いされたが、釈迦の「他のことはしなくてよいから、皆の履物を揃え、清めなさい」との教えを一心に守り、悟りの境地に達した（参考文献　堀井度「日本酒害者列島」創栄出版　1996　ISBN-9784882506454）。武男さんののんびりしたたたずまいからこのあだ名がつけられた。

（11）釣藤散：漢方の一種。中年以降で比較的体力がある人の慢性的な頭痛や高血圧にともなう頭痛によく用いられる。

（12）アデホスコーワ腸溶剤60：心不全や消化管機能低下の見られる慢性胃炎の治療、調節性眼精疲労における調節機能の安定化に用いられる錠剤。

（13）ステゴザウルス：両親から十分な愛情を得られず〝捨て子〟同然の家族環境で育った自分自身や仲間を恐竜の名前にひっかけた著者の洒落言葉。

1．所長の幸子さん

幸子さんは茨城県古河市の街道沿いの電気屋の娘として生まれている。大人しいおっとりとした温室育ち、街道はビュンビュン車が走るので危ないから「ダメですマーク」、遊び場はもっぱら自宅の庭だったらしい。風見家の第一子長女として大切に育てられたとのこと、私のように不要な第四子とはエライ違いだ。この人には暗い暗ァーい考え方はない。いつもお日様の方を向いている。母方のお婆さんがお天道様信仰の厚い人だったらしく「幸子、お天道様が見ているんだからねェー」といつも聞かされて育っている。私も高1のとき、お婆さんに2、3度会っている。デートに誘いに行くと「幸子、学生さんがきたよッ」と言葉をかけてくれる気さくな人、今思うと信じられないような純情物語のエスコートをしてくれたのが、このお婆さんだったのだ。

幸子さんは小6で古河から調布の畑のど真ん中に引越してきて、その3年後に北海道の北見から引越してくる私という変てこな異人種と、中3の同じクラスで同じ班のお隣さん同士になる。北海道の私の中1の担任が変な教師で「学問で身を立てたければ早くガールフレンドを決めておいた方がいい。その方があっちこっち目移りしなくて済むので学問に集中できる」と言うのでその通りに実行したつもりだ。北見にいた真理ちゃんは木琴コンクールのために上京したとき、私に会うために新宿まできたらしいが、「帰りの汽車に間に合わなくなるので京王線の柴崎駅までは行けなかったのォ」と手紙に書いてきた。高1で手紙のやり取りはなくなり以後プッツリ状態になる。これが私の第一の悲恋物語だ。調布の神代中の3年9組、2学期に島根から千賀ちゃんが転入してきたので、「この娘にしよう」と決めて、親友の貢に案内させて家に押しかけ「オレとつき合え」と言ったが、叔母さんとやらが出てきてよォー「この娘は預かっている子だからダメ」と訳の分からないことを言いやがって、お互い諦め切れなかったが、結局は諦めることになった。これが私の第2の悲恋物語だ。次に目をつけたのがお目めの大きな大ォーきな幸子さんだ。真理ちゃんとはまだ手紙でつながっている時期に次を決めに出たのだから私も相当な浮気性、そんな私の釣り針に引っかかった幸子さんッてェー……ひょっとして気の毒な人なの？

実はまったく無垢(むく)な人だった。私がいくら斜に構えたひねくれ根性の持ち主でも無垢には手は出せめェー！　傷つけられねェーよッ！　そのくらいの良心はあったさァー。「幸子さん物語」にひどい話が一つある。聞いただけで頭にきちゃう話がよォー……高校生のときに家計用の小切手帳を父親から預けられていたんだってェー……母親が「幸子、お金を頂戴」って言うたびにサインをして渡していたというのよォー。14、5歳の娘を女房を差し置いて「墓守り娘[14]」にするかよッ！　そんな父親っているかァー？　2代目アル中の私に目をつけられたのも悲しい宿命かも知れないが、若くして家を背負わされたんじゃ堪ったもんじゃないぜェ！　血縁関係はなかったといっても一緒に育ってきた5歳年上の純子姉さんがなァ、生まれ持った結核菌が風邪っぴきがもとで、暴れ出して脳にまでのぼっちゃってよォー、死んじゃったのよォー「葬式に着て行く服、何にする話」ばっかりしている親に呆れて19歳で家を飛び出しちゃったのさァ。1回こッきりだったけれども私も都電に乗って幸子さんと一緒にお見舞いに行っているので顔は今でも覚えている。これが幸子さんの豊さんとの駆け落ち同然結婚の真相よォー！　あとは野となれ山となれ精神でしょうよォー、確かに若さゆえの衝動といえば言えなくもないけどさァ。それにしても思春期の全期間を墓守り娘にされてよォー、ブン曲がりもせんとグレもせんと耐え切れるものかよォー？　あり得ない強さでしょう？　この強さがあったからこそ、今でも私の奥さんをやってられるんでしょう！　私の奥さんをやってられるから『いばしょ』の所長なんですよッ、幸子さんは！　難解な方程式の解がこれです……

何とも照れくさいがここで改めて所長の幸子さんがどういう人なのか話しておかないとこのストーリーの先がなくなってしまう。アル中業界では知らない人がいないほど有名人で、その人脈の広さには圧倒される。10年間アラノン[15]をやり、その5年後には酒が止まってもチッとも良い方に変わってくれない私に業を煮やして、学校の夏休みを利用して下の2人の子供たちを引き連れて断酒会巡りを強行した人、そのバイタリティの凄まじさにはホトホト脱帽、「オレはお前より偉いんだ」の世界から私を引きずり下ろしたおっそろしく頑丈な人です。私は子供にはからっきし意気地がなくってよォー！　それをちやんと承知の上で利用する、賢すぎる女の人だ。

大人数の江東断酒会の例会のなかで小学6年の文ちゃんが高1の姉の里枝(りえ)ちゃんに手をつないでもらい、立って泣きながら「お父さん、もうお酒は飲まないでェッ」と、体をガタガタ震わせながら言う。次に里枝ちゃんが「お父さん、もう死ぬなんて言わないでェッ」と、大粒の涙をボロボロこぼしながら……１００人を超える会場の人たちが固唾(かたず)を飲んで見守っている。啜(すす)り泣く声が聞こえる。私も子供たちから目を離すことができず「人目なんぞ気にもせず状態」で涙が滝のようになって流れ出てきていた。体が芯の芯から熱い。体中の汗がドドッと吹き出している。子供たちに愛されている父親を初めて感じさせてもらった瞬間だった。この日を境に私の「可哀想なボク」シリーズは終わり、酒を飲んでは大暴れをして家庭を修羅場にしてしまった極道者の父親の話、いわゆる家族を「泣かせっ放し話」、「迷惑をかけっ放し話」という酒乱の体験談に変わって行く。

こうして私のイメージチェンジに成功した幸子さんの胸の内は知る由もないが、深刻この上なし状態だった表情はニコニコ顔に変わり「豊(ゆ)ーさん変わッたねッて、芝(しば)ちゃんが言ってたわよッ」と気楽に私に断酒会の例会情報を流してくれるようになった。4、5年もの間「一人ぼっち心理」で「可哀想なボク」に酔いしれていた私が急転直下「仲間がいて今がある」になり、気がつくと「オレの周(まわ)りに近づいてくるんじゃねェよォお前ェはよォ」と、私が忌み嫌っていた半端な連中まで親しげに話しかけてきていた。ウザい、実にウザッたい！　「人が人のなかにいる」とはこんなにも面倒臭いものかと45歳にして初めて知らしめられた。離れがたかったナルシーの世界はもう終わりです。みんな幸子のせいさァー！　私ってホンニ苦労が絶えない人なんだわァー！　あとは私が人慣れするしかしょんがないッしょうオー。

私の「人慣れ方程式」は端(はし)っこに座らず真ん中よりの席に座り、前後左右ハス斜めの人たち全部と一言でもいい、とにかく話して話して話しまくること「恥もへったくれもない方式」、結果3年後には総なめ、本人、家族にその子たちも含め、すべての人と話ができた。でもよッ、おまけがついてきちゃってよォ、これにはまいったぜェ！　一生の不覚も不覚、返す返すも残念無念、京王断酒会の前会長の山さんから会長のバトンを手渡されちゃったのよォ！　断る訳にはいかないのよォ！　巧妙なワナよォ！　京王の20周年行事が終わった途端、東京断酒新生会の連中が山さんに「風見に変われ」コールを仕掛けたらしく、どうもその張本人が江東断酒会の芝ちゃんらしいのよォー。結局こっちとら恩も義理もある芝ちゃんの言うことだもの「ＯＨ！　ＮＯ」とは言えめェ！　やり方が汚いっちゃ汚いんだけんどよォ！　しゃーないぜェ、これが断酒会だもんねェ……ほら見ろよォー……これで幸子さんは会長婦人よォ！　なりたくったってなれねェのよォ、一人っきァいないんだからなァ。会長なんて誰でもいいのよォー、要は大奥の権勢を誰が掌握するかで風通しのいい会になるかどうかが決まるってことさァ。オレは婿養子アル中で京王断酒会の置物ってことさ。何の問題も不満もありません、お好きにどうぞどうぞォー……

『いばしょ』の所長は同時に京王断酒会の会長夫人でもある。もう一つは私の会社の実質的な経営者でもある。なんせ私が電話に出ると、どこでどうなるのか自分でもよくわからないのだが、先方とすぐ喧嘩になってしまうので電話には出なくていい社長、取引先もその辺りは良く心得ていて、端から幸子さんを指名してくるので私の出番はほとんどない。ウナギの寝床のような会社の隅のまたズーッと隅の方でみんなの邪魔にならないように静かに静かァーにして計測器の修理をやっているだけの社長です。すると？　幸子さんは一人で一体いくつの顔を持っている人なのかしらねェ？　わかります？　わかりませんでしょう？　私の食事も作ってくれるんですよォ、凄い人でしょう？　その人が私の妻です！

三つ指ついて所長をお願いした私の眼力もさることながら、心乱れるままに引き受けてくれ、しかも真剣にアル中さんに対峙してくれているお姿は慈母観音そのものです。感謝感激雨あられ、これに勝る幸せはございません。感謝の意を込めて一同起立ッ！　礼！

８年前の４月１日の土曜日から幸子さんの所長としての激務が始まっている。よりによってよくぞまァ、ひどいのばかり集まったものよォ、とアル中本人の私でさえ思うんだからァ……最初っから兎に角、凄まじい集団になった。朝っぱらから一杯引っかけてきて「だるいーッ、もうダメだァー、持たねェー」と言っては小上がりでゴロン、ビィースカ、ビィースカいびきを掻いて寝てしまうわァ、「タバコ買いに行ってきます」とフラっと出て行って帰ってきたかと思うと、どこで飲んできたのか、もうふらりんこフラフラ状態、ものも言わず小上がりでゴロン、グァーッ、グァーッ……プログラムができて３ヶ月後、息子の俊夫くんに背中を押されたのもあって意を決して『いばしょ』に出てみるとこの有り様、所長の口から一切聞かされていなかったのでこれにはびっくり仰天の助、さァーッてェどうすッかッ？　ということでこの日から仕事は午前中に終わらせ午後から『いばしょ』に通う生活が2年近く続くことになる。

期待の星、チューダパンダカ役の武男さんも卓球台事件後の圧迫骨折の治療を終えて出てきているので心強い。と言っても実はここでもあまり私の出番はないのです。「『いばしょ』に午後から豊さんくるんだ」だけで、たぶん何されるかわからないので怖いんでしょう？　全員がピリピリ緊張してそれなりに大人しく素直に幸子さん、靖枝さん、武男さんの言うことを聞くフリをしている。人の顔色をうかがう名人揃い、私の前でそう易々としっぽを出すはずもない、と思いきや業の者たるお二人さんはチッと他とは違って素面になる気などさらさらない。いつも赤ら顔で酔っ払っては小上がりで高いびき、いつまで経っても知らんぷりの助を決め込んでいる私に期待のキの字もなくなったのか、幸子さんはブリキの缶の蓋をすりこ木棒で引っぱたいて、土手のマグロのお二人さんの耳元でグァーングァーンと鼓膜も張り裂けんばかりの威嚇音を響かせ「起きろーッ、起きろーッ」と安眠妨害コール、やれどもやれどもまったく効果なし。快調に夢見る世界をばく進中のお二人さん、すやすやスヤーッと、とっても気持ち良さそうですが、ドキっとするような鬼顔になってしまっている幸子さん！　私としてはこれ以上、見て見ぬフリはいくらなんでもできないでしょう、私の出番ですよッ、この状況はねェー。つかつかつかッと二人に近づきバシッバシッと肩を叩いて「起きろ！　手前ェら何しにここに来やがってんだッ！　起きろッてんだッ！　馬鹿たれどもがァー」と怒鳴り散らすと、スーッと起き上がりピョコタンと長椅子に腰かける。実にスムーズな動き、この一連の動きすらも長年誰からとはなしに言われ続けているうちに獲得してしまった行動パターンかと妙に感心してしまう。寝ぼけ眼じゃなくってェー、目はパッチリ、背筋はピンシャン、顔が赤マダラじゃなくってェー、酒の臭いがプンプコじゃなけりゃ大した変身術ですよォー、これはァー、人にはなかなかできるもんじゃない芸です。これぞアル中のなかのアル中です、こう見えても治りたい願望ありありの態度ですよッ！　飲まなきゃならないのがアル中の酒、飲めば酔っ払うのは至極当然、何の不思議もございません。世間様にゃご理解ご納得いただけないざんしょッがァー……致し方ございません。

会社の仕事に加えての『いばしょ』の所長、簡単にこなせる平明さはどこにもない。しかし「もう私、嫌よッ」という言葉を一度も聞いたことがない。意地と根性と突っ張り精神なのか、毎日まいにち一人ひとりが違う事件を起こす……その連続、ましてや酒が止まっているとはいえ、脳ミソは酔っ払い状態のままの連中を相手に無報酬で面倒を見てやるなんぞォ、幸子さん、あなたの方がどこかおかしいんじゃありません？　と誰かに言われても何ら不思議はないのにィー……亭主の私が感心するほど良くやってくれる。幸子さんは他の人にはない何かを持って生まれてきているのだ。今のところはその正体は不明なり。この人の周りに集まる人は大なり小なり明るくハッキリものが言えるようになる。無尽蔵のエネルギーすら感じることがある。

でもォー……これじゃフェアーな書き手じゃなくなるよなァー……ばらすぞォー。ひどい衆3馬鹿トリオの元三、涼一、龍之には左程のショックは受けなかったようだが「幸子さん、幸子さん、幸子さん」と擦り寄ってきていながら、ある日突然消えた功一には相当なショックを受けたようで『いばしょ』から帰ってくるなり、ガックーンと肘かけ椅子に座り込み微動だにしない。テレビは点けっぱなし、左手にはリモコンが今にも床に落ちそう状態、本人はイヤホンを耳に差し込んだまま寝息をたてている。8時になっても9時になっても起きない。私が初めて見る幸子さんの疲れ切った姿だ。胸がジーンと熱くなったのを記憶している。その夜の私の食事は食パン2枚に野菜ジュース一杯、そのままそのままァー……静かァーに眠っている。こればっかりは経験値を積みあげて行かなければどうにもならないことです。もちろん翌日は何事もなかったように始まっている。

功一失踪事件は『いばしょ』が始まって1年弱の頃のことだ。数ヶ月後、馬鹿たれ功一が肝臓をさすりさすりしながら酒膨れ状態で『いばしょ』に現れ、武男さんに「もう一度チャンスをください」とお願いしたらしい。あまりにも人が良すぎるこれまた馬鹿たれ武男が、やり直しOKサインを出したとのこと。その夜7時頃、私の自宅のチャイムが鳴ったので玄関を開けてみると申し訳なさそうに小さく俯いて立っている功一がいた。この所作は悪さをしたときのアル中さん独特の行動パターンの一つだ。幸子さんは黙って台所に立ち、スパゲティミートソースとキャベツの千切りを食べさせて「元気でやるのよッ」と一言だけ言って帰している。次の日、一日だけ私の目の前で元気そうにプログラムをこなし、そしてェー……功一は消えた。

2、3週間後、京王の会費を封書で送ってきたが「そっくりそのまま寄付金扱いにしなさい」と私が断を下している。会費未納のため東京断酒新生会は退会処分となり、『いばしょ』は自己退所扱い。けじめはキッチリつけた方がお互いに自由になる。これは私の人生万般に流れている「生き行くための哲学」だ。送ってきたのは５０００円、生活保護費のなかから出すので大枚なはずだ。その後功一が女連れでニコニコ楽しそうに歩いている姿を京一に見られている。この男は女が傍にいないと夜も日も明けないヤツだから、さもありなん、というところだ。いいってことさァ！　「酒は止まってるみたいですよッ。顔がスッキリしていましたからね」との報告に優るものはない。幸子さんは今日も元気げんきでよォー、たまんねェよなァー、京一！　喜べ！　幸子さんが元気だとみんなが嬉しいんだろう？　元気が何よりでしょう！　でもチョッとなァー、というときだってあるよなァー……あったっていいじゃん、生きてるってそういうことなんじゃないの？

　この頃はあまり聞かなくなったが、『いばしょ』を立ち上げてから5、6年言われ続けていた言葉がある。『いばしょ』はあなたの道楽よ」というものだ。たぶんこれは「幸ッちゃん語録」のなかの超ド級品に違いない。最初に聞いたときはまったく意味不明で頭が「こんがらがっちゃった状態」になった。アル中の生命を守るべく私の立ち上げた事業が幸子さんには夫の道楽に過ぎないとは、情けないにもほどがあるぜェッ！　アホたれ女めがァー、と真剣シの字で思った。「所長降りろよッ、お前ェーなんかに誰が頼むかってんだァー、あーあー結構です、どうぞどうぞ降りてくださって結構です」とは口が裂けても言えないでしょう、他にあてはないんだからァー……腹の中で思っているだけですよッ！

　この言葉の意味がわかるようになるまで年単位かかっている。20歳で母になり、31歳のときはすでに4人の子供たちの母、おまけに稼ぎの薄い亭主とくる。今思うと幸子さんは何の楽しみがあって今日まで苦労してきたのかわからないでしょう？56歳、子供たちも手を離れてそれぞれ独立、サァーこれからは私が楽しむ番よッ、というときに「オレの使える金はいくらある？」と藪から棒に「金出せ宣言」されたんですものねェー、こんな亭主じゃいない方がいいでしょう？　自分の欲得だけで生きて、家族の苦労なんぞ考えたこともない。女房はただの道具「黙ってオレの言うこと聞いてりゃいいんだ」で40年ですよッ！　長過ぎません？　「道楽」って言われてムカッとくるようじゃ修行が足りんと言われても仕方ない……意味不明の意味がわかったんです。わかりゃあとは頭を下げるしかありませんでしょう？　でもデモでもですよッ、『いばしょ』を一番楽しんでいるのはどこのどなたですか？　あなたでしょう？　幸ッちゃん……

【註】

（14）墓守り娘：信田さよこ著「母が重くてたまらない－墓守娘の嘆き」で登場する言葉。期待に押しつぶされそうになりながら、必死にいい娘を演じる女性たちのこと。

（15）アラノン：アルコールの問題に影響を受けたと感じている依存症者の家族や友人が、お互い共通の問題を解決していく自助グループ。

2．幸子さん入院！

平成24年10月27日、所長の幸子さんは、ヘルペス、帯状疱疹、水痘の三重の病を得て三鷹中央病院に入院している。29日の月曜日に退院できることになったが、一時は大変な騒ぎとなった。15日に発症して、顔と足の裏を除いて全身が赤斑の発疹だらけになり、四十度の熱にうなされ続けた。健気に耐えていたもののとうとう我慢の限界を超え、遂に19日の金曜日に救急車で入院の運びとなったのだ。お口だけは達者に動いていたのが不幸中の幸いと言うべきか、

「赤い豹柄模様の幸子さんになっちっゃたねぇー」などと、本人は気丈な冗談を言える状態ではあるにはあったが、さすがの幸っちゃんも気が弱ったところを私に見せ

「私が甘えられるのは豊ーさんだけだねぇー」

と涙ぐむ一幕もあった。

そう素直に出られちゃこっちも男だわさァー……平癒回復するまで毎日見舞いに行き続けてやる、と決め込んで実行している。帰る間際に「豊ーさん、ありがとう……」と言われりゃ翌日も行かない訳にはいかないでしょう？　行かなきゃ男じゃないでしょう……？　皆さん、そう思いませんか？

サブ担のゆう子さんは幸子さん不在の穴埋めで私の会社に缶詰状態なので、副担のまさ子さんが気張って『いばしょ』の運営を一手に引き受けてくれている。見事なチームワークを作り上げたのも実は幸子さんだ。『いばしょ』のなかは特に何事も起こらずキチンと回っているが……さてさてこの幸子さん入院後、メンバーたちの実際の心境はどうかなぁー……

「みんな幸子さんが元気になってくれるのをじーっと待ってる雰囲気よっ」

と例会に参加したゆう子さんが報告してくれている。敏がズルッコ虫を発揮し始めたとのこと、例会に出てくるにはくるが、私に怒られる以前の敏に戻ってしまったらしい。何もしゃべらず「一日例会一日断酒で頑張ります」で済ませているとの

こと。人の顔色をうかがってはズルッコ虫しかできない性癖（くせ）の持ち主、敏に関しては予測の範囲内なので特段驚きもしないが、問題なのは賢治（けんじ）だ。

「幸子さんと豊さんに聞いてもらえない例会はつまらないなぁー」

と言っているとの報告はちと残念だ。断酒して十五年にもなるのにまだ断酒道の真髄（しんずい）を掴（つか）みきれていないとは……私としても重い重ぉーいテーマを突きつけられたような気がして「うーん、どうすんべぇー」と考え込まざるを得ない。

幸子さんは『いばしょ』の要（かなめ）だ。母親役を担ってくれている大切な人なのだ。母親のいない家庭のどこに団欒（だんらん）があります？　いない方がいい母親はいない方がいいんですが、幸子さんがいなくて豊さんだけになったら、誰も『いばしょ』に残りたいと思わないでしょう！　『いばしょ』は最初に「幸子さんありき」です。幸子さんが回復するまで『いばしょ』のなかはまさ子さんと昭男、外の例会通いは京一、チューダパンタカ役は武男……この布陣が豊さんの指名です！　私は幸子さんの回復の手助けに専念しますので……

平成24年10月31日（火）、幸子さんはヘルペス、帯状疱疹、水痘の三重の病を二週間で克服して会社に戻って仕事に復帰している。まだまだ豹柄（ひょうがら）の女に変わりはないが、全身の赤色斑点（せきしょくはんてん）も大分薄くなって、熱も下がり声もしっかりしてきている。19日の金曜日に救急車で搬送して三鷹中央病院の隔離病棟に入院して以来、みんなに心配を掛けているがもう大丈夫です。筋力の衰えなどが復活するまでもう二週間くらいお待ちあれ……

後日談

そもそも今回の幸子さんの緊急入院は正則のせいだっ。正則があんまりたびたび睦子さんを苛めるので、毎日毎晩幸子さんが睦子さんからの電話相談を一時間二時間と受ける羽目になり、そのため消耗してしまい、疲労が積み重なった結果が豹柄幸子さんだったのだ。正則！　いいかげん大人になりなさい！　そして睦子さんも娘も自由にしてあげなさい！

幸子さん、いつも負担をかけてしまって申し訳なく思っています。私もできる限りサポートしますので、あまり無理をしないようにしてくださいね……

3. 副担のまさ子さん

まさ子さんの生まれは福島県の白河市と聞く。断酒会で知り合いになった幸子さんの無二の親友、エキゾチックで同性も羨む美形だ。本人は「訛ってなんかいないわよッ」というがハッキリいって相当訛っている。さすが福島弁、まくし立てれば姐御調になる。何とも言えぬいい味を出す。所長とのコンビはグンバツ、息もピッタシカンカン、幸子さんの姐御、まさ子さんなくして『いばしょ』は成り立たないほどの存在感を最近は見せてくれている。

まさ子さんの話によると父親は尋常小学校を卒業後、あんこ屋に住み込みの奉公に出されたらしいが、性に合わずに辞め、一念発起。勉強してNTTの試験を受けて合格し、同じ職場で交換手として働いていた女性と巡り合ってゴールイン。2人の間に第一子長女として生まれたのがまさ子さんで、下に妹1人と弟3人がいる。当時としても5人の子持ちは多産の系譜に入る。顔の美形は父方の血統だったらしい。一緒に断酒会巡りをしているときに偶然にも品川駅のプラットホームで会った2番目の弟さんも、かなりの美男子だったのを記憶している。難点というほどでもないがァー……年のわりには頭の毛が薄いのには少し、ほんの少しだけ驚いたかなァー……

幸子さんと私は「まァーちゃん」と呼んでいる。父親がどう呼んでいたか聞いたことはないが、猫っ可愛いがりに可愛いがられたらしく「稚児の酌」に駆り出されては日舞も踊らされたという。子供とはいえチヤホヤされるのは最初は気分がいいものだが、たび重なると飽きてきて嫌になるもので、道路に寝っ転がって泥んこだらけで抵抗したらしい。話の様子だとどうもまさ子さんの父親もアル中らしく、母親が何かの病気で入院しているときにイジイジしている父親の様子を見て「お父ちゃん婿養子みたい」と言ったら、その晩からこたつに入りっ放しで連続飲酒(16)になったという。

子は子なりの欲得があり、父親の独占は子供心にも最高の「得意」だったと思う。ポニーテイルを結うのは父で、母に結ってもらうのは嫌だったというから、ファザコンも相当なもので、女でありながら女の人と話すのが苦手になっているのも、ある程度は止むを得ないかなァ、と私は思っている。父親はガラスのケースに入っている日本人形のような娘に育って欲しいと願っていたんでしょうがァー……生身のまさ子さんはァー……実はとんでもないオテンバ姫、食べてはいけない青いグスベリの実を食べてぶっ倒れ、胃洗浄までやっている。なかなかこういう女傑（じょけつ）にはお目にかかれるもんじゃありませんよッ！　幼児ですよォー……皆さんどう思います？

白河女子高等学校を出ると同時に「1年間だけでいいから東京に行かせてッ」と親に頼み込んだという。本当かしらねェー、実は脅かしたりしてェー……まさ子さんの夢はスーツ姿でハイヒールを履いて銀座の街を闊歩（かっぽ）することだったらしい。実のところは親から離れたかっただけだったようだがァー……。マサカのまさ子さんでも親に本音は言えなかったんじゃないかなァー……兎にも角にも親を説得して東京に出てきて就（つ）いた仕事がホテルのメイド、同輩の元気印と仕事が終わると夜な夜な「ウロウロうろつき虫」に、酒もタバコも覚え、寮の門限オーバーは日常茶飯事だったとのことだ。そうこうする中に、美形が福と成したか災いと成したか、社長秘書に抜擢（ばってき）され、一夜にして非組合員となり悪友を失ってしまう。これも悲劇と言えば言えなくもないが、他の人とは違う「得意」でもあったと思う。今までペコペコしていた課長や部長と立場が逆転「社長からです」と伝えるだけで相手は「わかりました」とかしこまる。若い身空にやァー、毒ですよォー、こりゃー、美形の大天狗（だいてんぐ）娘ができてもしょうがない展開じゃありませんか？　孤立しますよォ、これはァー！

田舎娘が都会の会社で一人っきり、淋しくない訳がない。ベルボーイのチョッと見、いい男の征（ただし）に目をつけ、自分の方からアタックしてゲット、いろんな悩みごとの相談に乗ってもらっていたという。社長秘書のお悩み相談に乗ってやっているという思いが征の「男上位論」をつくり上げたのは間違いないことだし、事実「オレはお前ェより偉いんだ男」に徹している。「結婚してやってもいいよッ」との威張りくさった言葉が夫婦になるサインだったというから、最初から対等なパートナーシップは望むべくもない。「男が偉いに決まってんじゃないか、女は黙ってりゃいいんだよッ！　やることやらせてりゃいいんだよッ、お前ェら女はよォー」がはっきり見て取れる。

多くのアル中さんは「オレは偉いんだ男」を地で行くが、征はそんなアル中さんのなかでも特別偉い人だったような気がする。「私、この人と結婚します」宣言を伝えるため、征を紹介かたがた白河の親の家に連れて行ったときのまさ子さんの体験談だがァー……父親と征のアル中同士が酒を酌み交わし、意気投合するのに時間はいらないもの、アッという間に2人共グデングデンになり、征はテレビの裏に入ってかくれんぼゲームをしていたという。その姿を見て母親が「まァーちゃん、あの人は止めた方がいいんじゃないの？」と言ってはくれたものの、現実を見ようとしないＡＣ(17)の得意技の出番「お酒飲んで酔ってるからよッ、普段は大丈夫よッ」で話を終わりにしてしまったという。「あのとき、お母アちゃんの言うことを聞いていればこんな風にはならなかったのにねェー」とアル中の奥さんならではの台詞(せりふ)を聞かされたのを覚えている。私というアル中を前にして決定打に等しいアル中の悪口を平気の平左で、ついつい言ってしまうのがまさ子さんという人です。ご同輩諸君よ！　お気をつけ遊ばせェー……気をつけるったってどう気をつければいいんですかねェー……わかりません！

　私の手元に1枚の写真がある。1度目の入院の病院のプログラムで、征が三鷹市断酒会の「酒なし忘年会」に参加してニコニコ笑いながらゲームをやっているショットだ。出番を待つ征の表情のそれはそれはイキイキとして楽しそうなこと、私はその姿が今でも忘れがたい。妻のまさ子さんも屈(かが)んで膝を抱えて嬉しそうに夫を見上げている。会長の長本さんが撮ってくれた数ある写真のなかの1枚で、仲睦まじい夫婦の思いやりが伝わってくるとても良い写真だ。素面になっているアル中は、大概(たいがい)はノミの心臓の持ち主で、そうそう悪いのはいないのだが、中にはとんでもないワルがいるのも事実だ。口八丁手八丁で体験談もやらず「おだてモッコ」を担ぐヤツはまずダメだ。

　征は退院後一度だけ京王断酒会の府中の懇談会に顔を出し、一人で40分訳のわからないことを喋りまくったことがある。アルコールの臭いがほんのりと漂っていた。素面じゃ本音のホの字も喋れないくせに、酒が入ると兎に角在ること無いこと何でもござれで、他人の迷惑顔なんぞどこ吹く風、お口がくたびれて自然に閉じてしまうまで喋りまくるのよォー。胸のつかえを一所懸命吐き出そうとするけれども出せない、言いたいことが吐き出せないもどかしさに苛立(いらだ)っているのが伝わってくるんだけどさァー、こちとらにできることは情けない話だけど何もない。ただ聞いてやるしかない。シャーないじゃん、これが自助グループの犯しちゃならないルールだもんなァー……まさ子さんにしてみれば苦労して、ようやく断酒会につながってくれたんだから、いやァー、正確にはつないでやったんだからになるのかなァー、みんなの前でチョッとはまともなことを言ってくれてもいいじゃないのさァー、と思うのは当たり前だし、その期待があっても当然だと思うよォー……ところが違うんだなァー……長年の飲酒で脳ミソが溶けて流れ出しちゃったんだからさァー……まさ子さんが思い描く昔の征はそこにはいないのよォー……妻の目の前にいるのはただのアル中、「ヒト科の人にして人間にあらず人」がいるだけなんだけど、それを理解するのは至難の技だから、厄介なことになるのだ。そんな亭主を楽しみながら二人で断酒会に出つづけてくれるのが一番いいことなんだけど、マリア様じゃあるまいしねェー、そんなことできる訳ないよねェー。無理ムリ、どなた様もできなくてもいいんです。人間が人間の心を動物に理解してもらいたいと言っているのと同じですからねェー……脳ミソに蝶々が飛んでしまうとさァー……むずかしんだわさァー……

酒と「オレは偉いんだ虫」を諦めきれない征の2回目の入院は早かった。診断名が変わっている。1回目はアルコール依存症、2回目はアルコール性精神病、診断名がどう変わろうとも我々自助会がやることは一つしかない。過去現在未来を問わず語り手が感じたままの本音が出せるミーティングになるよう努力することだ。気丈なまさ子さんの落胆ぶりは相当なもので、私にもヒシヒシと伝わってきた。当時の私は、キチッとミーティングに出られるようになりさえすれば、誰でも回復はできるんだ、との理想を追い求める甘い甘ァーい考え方にどっぷり浸かっていた。ミーティングに出さえすれば「誰でもOK、大丈夫さァー」看板を背負い、意を決して長谷川病院のアルコール病棟に見舞いに行くことにした。私の手のなかにはリンゴが二つあった。

ナースステーションで「京王の風見です。征さんの見舞いにきました」と言うとニコッとして鍵を開けて征を呼んでくれた。リュウマチも相当進んでいるようで、左斜めに体を傾け、右足を引きずるようにして出てきた。征の売りはホテルのドアボーイで培った満面ニコニコ笑顔だ。大概の人はこれに騙される。右手で握手をして親友まがいの挨拶を交わし、土産のリンゴを手渡す。気に入らない見舞いに、気に入らない土産に、気に入らないヤツ、アル中の心はアル中のみぞ知る、眉間に縦皺を寄せ、セセラ笑いを浮かべて「ありがとう」と受け取る。「退院したら京王の会に真面目に通いなよッ！　奥さん、頑張っているよッ」と征が最高に嫌がる言葉を二つ並べた。相手がどんなに嫌がろうがアル中の見舞いの言葉はこれしかない。多くはカミさんに逃げられた単身者だが、征にはまだカミさんがいる。カミさんと子供の話をしてウッと込み上げるアル中は会につながる可能性がかなり高いが、征は「エヘラエヘラ虫」タイプで最も難しい部類に入る。「ウン」と言ったきりでこの日の見舞いは終わり、こちらもダメもとで行っているのでセセラ笑われようが、エヘラエヘラ虫をやられようが一向にお構いなしィー……所詮、人は一代限り、征がどう生きようと征の人生は征のもの、行く手を阻む断酒会の人間だのカミさんだのは征にとってお邪魔虫に過ぎない。一週間後に今度はたばこのハイライトを3個持って見舞いに行った。明らかに嫌がっている。「子供たちのことはどうするんだよッ」と聞くと、ムッと怒りを露わにして「親の義務は終わっている。退職金からそれぞれに200万ずつ渡してある」と答えた。征の持っている価値観を人間らしいものに変えるのは不可能だろうと、私はこのとき確信している。回復は望むべくもない一言だ。本人はそれでいいが、カミさんと子たちのことを思うとなァー……アルコール依存症の業病さ加減が恨めしくなるぜェッ、まったくよォー……」

征の退院後、まさ子さんの生活は激変する。幸子さんとアラノンに行き、その足で断酒会に通い続け、もう一人弘子がいたときには「京王の3人娘」と他の会の人にもてはやされて楽しそうにしていた。家にこもって一歩も外に出ない夫といるよりは、外の世界の方が快適だったに違いない。府中懇談会の帰りは幸子さんの車で家まで送ってもらっていた。まさ子さんが陽気に朗らかにはしゃいでいるのはここまでで、車から降りた瞬間に表情はガラリと変わる。笑顔がスーッと消え、全身が強張り、シャキッと背筋が伸び、顔は能面になる。近づきがたい別人格になる。異様な雰囲気さえ漂ってくる。脳ミソが溶けて萎縮し、蝶々が飛んでいる人と暮らさなければならない辛さは、私にはわかりようもないが、酒害とはこれほど残酷なものなのだ、とまさ子さんの豹変ぶりから教わったような気がする。酒が飲めるがためにィー……酒が生命をつなぐ活力源だったがためにィー……行き着く先はアルコール性精神病、妻をして塗炭の苦しみを与えてしまう、まさに業病だ。救いもへったくれもない。17、8歳の二人の子供たちはそんな親を見捨てて、二年前に家を出て自活している。まさ子さん一人が嫁として妻として精神病の夫を抱え悪戦苦闘ォー、そんなのッてェー……ありかよォー……いくらなんでもひど過ぎるぜェッ！　「私が断酒会に出ていれば征さんのお酒が止まっていてくれるんじゃないかと思ってェー……」そしてその願いは徒労に終わる。

２度目の退院後一年間は大人しくしていた征が、満を持してキッチリ飲み始める。征の酒は酒乱だ。調布駅の南口でプータろうどもに酒を振舞い親分気分でいる姿を、私も例会に行く途中で何度か見かけている。「フッフッー、今日もいましたよッ」と意味深な含み笑いをして私に話かけてくるアホたれ会員もいた。この時期、まさ子さんは新宿にあるワンルームマンション販売会社のパートとして働き始め、夫がダメなら私が働かねばとばかりに気張っている。私は「そこまで面倒をみなくてもいいんだよッ！　あなたのせいじゃないんだからねェー」と思いつつも「やるだけやらないと気が済まない人だよなァー、この人はァー、気の済むまでやってみるさァー」とも思っている。その健気な姿を揶揄するような言い方をする会員のあまりの多さにはビックリ仰天の助、「人の不幸は蜜の味」とはよく言ったものぞォ！　だがこれが断酒会の真の姿、断酒会は人の集団、極々当たり前の出来事です。負けて逃げ出したら「はい、それまでよ」で終わるだけです……

烏山懇談会のあと、私はシャノアールでコーヒーを飲みながらまさ子さんに言った。「まァーちゃん、家を出る方法もあるよッ！　〈健康への逃避〉と言ってねェー、自分で自分の身を守る方法なんだよォー」幸子さんも言う、「まァーちゃん、もういいんじゃない。あなた、やるだけやったわよォッ」と。たぶんまさ子さんには寝耳に水だったんでしょう、このときはキョトンとして無反応状態になっていた。24時間征のベビーシッターをやってきたまさ子さんには、急には理解しがたい言葉だったと思うがァー……まさかの急転直下、二日後には家を出たのだ。早朝五時頃にグデグデに酔っ払って帰ってきた征にまさ子さんは暴言を吐かれた上、「これを作ってくれ」とカップラーメンを投げつけられた。さすがにキレたまさ子さんはその足で息子たちの部屋に転がり込み、アパートを探して借りるまでの１週間くらい泊めてもらっている。「母ちゃん、オレたちは二年前に家を出ているんだよッ」と息子さんに言われたとのこと、残念だったと思うがァー……人生いろいろあるから人生じゃん、仕方がねェーよッ！

パートから正社員になりバリバリのキャリアウーマンに変身して全国を飛び回るようになっても、まさ子さんは例会にきた。断ち切れない何かを探し求めているのが、傍目にもハッキリわかる。征もきた。二ヶ月間まさ子さんをつけ回し、障害年金を受けるために必要な妻の社会保険証書番号を手に入れようとしていた。まさ子さんが家の中に貼っていた断酒会の例会の日程表を見て、征はまさ子さんの後をつけるようにして例会に参加していたのだ。こうして障害年金をもらうという目的を果たした征が次にやったのは、練馬断酒会の例会で妻を面罵することだった。「離婚する、断酒会は辞める、ＡＡ[18]に行く」スーツ姿で征の正面の席に座っているまさ子さんには耐えがたい時間だったと思う。俯いて腕を組み微動だにしない。吼えている征の負けだァー……

離婚届が征から息子さんへ、そしてまさ子さんの手元に届いたのはそれからすぐだった。「どうでもいいわ状態」とほったらかしにしていたら、二年くらいして息子さんに言われたそうなァ「母ちゃん、親父がうるさくてしょうがないから離婚届出してやんなよッ」と。背中を押されたまさ子さんはようやく踏ん切りがついたらしく、離婚届に判を押して征に送りつけた。父親がリュウマチの足を引き摺りながら息子たちのところへ何度も押しかけて行く、しかも酔っ払っている父親だ。母親として耐えられる光景じゃなかったのだろう、私にその胸中を推し量る術はない。

一年後白河の父親が亡くなり、確かその半年後だったか、断酒会では珍しい話ではないが、征が風呂場の浴槽でドボン死、息子さんからの電話にまさ子さんは咄嗟に叫んだという。「行くんじゃないよッ、行かなくていいよッ」と。「母ちゃん、行くよッ、あれでも親父だからなァー」二人の息子さんたちに私も会ったことがある。逞しい男の子たちだ。お兄さんは独身貴族、弟さんは２人のお孫ちゃんをまさ子さんにプレゼントしている。「可愛くてしょうがないみたいよォー、今はねぇー」とは幸子さんの言葉だ。まさ子さんがお孫ちゃんの話をするときの笑顔は最高だ。

勤め先を定年で辞め、今は『いばしょ』の副担をしてくれている。家を出るときに持ち出したお金がたったの70万円、他に通帳と印鑑も持って出たらしいが、こちらの方は全額征にしてやられたとのこと、そのまさ子さんが『いばしょ』を立ち上げた数ヶ月後に、何と１００万円も寄付してくれている。そんなお金を使えると思いますかァー？　涙の方が先でしょう？　私が預かりましたが、お金はダメなんです、預かっていられないんです……子供の頃の赤貧状態がトラウマになっていてお金はまったくダメ……情けない話だがァー、怖くて持っていられないんです。お金は全部幸子さん行きです。無一文の世界にいれば人生お気楽だしねェー……

独身貴族のお兄さんが「母ちゃん、家でも買って一緒に住もうかァー」と言ってくれるらしいが、まさ子さんは頑(かたく)なにNOと言っているらしい。そんな話を幸子さんから聞いたので、一度まさ子さんに「どうして？」と聞いたことがある。「私と暮らすとあの子結婚しなくなっちゃうでしょう、便利過ぎてさァー、豊(ゆ)ーさん、そう思わない？」逆に質問返しされても答えようがありません。良くやってくれる良さがあるから副担ＯＫなんでしょう、良くやる良さが無ければ不要ですとは口が裂けても言えませんでしょう？　言ったらどうなると思います……とてもとても怖くて言えません、何せ幸っちゃんの無二の親友ですからねェー、怖いですよォー……

【註】

（16）連続飲酒：抑制喪失飲酒の典型で、酒を数時間おきに飲み続け、絶えず体にアルコールのある状態が数日から数か月続く。その間、食事をすることはほとんどない。

（17）ＡＣ：アダルトチルドレン（Adult Children）の略。アルコール依存症の家庭で育って成人した人や親の虐待や家族の不仲など機能不全家族で育ち、生きづらさを抱えた人。

（18）ＡＡ：アルコホーリクス・アノニマスの略。無名性、匿名性を重視した独自のプログラムをもってアルコール依存症からの脱却を図る自助組織。

4. サブ担のゆう子さん

ゆう子さんは青森で生まれ育っている。実家は広大な土地を持つお米農家、この人もまた第一子長女だ。どうも幸子系のお友達は、先のまさ子さんにしろ、ゆう子さんにしろ、長女軍団の構成要員が多い。母親は第三子だったらしいが祖父の跡継ぎになり婿をとったとのこと、二人の間にできた初めての子がゆう子さんで下に弟が2人できたという。物言いがはっきりしているスレンダーで長身な小顔美人だ。出会ったばかりの頃は近寄りがたい雰囲気だったが、断酒会での10年というとんでもない苦労の歳月を経たせいか、最近は普通のオバサン気味で、今では「おゆう、おゆう」と気楽に話かけられる存在になっている。両親が田んぼで働くその脇の畦(あぜ)の籠(かご)の中でスヤスヤ眠っているおゆう。まるで東映時代劇にでも出てきそうな田園風景のなかで、オテンバ娘として育っている。

そんなおゆうにも、とても辛い幼少女期の体験談がある。2歳と6歳離れた弟二人は二階で両親と川の字になって寝ている。おゆうは階下の祖父母と一緒、大人の間でどういう取り決めがあったのかは知る由もないが、年端(としは)もいかない子が両親と別々になって毎夜寝るのは淋しいのが当たり前の話で、寒い寒ゥーい冬の寝床を抜け出して二階に行こうと階段の下まできたが、その階段が上れずジーッと寒さに震えながら俯いていたという。断酒例会のなかで大人のおゆうが、幼いおゆうを涙ながらに抱きしめている。全員が固唾を呑んで耳を傾けている。啜り泣く声も聞こえる。断酒会の全員なら、一つや二つは同じ経験を持っているもの、それぞれがそれぞれの胸の中でそのシーン思い浮かべ、おゆうの小刻みに震える振動を感じ取っている。近づきがたかったおゆうが急に身近な存在になる。後日両親にその話をする機会があったので話してみたという。「とにかくメンコクてメンコクてよォー」と言われて話は終わったという。親から受けた淋しさとはいえ、親にしてみれば言われなきこと、おゆうの記憶のなかだけにあった幼少女期の淋しさは、みんなの前で吐き出すことによってキチンとおゆうのタンスの引き出しに仕舞われ、必要なときがくれば、そのときだけ引き出しを開けて取り出せばいい状態になったのだ。この作業の繰り返しが断酒会の重要なテーマとなるもので、受け狙いの酔っ払い話だの、おべんちゃらちゃら弁の阿呆たれ話などに用はない。

小学校高学年のとき、学級委員長だったおゆうは、東京から転入してきた生意気な女の子にリコール選挙にかけられている。成績優秀で担任からも絶大な信頼を受けていると信じて疑わずに、クラスでもはっきりとした物言いをしていたというのに、その担任がァー……転校生からのリコール選挙の提案を受け入れて実施するとはァー……「ええッ、私って何？　信じてもらえていなかったの？」と何もかもが真っ白になって、おゆうの担任への信頼感など一瞬にして吹っ飛んでしまったらしい。どうやら担任は反抗期を迎え、ハッキリしたもの言いをするおゆうのことを快く思っていなかったらしい。だから転校生の提案をすんなり受けたのだ。子供を褒めてなんぼの教師の「裏切り」に遭遇した乙女心は、グサッグサグサッと鮮血まみれの深い深ァーい傷を負ってしまっている。その痛みは誰にも理解されずにおゆうの心の奥の奥深ァーくに仕舞い込まれ、断酒会に出会うまでまったく表に出ることはなかった。男の子優先社会の田舎で、これまた何をやらせても優秀な弟たちに、負けじ心で張り合い続けて、みんなからその優秀さを認められ、何としても父から母から「偉い子だねェー、ゆう子はァー」と言ってもらいたくて歯を食いしばっているというのにィー……「私の気持ちなんか誰もわかってくれないんだ、おまけにリコール選挙をやらせるなんてェッ」……グシャグシャな気分になっていたに違いない。リコールは不成立になるにはなったが、おゆうの心にまた一つ大きなおォーきな大人に対する不信感の塊（かたまり）が巣くうことになる。どうであれ、これもまた「大人という名の暴力」の一種だ。

よせばいいのにと思うが、そうも行かないのが乙女チックな心か、おゆうは高校三年生のときに大恋愛をした挙句（あげく）にきれいさっぱり男に裏切られたことがある。高校を卒業したら一緒に北海道の大学に行こうと約束していたのに、彼が大学生の女に寝取られたのだ。何のことはない、盛りのついたオスがメスの穴を欲しがっていただけの話で、一緒に北海道に行って暮らすまではダメダメと拒み続けていたら、その男は大盤振る舞いをしてくれる年上の大学生の女にウツツを抜かして、おゆうには見向きもしなくなったらしい。当たり前の話じゃん、恋愛なんぞォー、それ以外に何かあるの？　と男の私などは思うがァー……幸子さんもおゆうと同じでよォー……固いの固くないのなんてもんじゃなかったなァー……絶対に安売りはしない。手を出さずに耐え続けるのって大変でしたよッ！　お許しが出るまでの長いこと、長ァーいことォー……結果として安売りしなかったから今があるのかもねェー……ＯＨ、ＮＯ！

とはいえこの傷の痛みはデカ過ぎる。おゆうが意識していたどうか、ウーン、たぶんそれとは意識していなかったと思うが、寝取られ男をいつまでもズルズル引き摺ってしまっては自分がダメになって行くーッ……そんな嫌な雰囲気を、おゆうは自分の五感で感じ取っていたのかも知れない。両親を説得し18歳で東京に出てきて英語の専門学校で学び始める。語学は理系と同じで感受性の優れた人の方が有利な学問、おゆうのセンテンスの発音はピカイチのピカイチで実にいい。英・米の訛りをきちんと使い分けることができる人なんぞォ、滅多やたらにいるもんじゃなし、完璧なまでにアチャら人と同じに発音ができるので語学一筋人間でも充分大成していたと思う。が、いかんせん古い古ゥーい田舎で育った婆(ばば)ちゃん子、「女語学屋(おんなごがくや)」など考えだにしなかったに違いない。この学校での学びを契機に、おゆうの人生は田舎娘とはかけ離れたヨーロッパに「飛んでれら娘」に早変わりする。ホームステイだ。不安心理をなだめてくれるのは行動ゆえに、やむを得ない行動パターンといえばいえなくもないが、動けばその間は寝取られ男を忘れられるのは事実だ。今は未練タラタラでもいい、心がその男から離れるのはズーッとズーッと先の話、解決してくれるのは時間でしかない。

それにしてもさァー、大胆娘としか言いようがないでしょうよォー、失恋をバネにして19歳でイギリスに行く決心をするなんぞォー。「イギリスのホームステイに行きたいんだけど親に話してもどうせダメだろうからァー……」と半グレ状態で下宿先の遠縁にあたる叔母に愚痴ったらしい。いかにも自信無さげにィー、人の同情心を引くかのように弱々しく演技ッてよォー、ちょっと言い過だろうけどさァー。「聞いてもみないで、なに勝手なこと言ってるのッ！　今すぐ電話して聞いてみなさい」と言われ恐る恐る母親に電話してみると、母親は二つ返事でＯＫ、おゆうの方は「ええッ、いいの？　本当にいいのッ？」と半信半疑状態だったらしい。悲しいことに人というものは多くの裏切りを経験すると自分の親さえも、自分自身すらも、今起きている「オール　ｉｓ　ＯＫ」状態も素直に信じられなくなってくるものだ。この時期のおゆうは人間不信のド壷(つぼ)にはまっていたのだ。

最初のホームステイ先は歯科医院で生後間もないガキんちょがいて、ベビーシッターと家政婦をやらされたらしい。せっかくのイギリス留学がこれじゃやどうにもこうにも楽しくない。談判をして今度のホームステイ先はパン屋にしてもらったとのこと、ここはホームステイの何たるかを理解してる家庭らしく、色々なところに連れて行ってもらったりして楽しかったという。おゆうの人生は初めに苦難あり、その後も苦難あり、やがてほんの少しだけ晴れ程度なのか？　心掛けが悪過ぎなんじゃないのォ？　6ヶ月のホームステイの締めっくくりがヨーロッパ各国巡りで、ドイツではかの有名なビールも飲んできたとか、20歳そこそこの娘が怖気づきもせず大したもんですゥー、脱帽ォー！

外語学院の仲間との帰国祝いが新宿の居酒屋、ここで運命の歯科大生、洋二と出会うことになる。お互い酔いに任せて面白可笑しく意気投合し、デートの場所は必ずと言っていいほど飲み屋、それ以外にはなかったという。常に酔っているので素面の姿はわからずじまい、この人となら一生楽しく暮らして行けると思うのも若さゆえに極々自然なこと、おゆう夫婦のみならず断酒会のカップルは酒を媒体とするケースがほとんどだ。私たち夫婦のように素面で知り合い素面で一緒になる方が珍しいということになる。この洋二というのは身勝手が洋服を着て歩いているような男で、酒代が足りなくなると「あいつがあそこで飲んでいるからマージャンの貸しを集金してこい」だの「明日提出するテキストだから訳しておいてくれ。ついでにこいつのも訳してやってくれ」だのと、おゆうを手足のように使っている。おゆうもおゆうだ！　どこぞに負い目があるのか知らないが、言われるがままにハイハイと素直に言うことを聞いていたそうだ。どっちもどっち、いいとこ勝負かァー！　それにしてもなァー……なァーんか気の毒でよォー……真っ先に集金に行き、帰ってきたら居酒屋のテーブルで和訳をしてやるだとォー、イギリスでのホームステイも外語学院卒も無駄にはなっていないということかァー？　この時期、おゆうは21歳前後だろうから本来なら事務系の仕事に就いていたはず、仕事の疲れも見せずに居酒屋で学生アル中の世話焼きをするとはァー……大したもんデス！　余人にはなかなかもって真似のできる技ではございません！

2歳年下の弟が一浪して早稲田大学に合格、おゆうの部屋に居候することになるが、アッという間に19歳で生命を終えてしまう。新人歓迎コンパで一升瓶をラッパ飲みさせられて、急性アルコール中毒で死んでしまうというショッキングな事件で、新聞種にもなっている。先輩と称する連中の「体のいい集団他殺」だ。取り締まる法律がないだけの話だと私は思っている。連絡を受けたおゆうは布団に寝かされて冷たくなっている弟に対面し、洋二と共に翌日親が青森から出てくるのを待っている。おゆうは傍に居てくれる洋二をこのときほど、頼りがいのある人だと思ったことはないというが、洋二というヤツは、連絡をしてきた相手が女だったから付いてきただけの話で、女の下半身以外には人様の死だろうが何だろうがまったく関心なんかないヤツなのよォ！　学生アル中の代表的なパフォーマンスの一種で、女のハートを掴むためなら何でもする連中の一人なのよォ！　人間としての感情はすでに壊れて再生不能状態にあったというのが真相です。田舎者の下半身狙いの男に懲りたはずなのに、また都会のネズミ男の下半身狙いを見破られなかったということかよォー……

集団他殺者どもは、おゆうと弟に対して平伏し続けていたという。こういう連中の行動は決まって同じだ。大人しく無言で平伏し続けていれば許されると思っていやがる！　とんでもねェ了見違いだぜェッ！　まったくよォー！　亡くなった生命は元には戻せねェんだよッ！　気狂いどもがァー！　青森から車で遺体を引き取りにくるだとォー、引き取って荼毘にふして墓に埋葬して終わりィー……終わらねェんだよォー、家族の悲痛な苦しみは10年、20年、30年経ってもなくならないんだよッ！　たまたま早稲田に合格して、おゆうのところに居候を決め込んだ途端にアウト……姉の気持ちはァー……おゆうが自分のせいで弟が死んだんだって、思ったっていいじゃんかよォー、何十年悲しみを引っ張ろうがいいんだよォー……おゆうー……なァー……弟の命日の断酒例会でおゆうの涙ながらの供養話が始まる。悲痛な声音で嗚咽する。弟を失った喪失感が会場を包む。重い重ォーい時間が無限の時を刻む。「おゆう、もういい、いいんだよッ、君のせいじゃないんだよッ！　そんなに自分を責めなくてもいいんだよッ」と何度も何度も私は心の中で呟いている。オレは経験者なんだよォー…オレが23歳のときに26歳の長男が自殺、オレが29歳のときに30歳の次男が自殺……いいさ！　悲しむだけ悲しみなァー、泣くだけ泣きなァー、でもなァー、感じるんだぞォー、感じ取れよォー、もう一人じゃ無いってことをなァー……

おゆうの東京での一人暮らしも弟の死と共に1年足らずで終わる。弟が同居するというので父親が青森から車で運んでくれた家具類の一切合切を不動産屋さんが処分してくれ、おゆうは身一つの空手で田舎に帰った。母親は子を失った悲しみがゆえの「影膳（かげぜん）」を「もういい加減にしなさいッ」と親戚の者から言われるまで続けていたという。想像するに余りある悲しみが田舎の家には流れている。洋二との関係も終わりになったかといえばそうではなく、遠距離恋愛と称するアル中には似合わない新しい段階に進んでいた。青森にいるおゆうの元に洋二の大学の友達から手紙が届いた。「弟さんのことで大変だと思うけど、洋二の酒と女遊びがひどいから、東京へ戻ってこない？」心配になったおゆうは洋二に連絡すると「女遊びをしない僕なんて考えられないよねェー」と言われたらしい。おゆうは「私さえ一緒になってあげれば、女遊びも止まる」とでも思ったのだろうか。

洋二は洋二で女をゲットするために考えついた最高のパフォーマンスに打って出る。東京から青森まで自転車で行くという離れ技に出たのだ。パンクに悩まされながらも女漁り（おんなあさり）をやり、おゆうの家に着いた頃にはお金も使い果たし、身も心もボロボロ状態だったという。東京から歯科医の卵が、おゆうを嫁にもらいにきたとなれば悲嘆に暮れていた一族郎党が色めき立ったのも至極当然のような気がする。私が父親なら「さっさと帰せェッ、あんな馬鹿ァー」の一言で終わっていたと思うがァー……父親としてのリスクを覚悟しないと言えない言葉ではあるがァー……私は長女にそれをやり、家を飛び出して男の元に走った娘とは20年近く音信不通になっている。どちらを選択するかはそのときの状況しだいかもなァー……素面（しらふ）でその淋しさに耐えられないとできない技かなァー、オレもアル中、ぺっちゃんこになって結局は原先生に10ヶ月の長きに渡って支えてもらっているのさァー。アル中だもん、これでいいじゃん、精ィ一杯精ィ一杯でいいんですよォー……

連日連夜の歓待騒ぎのあとに恋人らしく十和田湖に行ったという。洋二はボートの上でもビールをあおり、おしっこが我慢できなくなって、その場で立ち上がって湖面にシャーシャー始めたというから、二人の関係は肉体だけじゃなく、夫婦以上のものがすでにでき上がっていたのかも知れない。恋人ならば男子たる者そんなことはできません。相手は将来妻となる大切な人ですからねェー……一緒になったあとはわかりません……釣った魚に餌をやってはいけませんって言いますでしょう……？

歌の文句そっくりそのまま「花嫁はァー夜汽車にィー乗ォーてェー」おゆうは今度は嫁として東京にやってきた。25歳、本格的な酒地獄の生活がスタートする。姑から開口一番言われたそうなァー、「ゆう子さん、家のことはすべてあなたにお任せします」、このオバさん、要は自分が好き勝手に男どもとゴルフだのカラオケだので遊び回りたかっただけで「家政婦がきてくれて私は助かったわよォ」くらいにしか思っていなかったのだ。嫁なんていう意識すらなかったらしい。おゆうが嫁にくる一年前くらいに、舅の医者の方はモルヒネ中毒か、洋二にぶっ飛ばされたときに打ちどころが悪かったのか、泡吹いて亡くなっている。姑はその夫が生きているうちから、夫の同期の医者と不倫を続けていた。ある時おゆうは「あなた、お嫁さんなんでしょう、ウチの亭主とあなたのお義母さんが不倫しているのを知ってるのッ」と相手の奥さんから電話で散々嫌味を言われたらしい。妹と称する小姑には「あんた持参金いくら持ってきたのよッ」と驚かされている。壮絶としか言いようがない生活がいきなり始まったのだ。この時期の洋二は勤務医で、1ヶ月くらいは早くに帰宅したらしいが、その後はアル中のお定まりのコース、午前様に次ぐ午前様、おまけに給料明細が改ざんされて収入は半分に減り、姑のお遊び代も含めてやり繰りに行き詰まり、持参金はどんどん目減りして行ったそうなァー。

開業屋の話に乗せられて歯科医院の開業準備に入っても、夫は飲みっ放しでチットも役に立たない。身重（みおも）の体で必要書類の一切をおゆうが用意する羽目になり、最後の最後に本人のサインが必要なときも、グデグデの夫を引っ張って銀行まで行ったらしい。すでにに胴震い込みこみで手は震え、発汗で書類がベタベタになってしまうほどだったという。開業すればしたで医院のなかは女子大生のアルバイトでハーレム状態。酒、女買い、ギャンブル、薬、万引き、健康保険治療の不正請求、「オレは1番偉いんだ」の世界を勝手につくり上げてやりたい放題、アル中のなかでも極めて希少価値の高い絶滅危倶種の部類に入ると私は思っている。それでもおゆうは以後27年間も姑、小姑付きで面倒を見ている。津軽女の根性たるや、そんじょ其処（そこ）らの女とはちょっと違うらしい。ネバネバ粘っこ過ぎやしませんかァー……

妊娠8ヶ月のときに信じられない一言を姑から言われている。「あなた、ここで産まないで頂戴。青森で産んで頂戴」「はい、わかりました」と返事をしたかどうかは定かでないが、身重だったおゆうは主治医の診断書の提示を条件に飛行機の搭乗を許され、青森で一粒種のトモミちゃんを産んだ。おゆうの転機はこのトモミちゃんによってもたらされる。機能不全家庭の症状を最初に表したのがトモミちゃんだった。「トモミちゃんが高校の授業に出ないで保健室通いをしているようです」とトモミちゃんを心配した塾の大学生の先生からおゆうは手紙で知らされ唖然とした。姑は孫のトモミちゃんに「あなた、歯医者さんになりなさい。あなたがならないなら、歯医者さんのお婿さんをもらってッ」と言われていた。トモミちゃんに自由などなかった。おゆうは嫁ぎ先の姑の理不尽な要求や家庭内で起こる様々な出来事に疑問を抱き始めた。すでに長い長ァーい時間が惜しみなく流れている。おゆうが断酒会に登場するのは10年前のこと、鮮烈なデビューだった。

何のことはない。世田谷断酒会の例会で大泣きして声にならない声を振り絞って訳のわからないことを喚いているだけだったが、その力強さが私の心をワナワナと揺り動かし、「京王においで、オレにできることなら何でもやってあげるからねェー」と私をして私の心のなかで呟かせているのだ。京王断酒会が主催する多摩川のバーベキュー行事に夫の洋二を引きずりながら連れてきた。腹水デブにドス黒男、川っ辺りで1時間以上も話を聞いたが、まったく真実味のない話をするヤツで、私は最初の出会いから「ダメでしょう信号」を感じている。それでも私は「明日っからみんなと一緒に断酒会を回ってごらん」と言った。回るには回ったが、7ヶ月間飲みっ放しで通い仲間の顰蹙を買っている。果ては酔っ払って甲州街道の中央分離帯を歩いていて警察に補導されるはァー、道路に寝っ転がっているのをパトカーで玄関先まで運んでもらうはァー、兎にも角にもこの男はやりたい放題、好き勝手放題をやるしか脳がない。「今玄関で引っくり返っています。どうしたらいいでしょう」とおゆうから電話がかかってきたのが深夜の12時過ぎ「本人が気がつくまでそのままにして置きましょう」とだけ言って私は寝た。「7、8時間そのまま放置していたら冷たくなってきたんですけどォー……」と朝8時頃にかかってきた電話には「病院に電話して入院させてもらってください」とオーダーを出す。これが2度目の入院となる。退院後はＡＡに通っているとのこと、実に不義理なヤツ、どうぞどうぞご勝手にとの気分にさせてもらっている。おゆうはその間もピタリと私達夫婦から離れない。「本人はダメでもおゆうと娘だけでも何とかならないものか」と思いつつ、おゆうには原先生の受診を薦めている。

おゆうは『いばしょ』が立ち上がる一ヶ月前だったか、12泊13日、私の家に逃げ込んでいる。洋二の暴力に耐えられず逃げ出したものの行き場がなくて幸子さんに電話をしてきたらしいのだがァー……それも私は寝ていてまったく蚊帳の外、朝起きると目の前におゆうがいるのにはびっくりしたなァー。13日目かに洋二を私の家に呼んで夫婦で話し合いをさせた。『いばしょ』に通い、断酒会に通い、真人間になる努力をするなら、ゆう子さんは家に帰ってもいいって言ってるんだけどやる気ある？　君は？」この手の男は大概こういうときは素直なフリをする「はい、やります」と洋二も誰かさんと同じように答える。いかにも空々しいヤツだ。おゆうが哀れでよォー……「どうせダメよッ」と明らかにおゆうも思っているのが私の心にも伝わってくる。それが手に取るようにわかるだけになァー……

洋二は3年9ヶ月『いばしょ』にいたがまったく真人間になる気はなし、東京断酒新生会が大切に守っている伝統の一つである「酒乱止み五人男[19]」の一人に選ばれてやったのはいいが、当日は薬でラリッてヘロヘロ状態、この男には何を言っても無駄、私も限界を悟って断酒会の退会届を出してもらうことにした。おゆうはズーッと、ズーッと以前に離婚を決めていたのでェー……この辺りが私も潮時でしょう。2対1の弁護士を仲介して離婚が成立、二人の弁護士をつけたのはもちろん偉い偉ァーい洋二の方ですよッ。トモミちゃんで始まりトモミちゃんで終わった離婚劇かも知れない。一番健康度指数が高かったのは、親の狼狽ぶりをものも言わずにシラッと見ていたトモミちゃんのような気がしてならない。私がお願いして一度家にきてもらったことがある。トモミちゃんと両親、そして私たち夫婦の5人で先行きの話をしたことがあるが、父親がいかに不誠実な人か一番良く知っていたのはトモミちゃんだったようで「なに決めたってどうせパパは守らないんだからムダよッ」とそっぽを向いて洋二とは一度も正対しようとしなかった。正解手順はトモミちゃんの手中にあったのを私は今思い知らされている。

おゆうは今は『いばしょ』でも会社でも幸子さんの大切な相棒になっている。火曜日はおゆうの担当で食事のメニューを考え、みんなと一緒に作ってくれる。この頃はアル中さんを怖がらずに平然としていられるようになってきている。喧嘩らしきものもするしィー、啖呵も切るしィー、曲がっていてもいい物までまっすぐにするしィー……いいこと尽くめかなァー……？

大切な話を一つ。あるときトモミちゃんが風邪を引いて寝ていたんだってさァー、そこに、おゆうが見舞いに行ったときにさァー、前々から約束していた加湿器をドアー越しに渡しただけで、直ぐに帰ってこられたんだってさァー。以前ならとことこん世話を焼いていたものを…過保護レベルを一つ下げることができたんだと…。それをさァー、オレに言うのよッ、控えめになァー……おゆうは幸子さんという姉貴の腕の中で泣き、喚き、笑い、怒り、そして……ゆっくりゆっくり静かになってきた。「信頼」という姉貴の腕のなかはそんなにも居心地がいいのかい？　母としてトモミちゃんを静かに見守ってやれるようになるといいねェー……ほんの少しだけなってきたのかなァー……洋二もまだ生きてるでしょう……みんなおゆうのお陰です。あんなヤツ生かしたってしょうがないっていう人もなかにはいるさァー。おゆうが開いた医院もおゆうが閉じることができたじゃん。歯科医院を閉じただけでも洋二は生命を長らえることができるんだよォー、あいつに医院の経営なんてムリムリ、達者なのはお口だけですよォー……

ワルはワルなりの計算で生きて行くものだ。嫁さんにしたのもおゆうがしっかり者だからで、遊び相手の女じゃさすがに嫁にはできなかったというのが本音のようだ。歯科医院を開業したのも勤務医の稼ぎじゃ満足できなかったからで、不正請求すればいくらでも儲かるということを知った上でおゆうを使って開業したに過ぎない。世間相場のワル程度なら目を瞑(つむ)るが、離婚調停の最中に調停委員に放った一言だけは許せない。「家族やお子さんはどうするんですか？」の問いに「別にいいです」と答えたという。調停委員からその言葉を聞かされたときのおゆうの心情を思うとよォー……何とも心が晴れない。「ヒト科の人」に過ぎず「人間」になる努力もできない多くの仲間が「激情の赴くままに酒を飲み阿修羅となりて君死に給う」となって消えて行く。真人間(まにんげん)は無理としてもせめて生命はつないで行って欲しい。今は祈ることしかできない……

【註】

（19）酒乱止み五人男：歌舞伎の演目「白波五人男」のパロディ。白塗りに着物姿で自らの酒害体験を歌舞伎口調で演ずる。

5．冬でも短パンツの京一

京一は岩手県の九戸村に生まれている。家族構成は祖父母、両親、兄2人、妹1人そして京一とで8人、田舎では当たり前の人数かなァー、多い方かも知れない。実際には上にさらに3人の兄弟がいたが2、3歳前後で亡くなっているので7人兄弟の6番目に誕生した第六子五男坊になる。稗と粟で育った貧乏っちゃまで、白いお米のご飯にはなかなかありつけない幼少期を過ごしている。腹っ減らしの体験談は「なるほど、そうか」と思わせるほどに真に迫ってくるものがある。零落した家を建て直した爺さんと婆さんの間に生まれた跡取り息子が父親で、母親はイジワル婆さんという権力者のいる家に嫁いできた「可哀想な母」として京一にはイメージされている。

お金を一銭も持たせてもらえなかった母親は、山盛り一升の麦を婆さんに見つからないようにソォーッと台所から盗み出して袋に入れ、それを小脇に京一の手を引いて駄菓子屋に行った。物々交換で「甘くなァーいビスケットと粉のジュース」を手に入れ、他の子達には内緒で京一だけに与えている。「オレにだけだぜェッ、オレにだけだぜェッ」を誇張した変にきな臭い体験談だ。取引だとすれば合点がいく。京一の感受性は今でも凄まじいものがあり、こんな凄まじさでは世のなかをまともに生きては行けない。いつでもどこでもビリビリしている。おまけに良きにつけ悪しきにつけ一本気ときているので、何が何でも正義の味方にならざるを得ない。ガキんちょにはガキんちょなりの母への思いやりがあるものだ。爺さん婆さんのイジワルから母を守ろうとして居眠りをしている爺さんの禿頭をベシッと引っ叩き、それを咎めた婆さんに「うるせぇ！、このクソ婆ァ」と毒づいては走って逃げて行く。焼け火箸で爺さんに尻を引っ叩かれたこともあるという。母親は京一の思いが痛々しいほどわかるだけにやるせなかったはずで「京一、ありがとう、もういいんだよ、もうやらないでおくれ、母さんは大丈夫だからねェー、母さんが困るんだよッ、暴れないで大人しくいい子にしていてねェー」との願いを込めての特別扱いだったと私は思う。４人の子たちの母が何の理由もなくその子一人だけ、特別扱いすることはないでしょう。やんちゃ坊主のくせにとびっきりの甘ったれとして育ったマザコンの典型だ。この業界の人たちは九分九厘「マザコン」だ。

お爺さんが亡くなったときに心のなかで「ざまァ見ろ」と呟いていたというから人並みの子じゃないのは確かだ。普通の６歳の子供が言える言葉ではない。悲しいかな、このあとの京一は、気質のみならず生活環境でも凄まじい運命に翻弄されることになる。12歳、小６のときに母親が子宮筋腫の手術のため、ほんのチョッとの、「そこまで感覚」で入院したつもりが、術後の経過が悪く、アッという間に亡くなってしまった。半年後には父親が居間でバターンと倒れていびきを掻き始めったきり、あの世に旅立ってしまったという。死因は心臓病だったという。あまりにも厳しい現実、一時に両親が目の前から消えていなくなるとはァー……京一の喪失感の大きさは半端じゃなかったと思うがァー……「イジワル婆さん」の運命は更に過酷なものになる。孫が生まれた喜びも束の間、次から次へと３人の孫の死に出会い、悲しみが癒えた頃には夫であるお爺さんを亡くし、嫁を亡くし跡取り息子をも亡くしている。プーたろう気味の金食い息子を抱えながら残された４人の孫の世話をしなければならない。運命とはいえその過酷さをどう乗り切ってきたのか想像もつかない。稗と粟だけの弁当でオカズらしき物は何一つ入っていなかったァ、見られるのが恥ずかしくて隠して食べていたァー、と憎々しげに言うが、お婆さん一人の力ではそれが精一杯だったはず、それを食べて大きくしてもらったのが京一だ。中学卒業後高校まで出してもらっている。クソ婆ァにできることではない。京一が最初に感謝しなければならないのはこのお婆さんだ。

岩手県警の試験は受けたが結果を待たずに二人の兄が働いている土木現場に駆けつけ、一緒に働くことになる。上のあんちゃんは7歳、下のあんちゃんは4歳年上、淋しがり屋の京一にとって県警の試験の結果などどうでも良かったはず、一刻も早くあんちゃんたちの傍に行き、甘ったれ坊主をやりたかっただけのことだ。父親を亡くしたあとの父親代わりがあんちゃんたちだ。毎日お婆さんと角突き合わせずに済むし、足手まといな妹からも離れられるとなれば願ったり叶ったりで、言うことなし、というところが本音だったと思う。ズバリ言って、あんちゃんたちと一緒にいると、心が寒くないのよォー、温いのよォー……私も似たようなことをしたからその心理は手に取るようにわかるのよッ！　貧乏っちゃまの甘ったれ坊主は、一人じゃ怖くて何にもできないのよッ！

現場での京一は筋肉質の体力に任せて猛然と働く。18、22、25歳の３兄弟は良く働き良く飲み良く遊んだ。こんな簡単な仕事でこんなに金がもらえるのかァー！　嬉しくて嬉しくて笑いが止まらなかったはずだ。土木作業を甘く甘ァーく見ていたことは事実としても、とにかく金になる。10円のお金も持たせてもらえなかった九戸村の生活とは「月とスッポン」の変わりようで万札がボロボロ入ってくる。スナック、キャバレー、女買い、やりたい放題、ヨボヨボで働いている土工さんを顎で使い、現場監督になってからはそのわがままな働き方に一層拍車がかかる。「てめェらァーそんなこともできねェのかよッ、どけェー、オレがやる」やがて母親代わりの社長の奥さんからも叱責されるようになるが、聞く耳どころか乱暴狼藉はますます酷くなっていく。そんな折、京一が23歳のときに上のあんちゃんが30歳で父親と同じ心臓病で急死する。田舎のお婆さんはこのときは寝込んでいて、村で結婚している京一の妹と、調布に住んでいる京一の叔母に面倒を見てもらっていた。親族の多くの死に遭遇しても人前では涙一つ見せなかった気丈な「不幸な女性」もこのときばかりは糸が切れたように、臥せったままサメザメと泣いたという。その一年半後に「イジワル婆さん」は他界する。私は兄二人を自殺で失って、狂ったように酒地獄に足を踏み入れてしまったが、そんなものはまだまだ甘ちゃんだったことを、京一のお婆さんの生き様から教えられている。このとき京一は25歳になっていた。お婆さんの死が特別悲しかったとも、感謝すべき第１の人だとも体験談では聞いたことがない。京一の成長はまだまだこれからだからなァー、と思いつつもォー……脳ミソの溶け方が溶け方だから手遅れかも知れないなァー、とも思っている……かもねェー？　いくつになっても先が思いやられる御仁には違いない。

長兄を亡くした二人の兄弟の仕事場でのハチャメチャぶりは目に余るものがあり、会社も手に負えなくなり二人とも解雇される。九戸村に帰っても京一は酒を手離すことができず、４歳年上の兄から３万円を手渡されて「頼むからこの金で出て行ってくれ」と言われ、仕方なく調布の叔母を頼って再び東京に出て来ることになる。測量事務所で働くかたわら中央工学校で測量に必要な知識を身につけ、何年かは働いているがここも酒でクビになる。グデグデに酔っ払ってバイクを乗り回し、スリップして塀に激突しても無傷だったとか、飲みもしないボトルをキープして格好つけて「まァ、飲んでくれ」と岩手訛り丸出しで飲み歩いている。今度は神奈川県の藤沢で職に就くがスグに解雇、調布に戻って配送業に就くもでたらめばかりでここもクビ、叔母の夫の市会議員選挙の運転手も、金にはなるがベロンベロン状態で運転している。飲み代がなくなると叔母の勤め先に押しかけて金をせびる。この男には非常識はあっても常識はない。叔母さんの家だから好き勝手していいんだとばかりに勝手に上がり込んで勝手にシャワーを使い勝手に飯を食う。どれほど叔母叔父に迷惑をかけてきたことかァー……多少良くなってもこの人の罪滅ぼしは多方面に渡っている罪業なので一生ものです。アル中のなかのアル中、断酒会広しといえどもここまで酷い人はなかなかいませんですよォー……金づるがなくなるとサラ金から借りまくって果てはブラックリスト入り、「幻聴幻覚雨あられ状態」で杏林大学病院に運ばれている。退院後同じことを繰り返されてもはた迷惑なので、叔母さんは福祉に相談して施設を探してもらい、この憎ッたらしい甥っ子を放り込んでいる。施設に入ったら入ったなりで、何となんとここでも貧弱な特別意識が鎌首をもたげ始め、ホームレスで収容されている人たちと一線を画すことになる。「オレはおめェらとは違う」と心のなかで呟き、テッペン禿に不精ひげを蓄え、冬でも短パンツにビーチサンダル姿で、日中はそこら辺をうろつき回っている。あまり近づきたくないのがこのときの京一だ。そんな京一でも施設の生活がどうにも我慢がならなかったらしく「私、どうしてもあそこはダメなんです」と福祉に泣きを入れてアパートを借りてもらっている。「自由だァー……やッたねェッ！　これで酒が飲めるぞォー」で飲みまくり再び杏林大学病院に担ぎ込まれる。「うちでは治せませんので長谷川病院を紹介します。そちらの方へ行ってください」と担当医師に言われアルコール専門病院と巡り合うことになる。「回復するもしないも本人次第」プログラムを叩き込まれ、恐る恐る自助会を覗き込むようになるのだが、そうは問屋が卸さない。始めの一歩を歩み出そうとしているのは確かなんですがァー、そうそう簡単に酒は止まるもんじゃありませんよねェー……誰にでもできるほど甘いもんじゃありません。

1度の入院でピタリと酒が止まる人はまずいない。京一も例外でなく、通院の日は深夜の2時頃から病院が開くのを3、4人の仲間とお喋りをしながら待ち、診察時間はたったの1、2分。処方薬のシアナマイド（20）は病院のすぐ前を流れる野川にドボドボッと捨ててしまう。瓶ごと捨てたんじゃ名前の入ったシールが貼ってあるので足がつく。そこで空き瓶に野川の水を入れて家に持ち帰ったという。当然のことながら2度目の入院、退院後はときどき三鷹市断酒会に顔を出すものの、紹介された作業所マム（21）に真面目に通えていたかどうは疑わしい。三鷹の例会で「2度目の入院中は飲んでいないと思います」とイケシャーシャーと嘘をいう。「ダメだァー、こいつはァー」と私もそのときは思ったが、京一を見て三鷹市断酒会の親分、長本会長が鼻で笑い、三鷹の会員の敏彦が「ダメですよッ、あれはァー」と私に聞こえよがしに言う。「そんなに簡単に決めつけていいのかよォー」とムカッと反応した私がいたからかなァー……今の京一があるのはァー……実は私も20数年前「ダメだよッ！　おめェはよッ」と面と向かって三鷹の昇に言われたときに、さもしく三鷹の親分は鼻で笑っていたのだ。それをいきなり思い出し、無性に親分に腹が立ったのだ。「よォーし、チャンスがあったらオレがやってやろうじゃないかァー」と熱くなったのは事実だ。お口には出しませんよォー、三鷹市断酒会との関係が壊れてしまいますからねェー……「瞬間湯沸かし器」もこの頃はねェー……多少はねェー……抑えが利くようになってきているんですよォー……これでもねェー……？

あるかないかのチャンスを掴んだのは京一の「オレはおめェたちとは違うんだ意識」が本人の足を断酒会に向かわせてくれたからに他ならないが、何よりもこの極道な甥っ子の面倒を見てくれた叔母さんに感謝しなければならない。根性は別として、何かしら変わる可能性のある生命を守ってくれた人なのだからァー……京一の場合、話はここで終わらない。ここからが大変な人なんです……

神様が気まぐれな「いたずら」をしたとしかいいようのない出会いだった。福祉会館でやっている京王の例会にフラリと京一が現れたのだ。「ここだァー、このチャンスだァー」と私は直感し、「京一、受付に座りなさい！　武男さん、入会手続きをしてやって！　今お金がなかったらあるときでいいからねェー」有無も言わさず京王断酒会の会員にしている。小汚いプーたろう同然の男に何を感じて、強制ともいえる入会手続きをさせたのか自分でも良くわからないのだが、今思うとそれは脇目もふらずに一直線に、酒を飲みに飲みまくってきた京一の持っている「一本気気質」に私の心が動かされたからかも知れないのだ。わかりやすい嘘しかつけない男とでも言おうか、返事だけ良くて裏に回るとまったく別のことをやる連中とは多少違う気がしたのだ。結果は的中だ。細かい嘘は多い方だが、みんなバレバレで妙に可愛げがある。幸子さんもそうだが私もこういうヤツを可愛がるタイプだ。「飲んだだろう？」と聞かれても「飲んでません！」と平気で答え、実は飲んでいる涼一や元三みたいなヤツは、立場上、説得はするが心底ダメだ。アル中は嘘つきと言われるが、嘘にもこちらの好き嫌いがあるということになる。この件に関しても人と議論する気はまったくない。何の問題もありませんでしょう……所詮、世の中の嫌われものアル中のことですから何を言ってもいいでしょう……

居住支援施設のＳＳ(22)の居心地の悪さに加えて、作業所マムの所長との折り合いも悪く、いつでも現実逃避型の酒に手を出そうと思えば出せたはずで、それをギリギリのところで踏み止まらせたのは生活保護を切られたら「おしまいだァー」との思いだったと思う。よほど辛かったんでしょう、私が『いばしょ』を立ち上げるといの一番にきて「豊さん、マムを退所して『いばしょ』に移ってもいいですか？」この申し出には調布在住の人が7割という役所との約束を守る上でも、実は願ったり叶ったりだったのだ。しかしここで私の胸のうちを京一に知らしめる訳には行かない。「マムの円満退所」という条件を私が提示した。クリアできるかできないかァー……できなくてもいい……そのときは私がマムの所長の史ちゃんに話をつけに行くつもりでいた。年度初めに人数が合わないとマズいのでェー……というマムの所長の「たっての願い」を受け入れ、京一は4月1日のマムの開所式に出席している。そして10日後の月曜日から晴れて『いばしょ』の住人になっている。

誰よりも早くきて誰よりも早く動くのがモットーなのか「はいッ、はいッ、はいッ」と動くは動くは、1秒たりともジッとしていない。「京一！　飛び跳ねるんじゃないッ」という幸子さんの怒声が何度も何度も飛び交う。10時始まりだというのに8時頃から幸子さんがやってくるのを身じろぎもせずジッと待っていたり、昼飯どきにソーメンのお代わりを龍之に食べられて「オレのがなくなったァー」と言って階段を駆け下りて、一階の入り口に座り込み、幸子さんが「京一！　戻りなさい」と言ってくれるまで、テコでも動かなかったりィー……とにかく大変面倒な人です。

確か1ヶ月は過ぎていたと思うが、夜8時ごろ弱々しい声で幸子さんの携帯電話に連絡してきて「何か変なんですゥー、フラフラするんですゥー、今、調布駅の北口の交番の前で休んでいますゥー」と言う。この時期の京一は急性期(23)が終えたばかりの身体、いつおかしくなっても不思議はないと常々思っていたので、「すわッ！　何事か」と幸子さんの車で飛んで行って京一を拾い、そのまま長谷川病院に運び込んだ。閉院している扉を無理やり叩いて開けてもらい、下りてきた当直の看護師さんに、脈、体温、血圧を測ってもらったが「正常ですよッ」と言われる。お医者さんも下りてきて、一目見るなり「悪いところはありません」と言う。それでもなお脈をとってくれて再び私の顔をジーッと見ながら「どこも悪くありません」と今度は語気を強めて言う。「えーッ、あッ、そうですかァー……うーん、ははァーん、はいッ、先生、わかりましたッ」と返事をすると、お医者さんはニコッと笑って「お大事にしてください」と言って戻って行った。性悪な甘えだ。無言で京一を私の家に連れてきて山盛りのミートスパゲッティを食べさせ、4畳半の部屋のベッドで寝かせた。翌日の朝、「治りました。『いばしょ』に行きます」と言って意気揚々と幸子さんと一緒に出かける。何というヤツ、足りないものが埋まるまでこの甘えは続くのかしらねェー……

またあるときは何が気に入らなくてふて寝を決め込んだのやら、朝から『いばしょ』に出てこない。今度は幸子さんは騙されませんがァー……幸子さんには、本人が必要としているなら、それをよしとして受け入れる力があるんです。洋二に案内させてアパートに行き「京一、起きなさい、『いばしょ』に行くわよッ」と怒鳴り込み「これが最後よッ、二度と迎えにこないからねェッ」と言い放っている。不思議なことに京一はそれ以来ふて寝をして、ズル休みをすることがない。京一は「幸子さんはオレを迎えにきてくれると思っていましたァー」とヌケヌケと言う。それも殊の外嬉しそうな顔をして言うのだァー？

「病気が違うんじゃない？　京一は」と夫婦で論争にもなったりした。七味唐辛子を1本丸ごとかけてうどんを食べたり、丼飯を山盛り二杯食べたり、それもお箸の上にてんこ盛りにして、アッという間に食べ終えてしまう。「体に毒だからよく噛んでゆっくりお食べェッ」と言っても「はい」と返事をするだけで一向に直さない。神経細胞がぶっ壊れて感じなくなってしまっているんだと気づくまでに、相当の時間をかけている。「口を開けて歯を見せてごらん」と口を開けさせて見てみると歯がない！　歯がないから噛めなかったのだァー！　丼飯二杯は丸呑みだったのだァー！　酒で溶かして歯はボロボロ、神経はガタガタ……どうします？　この人……暗雲たれ込みィー……絶望ですゥー……けどそうも言っていられない、やるっきゃないでしょう……

洋二が歯科医なので歯の方は入れ歯を作らせて何とかなったのだが、さて壊れた神経の方はどうするかだがァー……気に入らんとなると我慢ができない。多動で鬱っぽい。さすがの幸っちゃんも困ったかと思いきや、さにあらず「トイレ掃除をやらせましょう」驚き桃の木山椒の木は豊さんの方です「えッえッ！　そんなんでどうにかなるの？　あの人」二年間毎日やり続けた京一も立派、涙ながらにジーッと見守った幸子さんも立派ッ……多動が止まったんです、感じるようになったんです、人間の仲間入りができるようになったんです。幸っちゃんマジックだ！　私にできたことは怒って、怒鳴って「言うことが聞けないんだったら出て行けッ」だけです……三度もねェー、情けない話です。「豊さん！　ここに置いてください！　どこにも行くところがないんです」と正直に言える京一に、すでに豊さんは負けてるでしょう……勝ち負けの話じゃありませんでしょうにねェー……ガミさん（24）が本部例会の運営委員の一人に選んだくれたときも、幸子さんの一発が炸裂する。「京一、飛び回ったらその場で引き摺り下ろすからねェッ！　わかったわねェッ」と私の言うことはほとんど聞かないが、幸子さんの言うことだけは良く聞く。『いばしょ』の連中はよく躾されてるわァー」とニヤけた顔でガミさんが言う。耳打ちされた私も嬉しさの余りついニヤけてしまう。京一が着ている服はほとんどガミさんからのもらい物だ。どこがどうなっているのか良くわからないが、ガミさんは京一のことを可愛がってくれる。それで京一がどれほど暖められていることかァー……頭を下げることが嫌いな私もガミさんには頭が下がる。断酒には殊の外厳しい人、その厳しさを京一も学んで欲しい。酒と名のつくものには一滴も口にしないこと、できるようでなかなかできるもんじゃない。この鉄則が守れないから多くの仲間が酒に生命を取られて行くのだ。

　京一は徐々に大人になってきている。「叔母のおかげで今ここにこうしていられます、感謝しています」という言葉を聞いたときは一瞬ジワーッと目頭が熱くなった。今はマンションの管理清掃をやりながら、時間給で稼いだお金をきちんと生活福祉課に届け出て、フェアーな生活を送っている。叔父さんとの約束も守り、自己破産せずにサラ金の借金も返済し終わり、今年度からは武男さんに代わって東京断酒新生会の理事にもなり、断酒道にまい進している。叔母さんも京一の変わりようがよほど嬉しかったのか、幸子さんにわざわざお礼の電話を入れている。叔父さん、叔母さんにどれほどの迷惑をかけてきたことかァー……償い切れるものではないが、コソコソしないでお天道様に恥じない生き方を常に選んで欲しい。それが何よりの償いになる。コソコソ虫はアウト！

【註】
（20）シアナマイド：液体の抗酒剤。これを服用すると少量の飲酒でも不快な悪酔いの状態となる。
（21）マム：リビングハウスマム：平成5年東京都三鷹市に誕生したアルコール依存症の通所型リハビリ施設。
（22）SSS：NPO法人SSS（エス・エス・エス）。無料低額宿泊所等の開設・運営を通じて生活困窮者の自立支援を行っている。
（23）急性期：アルコール摂取を中断した際に、頭痛、不眠、イライラ感、発汗、手指や全身の震えなどの離脱症状が現れる。
（24）ガミさん：NPO法人東京断酒新生会所属、千代田断酒会の元会長、淵上俊和（ふちがみとしかず）さんのこと。

6. 真っすぐ過ぎる富郎

富郎は小さな小さな南の島、鹿児島県の大島郡瀬戸内町の加計呂麻島で生まれた。奄美大島のすぐ南隣にある青い海が特徴の島だ。グーグルで地図検索して富郎に「ここだよッ」と指で教えてもらわないとわからないほど小さい。7人兄弟の第二子長男坊、上は姉で下は弟2人に妹が3人、両親は3男4女に恵まれた子沢山だ。多産系の家庭では至極当然のことだが、富郎は生まれたときから家計を支える労働力として父親の手助けをしなければならない宿命を負っていたのだ。寡黙で強い子として生まれていれば苦もなく父親の片腕になれただろうがァー、残念ながら富郎にそこまでの強さはなかった。良い悪いではない。それはその人なりに持って生まれた宿命だ。

富郎の父親は随分と話下手だったようだ。「父ちゃんはよォー、何も言ってくんないのよォー、こっちは小ちゃいんだからわかんねェのよォー、何でオレだけ手伝わされるのかなァって、いつも不満タラタラだったんだよッ」河川の護岸工事に使う石を川原で拾い集める手伝いをやらされているときなどは、下の弟妹たちがはしゃいで遊んでいるのを横目にして、なおのこと辛い思いをしたという。おチビちゃんが重い重ゥーい石を抱えて父ちゃんのところへ持って行くと「富郎、それは使えない、ダメだ」と言われる。また持って行く、また「ダメだ」と言われる。べそをかいて泣き出せたら多少違う人生になっていたかも知れないが、それができないのが長男坊の特徴で、片意地を張り通す。泣かない、いやァー……泣けない人生がすでに始まっていたのだ。石を拾い集めて工事現場の事務所に運ぶと何がしかのお金になる。子供たちの生命をつないでくれるお金なのだが、遊び盛りのおチビちゃんには理解できない世界だ。重い石っころはただ辛く重いだけだったのだ。

「母ちゃんは傍にいるんだけど、いないようなものだったなァー」と母親のことを語るときは今でも淋しそうだ。無理もない。弟妹が5人もいれば母親とて富郎をかまっている時間などないのは仕方がないことで、物心ついたときには母はもういないも同然、魚を捕ってきて母に渡しても無言で受け取るだけで「ありがとう」も「ごくろうさん」も言ってくれなかったらしい。母親もまた寡黙な人だったのか、富郎の幼少期の体験談の中に、母親との接点の有る無しは、ほとんど出てこない。どんな親だろうが子は親を慕うのは極自然なことなのだが、いかんせん生活にゆとりがなさすぎる。学校から帰るや否やランドセルを放り投げて母親に「父ちゃんはどこ?」と聞くと「畑」と答えるだけの人だったらしい。きつい労働だろうが何だろうが、富郎が人肌の温もりを感じて甘えられる人は、父親だったということになる。幼心はいつの時代も、親に対しては健気なものだ。

親がいてもいないと同じ状態は子の性根をねじ曲げていく。「母ちゃんは何でオレなんか産んだんだよォー」と今生きている自分自身を嫌がり、何一つ楽しいことのない日々を恨み、周りにいる人々を「誰もわかってくれないんだァー、オレのことはァー」と弾いて一人ぽっちの淋しさのなかに入ってしまう。ここまでくるとガキでも始末に負えなくなる。小学2年生の頃には立派なグレ子になっていたのが富郎だ。産まれたばかりの子山羊を母山羊からヒッペ返して海に放り投げ、一級下の悪ガキと石をぶつけて「死んじまえッ」と沖へ沖へと追いやっている。「親がメェーメェーって、うるさくってよォー、しょうがないから母山羊に返したさァー……」怖気立つほど淋しい虐待話だ。生まれてきた喜びを感じることができなくなってしまった子は、子山羊に自分自身を投影し「死んじまえエッ、お前ェなんか死んじまえェッ」と自分自身の出生を呪う。子山羊は富郎だ。

悪ガキのいたずらはエスカレートしていく。海岸近くの畑にあったトラクターに乗り込んでエンジンをかけ、動いたまではいい気分だったらしいが「止まってくんねェのよォー、浜を突っ切っちゃって海にズボズボッて入って行ってよォー、ようやく止まってよォー、イヤァー、あのときはまいったよッ」だの、学校から帰るといつもなら「父ちゃんは?」と父の居所を母親に確かめて仕事を手伝いに行くのだが、たまたま上りかまちにタバコの吸殻と小さなマッチ箱が置いてあるのを目にして「今日は手伝わない、マッチで遊ぶ」と決め、子分を連れてポツンと建っている人様の納屋に忍び込んで火遊びをした。藁を集めて火を点けるとボオーッと燃え上がる。ワクワクしながら慌てて消すとまたやってみたくなる。藁の量をさっきより多くして火を点け、炎の勢いに驚き興奮する。次はもっと沢山の藁を積んで火を点ける。「やばい、消えない」と思ったときはすでに手遅れ、火の勢いは増すばかりでどうにもならず、大慌てで納屋を飛び出し一目散で逃げ帰ったという。人気のない納屋を丸焼きにした主犯格は富郎だが、正直に「オレがやったァー」とは言えずに子分のせいにしてしまっている。40数年後に語られる真実の重みは痛々しい。突っ張り型の嘘付き虫は嘘の上塗りのために、ますます根性をねじ曲がったものにしてしまう。いつの日か加計呂麻島に帰省したときに子分に会い、罪を恥じて謝ることができればいいんだがなァー、と私は思っている。

中学は全校生徒数が１５０で、３年生が50人くらいだったという。我々団塊世代の一学年５００から６００とは比べものにならないほど小規模だ。富郎のクラスは22名、右を向いても左を向いてもどこの誰べェかすぐにわかる、何とも気ぜわしい人数のなかで思春期の入り口をスタートさせている。集団のなかで生きる社会性を身につけるにはチョッと寂しい人数だ。サッカーをやっていたらしいが、卒業式の日に11人のうち９人が集会所で酒盛りをして、みんながみんなグデグデに酔っ払ったというから相当の悪ガキ連中としか言いようがない。音頭取りは多分富郎に違いない。私の邪推かもしれないがァー……幼少期の体験談を聞けば聞くほど、ガキんちょの頃からどれほど世間様に迷惑をかけ、親に頭を下げさせてきたことかァー……「いても良かったの？こんなヤツゥー」という思いを私に抱かせてくれる御仁だがァー……妙に素直で憎めないのも事実だ。

加計呂麻島には高校はないので船で奄美大島に渡り、人様の軒先を無断で拝借して車庫にし、そこに置かしてもらったバイクに乗っての通学だったという。本人は工業高校に行きたかったらしいが、父親が「普通科にしろ」というので不承不承普通科にしたらしい。バイクを買ってやるお金がなかった父親は、１頭しかいない種牛を牧場主に買ってもらって、バイク代を都合したらしい。親の心子知らずで「父ちゃんはオレが可愛いがっていた牛を売っ払っちゃてよォー」と恨み言をいう。牧草をやり、体を綺麗にしてやるのは富郎の仕事だったらしく、護岸工事の石を積んだ牛車を引かせたり、田畑を耕やしたりして、いつも一緒にいたので情が移っていたのか、牛の話は妙にリアルで、別れたときの悲しみは痛々しく伝わってくる。初めて体験する辛い辛アーい別れだったに違いない。

高校の３年間はグレにグレまくって担任を泣かせるだけ泣かせたらしい。父親に工業高校志望をねじ伏せられたのがよほど気に入らなかったのか、不登校は当たり前になり、真面目に通う気など更々ない。車からガソリンを盗み、学校に行かずにあちこちでバイクを乗り回すワル。挙句の果てには、ヤクザになるなどと言い出す始末。富郎に業を煮やした担任はヘトヘトになるまで雨が降るグラウンド内を走らせ、音を上げたところで家に上げ、ドロドロになった富郎を風呂に入れた。そして自分のパジャマに着替えさせ、ご飯まで食べさせている。この勝負は熱血教師の勝ちで富郎の負け！「高校を卒業できたのはこの担任の先生のお陰です」と素直に認めている。

卒業後の就職先は日産の東村山工場だった。ラインに配属されて4年間頑張るも、またぞろわがまま虫がうごめき出し、プイッと会社を辞めてしまう。組織は社会性を求める。富郎の根っ子には人間不信がつきまとっているので当然の結末と言えば言えなくもないのだが、上司の言うことにいちいち逆らう反逆社員をやっていたらしく、まさかのときに相談する相手は誰一人いなかったという。否、人に相談するなどという経験すらないと言った方が的を射ていようか。いきなり日銭稼ぎの日雇い業になる。日産のライン工からブッチぎりの日雇い稼業、性に合ったのかなァー……こちらの稼業は以後30数年間続くことになるが、山あり谷ありの生活で安定感はまったくない。毎日毎日、日銭を稼いじゃ酒を飲む。未来志向などとは縁がない。家賃も払えず路上生活者になったのはお定まりのコースだったのかも知れない。

22歳で退社して25歳では「路上の人」を数ヶ月間やっている。北風にあおられた粉雪の舞う寒空の中、ガタガタ震えながら、寒さをしのぐために建築現場の家並みの隙間にうずくまる。木っ端を集めて火を点けても、ポッと消えてしまうほどしかない温もりに手をかざす。果ては空腹を抱えてフラフラ彷徨いながら駐車してある車に忍び込んでは、置き引きを繰り返したという。何もかも半端でプロにはなれないヤツ。あっさり御用となって荒川区の尾久警察署に43日間拘留される。直接的にはタバコの置き引きとのこと。寒空よりも拘置所の方が「何ぼかましよォー」とは言いも言ったりで、実に富郎らしい。「路上の人」は1回きりで、2度は経験していないらしい。そこからがプロの道でしょう。「どうして止めたのさァー」と水を向けると、富郎は恐怖体験を断酒会の懇談会の中で話してくれた。この種の話は新聞で読んだり、テレビでもよく見かける光景なのだが、まさか富郎が経験していて、富郎の口から聞かされるとは、私も思ってもみなかった。

その恐怖体験とは、拘置所から釈放されたはいいものの、あまりにも腹が減って動くこともできず、おまけに不眠が続き、富郎が橋の柱脚で動けずにジーッと横になっていると子供たちが「ああッ乞食がいる」「ええッ、どこどこ」「あそこッ、あそこにいるよッ」と騒ぎ始めたという。腕白盛りの子供たちが乞食に投石して殺してしまったという事件が富郎の脳裏に浮かび、瞬間的に「やられる」と感じて、柱の陰に隠れようとしたが体が弱って動けなかったらしい。腹ばいになって身を屈めるのが精一杯、石つぶてを頭を抱えて背中で受けりゃ何とか殺されなくて済むだろうと考えたという。餓えと寒さと殺されるという恐怖感で歯の根も合わなかったらしい。「路上の人」の経験が1回こっきりで済んだのはこの恐怖体験があったからだと富郎は言う。意気地のねェ、ただの甘ったれ坊主のくせに、根性だけは一丁前にねじ曲がっていやがる。私の率直な感想だが、腹っ減らしも寒かったのも怖かったのも事実のようだ。

赦免後は日払いとはいえ真面目に働き、10ヶ月後にはアパート暮らしが始まる。が、定職に就く気はまったくない。人間関係をブツブツぶっちぎって生きて行くのが流儀らしく「なぜ?」と聞くと「そんなもの面倒くさい」とサラリと答える。そのくせ飛び切りの淋しがり屋とくりゃ煮ても焼いても食えねェのが道理ッてェもんよォー……これじゃまるで馬鹿丸出しで、誰にも相手にされそうにもないので富郎の持っている資格を羅列してみよう……丸っきり馬鹿じゃない証明になればいいのだがァー……普通運転免許証、1級船舶免許、無線、フォークリフト、ユニック、危険物（ガソリンスタンド級）、とび職型枠。結構なもんでしょう？　宵越しの金は持たねェ主義者に社会の仕組みをどう身につけさせればいいのかァー……一言注意されると日当を受け取って翌日には「辞めた」を繰り返しているので、転職の数だけは滅多やたらに多くて、50数回に及んでいる。日銭稼ぎのプロと言えば言えなくもないがァー……。

酒を飲めば豪気になるが素面じゃ丸っきりのキリっちょの助になる。東京に出てきたばかりの18歳、場所は新宿西口噴水広場。高校時代のホの字の彼女と電話でデートの約束をしたまではいいが、彼女が目の前にいるのに声もかけられず、柱の影に隠れてジーッと見ているだけだったという。うな垂れて淋しそうに立ち去る恋人を、最後まで見届けたというのだからキリっちょの助のシャイの程度はかなり酷いものだ。24年後に同窓会名簿か何かで富郎の電話番号を知ったらしく、彼女の方から連絡があり、品川区の下神明で落ち合い、下の下の弟が経営している中延の居酒屋で朝の4時まで飲み明かし「散々文句言われてよォー、まいったよッ」と言う。酒を媒介しないと昔の彼女にも会えないアル中、これぞアル中らしいアル中と言えるかも知れない。何がどうであれアル中は酒が飲める間は天国さァー……ド壷にハマるのは、体が酒を受つけなくなってからのことだ。

彼女に会った2年後の44歳でアル中コースをばく進する。腰痛が始まり稼ぎに行きたくても体がいうことを聞いてくれない。酒は飲みたし金はなし、アパートの家賃が払えず、にっちもさっちも行かなくなったところで不動産屋に「心療内科に行ってみればァー」と言われ、取るものも取りあえず病院に行ったという。悪夢のような路上生活体験が脳裡を横切ったはず。富郎から直接聞いた訳ではないが、あの生活には二度と戻りたくないとの思いが、富郎をして人の言うことを聞かしめたに違いない。心療内科のお医者さんはアルコール依存症を扱う大田区蒲田にあるタカハシクリニックを紹介してくれたという。ケースワーカーの指導で生活保護を受給し、ひとまず危機を逃れることができたが、へそ曲がりはどこまで行っても素直にゃなれねェー……全面降伏はまだまだ先の話、院長を「あのリュウ太郎めッ」と呼び捨てにし「あのクリニックの連中はみんな腐ってんのよッ」と自分だけはまともなつもりで酒を飲み飲み通院している。院長も頃合いを見計らって「井之頭病院で3ヶ月入院してこい」と紹介状を手渡して叩き出している。

私は三鷹市断酒会で初めて富郎を見た。司会者の隣の席を陣取り、眉間の縦皺を寄せてふんぞり返っていたのを記憶している。ヘラヘラ虫で良く喋るヤツはまずダメ、何とかなるかも知れないと思わせるのが富郎タイプだが、一筋縄では行かないのも事実だ。病院で断酒の三本柱[25]の三本柱を教わり、退院後は少しは真面目に断酒会に通うつもりになったのか、港断酒会の例会で品川断酒会の会長と出会い、その場で品川に入会している。朝昼とクリニックに通い夜は断酒会という、極普通のコースを富郎も辿ることになるが、この偏屈虫がそうそう簡単に断酒会に馴染むはずはない。なんせ人の話にケチをつけたがる。「説教話やいい加減話」が始まると苦虫つぶしてソッポを向く。富郎が求めているのは上滑りな話じゃなかったのだ。「人生丸ごと断酒会話」が欲しかったのだが、止めたての耳にはそれがどの話なのか聞き分けられない。苛立っているときに品川の懇談会で私と出会うことになる。

ビール瓶をカチ割って下の弟に「てめェッ、ぶっ殺してやる！」と脅しをかけたという体験談がこのときの話だった。何のことはない、フラフラしていた弟を、自分が働いている建築現場に紹介して雇ってもらいィー……ここまではいい兄貴気分をやっていたのだが、富郎の方がトラブッて辞めさせられてしまい、残った弟の方は職場の水が合ったのか、とんとん拍子に出世して「今ではいい顔だぜェッ」と聞かされ、「オレが辞めさせられたのに、お前ェだけいい思いをしやがって」と、焼かなくッたッていい焼き餅を焼き、カッと頭にきて御乱行に及んだのだ。ガタガタ震えながら真剣に話す姿は迫真そのもの、休憩のトイレタイムで一緒になったときに「よく話せたなァー、ガッチリ聞かせてもらったぜェッ」と声をかけていたのだ。「あのときトイレで豊さんに声をかけてもらったのが嬉しくてよォー」と富郎は言う。私も同じような状況で江東断酒会の芝ちゃんから「豊ーさん、よく話せたねェー」と後押しされ、ジワッと目頭を熱くした記憶がある。同じ体験が何度も何度もリレーされて行くのが断酒会のいいところだ。私は数え切れないほどの「温もり」を体験させてもらってェー……今がある。この温もりがなかったら今の私はない。断酒会の例会場にしかないアル中には必須の宝物だ。

富郎は幼少期の辛い記憶を吐き出せる場所を探していた。「辛い記憶が酒を飲ませるのよォー」とアル中の原点をいきなり感じていたから、世間話でお茶を濁してしまう既存の断酒会に飽き足らず、嫌味ばかりを言っていたのだ。『いばしょ』を立ち上げて一年後の新宿断酒会の例会で、人を寄せつけない嫌ッたらしい偏屈顔で幸子さんに「私も『いばしょ』に行っていいですかッ」と聞いてきたので「いいですよ、どうぞォー」ということになったらしい。「ひとりぼっちで可哀想なボク」の話を5年に渡って続け、しまいには幸子さんに「トク（富郎）！　いい加減にしなさい」と怒られるその日まで話すことができている。幸運なヤツとしか言いようがない。更なる幸運がもう一つある。おゆうの存在だ。

幸子さんはおゆうを火曜日の食当にし、そこに富郎を加えるというほとんど暴挙に近い手を打っている。おゆうはおゆうで正しいと思ったことは、絶対と言っていいほど一歩も引かない女性だし、富郎は富郎で私と幸子さん以外の人には「わかりました」と言ったことがない。味噌汁のなかに生鮭を入れて生臭くて誰も食べられないのに、富郎だけは平気な顔をして食べるのだ。「千切りって言ったでしょう！　幅が5ミリもあってどうするのよッ」とおゆうが怒ってもシラッとして「良く噛めば歯が丈夫になっていい。胃袋に入りゃ何だって同じじゃないか、どこが違うって言うんだァー」と歯向かう。「やり直しなさい！　トク（富郎）さんができるまで全員ストップ」このストップ令が出ると他の連中もいつ食事にありつけるか皆目見当がつかなくなる。他の食当の連中こそ大したもんで、ジーッと富郎の手元だけを静かァーに冷たァーく見つめている。上目遣いに人の顔色を窺い、旗色が悪いと思うとコロッと変わって「しゃーねェッ、やり直すかァー」と千切りを始めようとする、がァー……まだまだ、おゆうは許さない。「誰がやれって言ったのッ！　全員に謝ってからでしょう」と畳みかける。目と目がバッチーンとぶつかり合う。明らかに富郎の目は気に入らんことを言われた怒りで充血してきている。最終的には「わかりました。きちんと千切りします。皆さんどうもすいませんでしたァー」とあっさり頭を下げる。信じられないだろうが、こんな状態が３年も続いていたのだ。おゆうには感謝しても感謝し切れないものがある。良くやってくれましたァ、ありがとう……

役所の方からそろそろ就活してみましょうかと言われると「あいつら、オレに働けって言いやがんだよッ」と言う始末で「富郎！　働けそうになって良かったねェッ、と言う声がお前の耳には聞こえないのかッ」と私に一喝されている。最初の就活では頑張って頑張って頑張り抜いて、ようやく社長の面接までこぎつけたのだが、思わぬ落とし穴が待っていた。「明日、社長がいますから来てください」と言われたのに「いつでもいいや」と勝手に解釈して土曜日にのこのこ出かけたらしい。相手の都合に合わせて動くなどという高等動物的行動はまったく取れない人なのだ。「シャッターが下りていて誰もいなかったよッ」と言う富郎の言葉が最初理解できず、よくよく聞いてみると、何と週休2日制の意味がわからなかったらしいのだ。会社の人から説明を受けて自分でもメモっているのに「豊さん、この週休２日制って何ですか？」と聞いてきたので「そういうことかァー」と納得した次第。「富郎、もう一度先様に行って週休2日制の意味がわからず勝手に解釈して申し訳ありませんでした、と正直に話して社長になんとか会わせてくださいと、お願いして来なさい」と話した。しかし再訪の感触は冷たいものだった。「私一人では決められませんので、今日のところはお引取りください」と体良くあしらわれて帰ってきている。３

日後かに電話してみたらしい。「今回のことはなかったということでェー」と断られて、第1回目の就活はジ・エンド。その旨をきちんと役所の福祉課の担当の人にも話し、納得してもらって行動している。富郎のここに至るまでのコースの始めの一歩はタカハシクリニックの「リュウ太郎」先生との出会いからだ。いつの日か富郎が「先生、ありがとうございましたァー」と言える日がくればいいのになァーと私は夢のようなことを考え、一人ニヤけている。職安の人の薦めで職業訓練校の空き待ちをしながらも何回目かのトライで就活に成功し、今はマンションの清掃管理のパートをゲットしている。酒で痛めた腰をいたわりながら文句も言わずに働いている。信じられないことだが事実だ。

「豊さん、9月半ばに2泊3日で親父のところに行ってきます。飛行機のキップはもう取りました」富郎の行動パターンはすべてが突然だ。驚く暇がない。こちら側は受け入れるだけだ。「富郎、いい加減にしなさい！　お父さんがお前のことをどれだけ可愛いがり、どれだけ期待していたか、まだわからないのッ」と幸子さんに怒られて大泣きをしてから何年経つだろうか、父親に会いに田舎の加計呂麻島に帰ってくるという。私が大好きな父親手製の黒糖もおネダリしてきてくれるという。

「生命があれば生命さえあればいつか神様がいたずらをしてくれるかも知れないじゃないかァ……『いばしょ』は生命をつなぐ拠点です、みんなで大事にして行こうねェー」とはこの頃私の口をついて良く出てくる言葉の一つだ。でもォー……所詮は酒乱のアル中、偉そうな言葉はむず痒くてしょうがねェー、とどの詰まりは「なめてんのかよォーッ、てめェら！　馬鹿野郎がァー」が、私の『いばしょ』で使う言葉のトップテンの第一位には違いない……私は気短な性質。「あなたはァ、それさえなければねェー、優しさはちゃんとあるんだからねェー」と主治医の原先生にも言われるし、薦められたマインドフルネス訓練[26]も意識してやっているつもりだがァー……如何せん頭に血が上ると瞬間的に相手を弾いてしまうので、弾かれた方は二度と私の前に姿を現さなくなる。一人また一人と消えて行く。淋しいんですよッ、そんなつもりはないんですがねェー、と言ったって、後の祭りでしょう……すべてが手遅れ状態、お口の方が止まってくれないのよォー……奮闘努力中です。

後日談

故郷に帰った富郎は、やはり素直に感謝の言葉を伝えることができず「母ちゃんの墓参りに来たんだっ」などと強がりを言って、ろくに父親と口を利くこともなかったという。しかし、胸の奥では感謝の気持ちをきちんと抱けるようになっている。その証拠に、富郎が父親に宛てて書いた手紙を転載する…

富郎の手紙

なぜ手紙を書いたのだろう?その理由はこの本を送るためです。秋徳小中学校に一冊づつ、顔役の人に一冊、残りはできるだけ多くの人に読んでもらえる場所に寄贈してください。

都会の雑踏の中、こうして生きて今思うのは、オートバイで島中、道なき道、野山を駆け回っていたときのことだ。あのエンジン音が心苦しくも懐かしく、今となっては諸行無常の響きにも似ている…仔牛と引き換えに買ってもらったオートバイ!加計呂麻からの通学は他のヤツもやっていたが、秋徳からオートバイでなんていうのは俺が最初だった。諸鈍中学校出身の女子高生とバイクをきっかけに仲良くさせようとしたんだろう?その立役者になったのがオートバイだ(アリガトウございました)。猫も杓子もホンダSLを乗り回しているときに、田原モータースに飾ってあったのはホンダ・エルシノアの新車。あれには誰も乗っていなかった。それが欲しいと言ったら、即座に買ってくれたのが親父だ(アリガトウ)。大切に育てていた仔牛を他人に売って、オートバイの買い入れ資金にしてくれた。どんな気持ちだったか計り知れないものがある。そのお陰で俺は卒業できた。あのときブルドーザーで削ったような道しかない加計呂麻をオートバイで乗り回すのは容易じゃなかった。そのためオートバイを一年ちょっとでダメにした。さぞかし無念だったことでしょう。致し方ないにしても申し訳ない俺の心境は強烈な思い出として残っている。

現在の俺は東京・調布の『いばしょ』というところでお世話になっています。ここの開設者は風見豊さんという人で、身銭を切って人のために尽力してくれています。この人が親父の作った黒砂糖が一番おいしいと、ことのほか喜んで食べています。

また送って下さい。俺はこの人のお陰で生活保護を受けながら、腰と肝臓、そしてアルコール中毒の治療を12年以上して、やっと一日2時間から4時間のパートの仕事につくことができるまでになりました。この『いばしょ』は特定非営利活動法人といって、すべて慈善行為で運営しています。平成23年3月11日の東日本大地震のときは、都内のスーパーから野菜が消え、あのときに親父に大根を送ってもらって大変助かりました。今後もよろしくお願いします！できることなら…俺が世話になったお礼として島で百姓をし、野菜や黒砂糖を作っていくというのをライフスタイルとしてもいいのだが…と絶対無理なことなどを時々考えたりもします。無理なのは島で生きていく生活の基盤となる人間関係が俺にはないからだ。それでも神の子のあの畑。アレは俺のために残しておいて欲しい。数年後、50年後、１００年後は異次元の場所になっていると…俺の空想は限りがない！

母ちゃんが死んで早16年になる。母ちゃんは優しかったけれど、あんまりにも忙しすぎたんだなぁ、と今となっては思う。そして俺の気持ちもすっかり良くなり腹も決まった。東京で残りの人生をかけ、本気で一花咲かせようと初めて思えるようになった。その件に関しては不平不満があろうかと思うが、長男の座を捨てた身一つ、何があろうが、今までもそうだったように一代限りの一生を終えようと考えている今日この頃だ。最後にご自愛くださいませ。

【註】

（25）断酒の三本柱：(専門病院への) 通院、抗酒剤（の服用）、自助グループ（への参加）。

（26）マインドフルネス訓練：認知療法の一種。呼吸法や瞑想などを活用し、否定的な思考を一歩引いた観点から捉え直すことで客体化し、平静を取り戻す訓練方法。うつ病などの再発を防ぐために行われる。

7. 素直になってきた健

健は群馬県館林市、ぶんぶく茶釜で有名な茂林寺の近くで父36歳、母33歳のときに生まれた第一子長男、2歳年下に妹が1人いる。父方の祖父母に加えてその叔父叔母とも一つ屋根の下で一緒に暮らした。母親は舅姑に小姑つきの家に嫁にきて、中学の数学の教師をやりながら健を身ごもり産み育てるという離れ技をやってのける……今どきそんな健気な女性はどこを探してもいないだろう……何とはなしにだがァー、私は健の母親の息苦しさを想像すると、背筋にゾッと寒気が走るのを感じてしまう。6人もの大人の中にポコッと小さな生き物が生まれ、泣いて笑ってハイハイ、ヨチヨチ歩きする。大人連中がそれぞれに勝手な思いでいじくり回すには丁度いい、格好のおもちゃが健だったに違いない。不器用を自認し、ハサミ一つすら満足に扱えない健の劣等意識はここに由来する。

街なかの子にしてはザリガニを捕ったり、トンボを追っかけたりと子供がやる遊びは健もほとんどやったらしい。しかし、幼少期の親との関わりをテーマにしている京王断酒会の一泊研修で語られる健の体験談には、子供らしい生気が未だ乗ってこない。嬉しかった、楽しかった、淋しかった、悲しかった、泣きたかった、などの感情表現がない。そのくせ訳知り顔で言うことはいちいち生意気で、自分の身を守る屁理屈には事欠かないヤツ。4歳の私立の幼稚園通いは、お手伝いさんの送り迎えつきの電車通園だ。何となく特殊な極超々お坊ちゃま育ちの、馬鹿たれ坊主の臭いがプンプンする。

一般的に子供がいいと思って夢中にやっていることは、大人の目から見ると大概悪さだったりいたずらだったする。6人の大人から、あれはダメこれはダメと言われ続けていたとすれば、その子は一体どうなるの？　自分がしていることを正当化できるようになるのはズーッとズーッと先の先、大人になってからの話でしょう？　幼いがゆえに自分の身を守る手段を持たない子供は、大人から「ダメじゃないの」と言われれば「そうッかァー、ダメかァー」と訳もわからず納得して好きなこともやらなくなってしまう。特に健はきかん気な私などとは違って、聞き分けの良い子として生まれてきているので「またやってしまったダメなボクッ」像をどんどん膨らませて「過てる罪の意識」を心の奥底に刻印してしまっているような気がする。興味が湧いたものに対して、自分の力だけでどんどん立ち向かって行こうとする子供心に、良いも悪いもダメもない！　大人の目線で子供を縛ると子の生気は失われ、いつもいつも人の顔色をうかがう子に育ち、自分で自分の進路さえ決められない消極性のみが肥大化して行ってしまうものだ。人には生まれながら「生き行く力」が備わっているものだが、その力さえも信じることができなくなり、ガキのくせに鬱々としたフィーリングのなかにどっぷりハマってしまう、それが健の幼少期だったのかも知れない。脳ミソ足らずの６人の大人どもが、健の鬱病の「モト」だといっても過言ではない。但し、先天性云々の方は私の脳ミソでは無理ィー……わかりません！

ダメ、ダメ、ダメもダメだが、もう一つ猫ッ可愛いがりもマズい。健は初孫、お爺さんお婆さんは目のなかに入れても痛くないほど可愛いがってくれたという。アウトローのはぐれ者の私には想像もつかないことだが「もうベッタベた、ガキの私ですらイヤになるほどですわァー」とは健の言い草だが、聞けば聞くほど「そんないい思いして育って、アル中になんかになってんじゃねェよッ」とついつい言いたくなってしまうのは、貧乏人アル中の独特のひがみ根性かァー……金持ッちゃまの坊ん坊んアル中が理解するにはチッと面倒臭いかも知れないなァー……幸子さんから聞いた話なのだが、ガキんちょが大汗をかいて帰ってきたときに、お婆さんが冷たいタオルを持ってきて「まァまァこんなになってェー」と汗を拭ってくれたとしたらァー……「これって虐待よねェッ、普通のお母さんなら自分で顔洗って来なさいって言うわよッ」映画の一シーンのようなこの光景は、貧乏っちゃまには羨ましい限りで、欲しくても手に入らない夢物語だ。何とそれが虐待とはァー……荒くれた世のなかを一人で生きて行けるように育てるのが親の義務だとするなら、健は確かに周りの大人から「甘やかしという名の虐待」を受けた子に違いない。

茂林寺にある自宅は、社宅住まいだったお爺さんが長年勤めた会社の退職金をはたいて買ったものだった。もとは割烹料理屋で結構な広さがあったという。３歳でお爺さんが亡くなったあと、叔父さんも叔母さんも、それぞれ結婚して出て行っている。健は7歳のときに父親の勤め先が自衛隊から川崎の三菱重工業に変わったので、通勤に便利な場所へということで、東京都世田谷区祖師谷（そしがや）に引越してきて、東京っ子になる。母親はよほど嫌な思いをさせられていたのか、茂林寺の屋敷を二束三文で叩き売って、お婆さん込々（こみこみ）で東京に移り住み、町田の中学の数学の教師をやることになったという。父親が第一子長男なので当時とすれば、お婆さん一人だけを茂林寺に残してくる訳にはいかなかったのだと思うが、健の母親の凄（すご）さは、以後6年間同居して下（しも）の世話までしたということだ。人に尽くし子に尽くす良妻賢母（りょうさいけんぼ）の典型が健の母親だったのかも知れない。

小学校は『いばしょ』のチューダパンダカ役の武男さんと同じ塚戸小（つかとしょう）だが、武男さんとの大きな違いは塾だ。親に勧められられて塾通いをして青瓢箪（あおびょうたん）コースをまっしぐらに進み、かの有名な麻布中高を卒業した。わからないところがあると母親がつきっ切りで教えてくれたというから、その凄まじさは想像して余りある。寝ても冷めてもお勉強に次ぐお勉強の結果が、成績優秀につき東大理科Ⅰ類に合格、専門は土木工学……健の青春ってそれだけのこと？　ワンダーフォーゲルでお茶の水女子大の敦子（あつこ）さんと知り合っているから恋の青春と言えるかも知れないが、問題はこのときすでに自分の意思を相手に上手く伝えられない、がちがちＭＡＮになっていたということだ。

いい成績でいい大学に入ることが青春時代の目標になると、その人は失敗を恐れる「守りの体勢」のみの人になってしまう。92点でクラスの一番になっても「なんで１００点じゃないのッ」といつも自分をダメ人間扱いし「今度こそは１００点をとるぞォ」と頑張るだけ頑張ってしまう。守りの殻は厚く、自らをそのなかに閉じ込め、他に心を開かなくなる。友をつくり友と語らう青春賛歌などとは縁のない点取り虫になり、相手が何を考え何を思い何を感じているのかなど興味ない「自己中ワールド」をつくり上げ、人との関係性とはまったく無縁になる。人間関係は感情が乗った言葉から生まれるもので、この時期の健にそれはない。答案用紙的な理屈言葉は喋れても、感情言葉は喋れない。女性と話すときなどは照れて真っ赤かのカチンコチン状態になる。そんな健を純で無垢な可愛い人と感じたのが敦子さんだったと私は思う。健はいい加減な嘘はつかないが、チョットとばかり天然のお馬鹿の「モト」を持っていたということだ。誠実であることには違いはないが、いかんせん人と心を通わせる話し方がまったくわからない人でもあったのだ。

23歳で大学卒業後、健は大手ゼネコンに入社する。お爺さんも叔父さんも同じ会社だった。一年後の3月、24歳のときに健は悲運に見舞われる。義母を看取ったあと体調を崩していた母親が、鬱状態の連続線上で、経堂駅の近くにあるビルの屋上から飛び降り自殺してしまったのだ。「お母さんがいない、どこにもいない」大慌てで父は街中を捜し、健と妹は多摩川沿いを叫びながら捜し回ったという。やるべきことをすべてやり切った完全燃焼型の人生……燃え尽きてしまったのかも知れない。健にすれば「お母さんはもういないんだァー」とわかっていても受け入れられない現実を前に、仕事を終えて家に帰ってきても、背筋が冷んやり、ゾクゾクッとするだけだったという。大きな大ォーきな喪失感を抱えながら、父親も妹も暗い暗ァーい状態で二年近くも過ごしたという。「ダメだァ、こりゃッ」とばかりに健は名古屋にいた敦子さんのところに飛んで行き、結婚を申し込み、「ＯＫ」の返事をもらっている。「誰かしっかりした女の人がいなければ、この家族はダメになってしまうと思ってさァー」とは健の手前勝手な言い草で、敦子さんを何だと思ってやがったんだァー、と機会があったら面と向かって言ってやりたい。26歳で結婚し、2年後には一粒種の朋子ちゃんが生まれ、健は28歳で父親になっている。母親の没後4年目のことだ。

全人生を母親におんぶに抱っこで生きてきて、その母親がいなくなると、「母親代わりをやれ」と言わんばかりに敦子さんに「僕と結婚してください」と言う。敦子さんは舅と小姑がいるのを承知で成城に嫁いできた。私には敦子さんの人生は、健の母親が歩んできた人生と瓜二つのような気がしてならないのだがァー……おまけにお茶の水女子大卒の教師……男の子は母をイメージして結婚相手を選ぶといわれるが、その通りなのかも知れないなァー……

健は双極性障害という躁鬱の病を持っているアル中だ。最近はこの手のダブル、トリプルが多くなってきて、病気の正体を見抜くのがナカナカ難しくなってきている。アル中は大体「ニセ鬱」の人が多いが、健のは「本鬱本躁」だ。鬱のときは大人しくてさほど面倒は起こさないが、躁状態になると考えられないようなことをする。28歳のときの会社の海外留学がきっかけで躁になり、55歳の現在まで躁鬱を繰り返し、原先生に出会ってからかなァー……ここ3年くらいはようやく落ちつきを見せているのはァー……一週間くらいは寝ないで飛び回っても平気の平左、断酒会では手も足も出せません……とはいえェー……もう少し健の足跡をたどってみよう。

健が断酒会に登場するのは34歳のとき。敦子さんの勧めで世田谷断酒会に入会するが、毎晩断酒会の例会に出ていた私が知らないのだから、いい加減な断酒会回りをしていたに違いない。断酒会デビューは綱さんの大田断酒会が最初らしいが、残念ながら私との出会いはなかった。京王の府中懇談会で極々たまァーに見かける程度で、いい印象はまったくない。はっきり言って頭デッかちな嫌なヤツとの印象の方が強い。高学歴と一流企業勤務を鼻にかけた実に嫌な男で、健の方が私を見下していたはずだ。私をというよりは断酒会の何たるかを理解しようともせず、鼻持ちならない屁理屈ばっかり言っていたような気がする。それでも亡くなった練馬断酒会の修平さんとは馬が合ったのか、例会が終わったあと二人で話をしながら駅に向かう姿を何度か見かけた。人の集まりのなかに、人の臭いがしないヤツが紛れ込んでいるという印象だ。

健の話によると、多摩川の橋梁工事の現場監督をやっていたときに、躁鬱の発作が出て、あらぬことを喋り始めたらしい。しまいには仕事仲間に取り押さえられ、救急車で都立松沢病院（34）に搬送されて3週間入院したという。病院に見舞いにきた敦子さんは、このとき健に離婚を突きつけたという。「酒が止まって3年後に、躁鬱で敦子さんに離婚を宣告されましたァー」と、健は例会のなかでまことしやかに言うが、真面目に断酒会に通うでも、真剣に躁鬱を治す努力をするでもない人と一緒に暮らせないという辛い辛ァーい決心をさせたのは、健の偉そうな自己中が原因ですよッ！　私の知っている敦子さんは、真面目に病気を治す努力をする人は見捨てません！

40歳で正式に離婚が成立している。14年間の結婚生活だった。何のために結婚し、何のために子をなし、何のために離婚するのかァー……私は東大出の不真面目アル中は贔屓にはしない。限界点ギリギリまで、馬鹿坊んなアル中の面倒をみてくれた敦子さんの方の肩を持つ。娘の朋子ちゃんはお母さんと一緒に、母の実家の名古屋に行き、名古屋っ子として中学生になっている。健には生涯娘の痛みはわからないだろうと思う。健は妹の恵子さんに実家を明け渡し、自らは武蔵溝ノ口の6畳間で、妹の管理下で成城のクリニックに通うが、真面目に治す気などさらさらない、いやァー、たぶん健は「真面目」という言葉の意味すらわからない人だったに違いない。頭デッかち的には何でも理解できるが、いかんせん行動が伴わない。「認知」

と「行動」がバラバラで、やるにしてもどうやればいいのかわからなかったのだと思う。塾通いをする人の「特異性」を健も持っていたのだ。塾はスキルだ。スキルじゃ人としての感情は身につけられない。

大量の酒を飲んで倒れた父親が亡くなったのが健46歳のとき。「躁に踊り躁に狂う」日々が、以降8年もの長きに渡って続くことになる。まずは借金地獄だ。カード決済は人の金銭感覚を奪うことがある。健はものの見事にハマってしまっている。家賃が払えず家を追われて狛江に引越しても気分は躁。不動産屋の若い女の子の営業スマイルにほだされて貢物をしたり、投資マンションを3軒も購入してローン地獄に陥ったりしている。断酒会となると千葉、神奈川と他県に出まくり、メル友に狂い、果ては東京断酒新生会の本部も厄介者リスト扱いだ。断酒会がその人固有の病気を見抜けないと、断酒継続のサポーター的役割を失い、病気の人を誹謗中傷するだけになってしまう。この時期の世田谷断酒会は健を邪魔者扱いしている。同じアル中でもダブル、トリプルの悲劇といっていいかも知れない。

自分の殻に閉じこもり、自分以外はダメなヤツと決めつけ、その自分すらも信じられなくなってのたうち回る。京王断酒会に頻繁に出るようになり私は健の話にジーッと耳を傾けた。健に不足しているものは何なのかァ……人を信じる力だ！　サポーターを信じる力が決定的に不足している。曲りなりにも幸子さんと私のことは辛うじて信じている。京王だ。京王断酒会に移籍させて原先生につなぐことだ。京王の本例会で世田谷断酒会の会長の一郎さんに事情を話すと「私たちではどうしようもないので宜しくお願いします」と言われたので、早速武男さんに本人了解のもと移籍手続きを済ませてもらった。もう京王の会員だ！　四の五の言わせないぜェッ！　私は一か八かの賭けに出た。「健、お前さん躁鬱の薬飲んでないねッ！　原先生を紹介するから予約を入れて、お薬を処方してもらって飲みなさい」とズバッと言うとやけに素直に「はい、わかりましたッ」と答えたのでチョッと驚いた。突っ張り論争を覚悟していたので、拍子抜けした気分と言った方がいいかも知れない。このとき健52歳、躁状態の全開期で、本人曰く「精神的にも経済的にも破綻状態」だったらしい。余人を寄せつけない雰囲気を醸し出すのが、躁鬱の特質なのかも知れない。

こうして年初から、むさしのメンタルクリニックの原先生の患者となるが、すでに手の施しようがなく、4月に新宿区落合のマンションに引越したはいいが、躁に拍車がかかり、夜な夜な神奈川の街を徘徊して、5月には鶴見西井病院に強制的に5週間入院させられる。職場も出社に及ばず状態で、休職を宣告される。お医者さん同士の密なチームワークの結果だと思うが、健は原先生の下で、セルフコントロールの方法を学び、今は小康状態を保てている。ローンは残るものの借金返済の目処も立ち、辛い辛アーい思いをして職場復帰も果たしている。原先生というたった一人の女医さんを信頼することによって、健の人生が大きく変わろうとしている。健は今55歳、京王に移籍して4年、相変わらず頭デッかちの坊ん坊んアル中には違いはないが、人を信頼し、人に包まれている幸せを味わっているような気がしてならない。人は一人じゃ生きては行けないという見本のようなヤツだ。

　健の人生で特筆すべきは敦子さんの存在だ。躁状態全開時に名古屋から原先生に会いにきてくれて、サポートの方法を教わり協力してくれている。弁護士を立てて資産管理をしてくれたのも敦子さんだという。止むに止まれず40歳で離婚し、その12年後に健のために主治医と会い、健を生かす方法を話し合ってくれている。娘の朋子さんを傍若無人な父親から守るためだったかも知れないが、おいそれとできることではない。私は敦子さんにキリストの母、マリア様を見ている。「私は原先生と幸子さんは信頼しますが、豊さんはダメェー」とは健の名台詞だ。セルフコントロールはなかなかのものだが、いかんせん不細工なデブっちょッ、健よォー、今度先生に会ったらよォー、ウエイトコントロールの方法も教わったらいいんじゃないですか？　私のことは、どうボロクソに言おうとも構いませんよォー……元気が何よりですからねェー……

【註】

（34）松沢病院：東京都世田谷区にある都立の精神科医療の専門病院。

8．起きてイルのに眠ってイル忠彦

忠彦は幼少期のことを語りたがらない。京王断酒会の一泊研修に何度か参加しているが、ポツンポツンと履歴を喋るだけなので、実のところ記録の書き手の私も良くわかっていない。「生まれたのは確か中国地方、島根県だったかなァー」と幸子さんもうろ覚えだ。それだけ多くを語らない人なのだ。出自の記録ではなく、私の目に映った「人間忠彦」を書いて行くよりない。

「本鬱本躁」の病気の上にアル中も抱えたトリプル型だが、健とは違って偉ぶる訳でもなく手前勝手でもない。東京断酒新生会の本部事務局で一番嫌な仕事といわれている会計係を、10年以上も平然とやっていられる人なのだ。実入りのない奉仕活動をマジ顔でニコニコやれる人なんぞ、そうそういるもんじゃない。杉並断酒会の健治さんがつくった会計ソフトは、その筋の者が簡単につくり変えようとしても30万円はかかるだの、50万円もらってもできないだの難物中の難物で、おいそれと手が出せる代物じゃないが、忠彦は辛抱強くコツコツと解読して今ではノウハウのすべてを自分のモノにしている。跡継ぎをつくる間もなく、借金を苦にして健治さんは自殺してしまったので、教わることすらできなかったというのにねェー……鬱が9ヶ月で躁が3ヶ月という忠彦の飽くなきこの持続力の源泉は何なのか、理解できるものなら理解してみたいものだ。専門の医者にかかってもなかなか良くならない人でよォー……唯のアル中ごときにわかるものでもないでしょうがァー……好奇心という虫が疼いてしょうがないので、聞きかじりの細い細ォーい忠彦の体験談をつないで行ってみることにする。謎解きを目の前にすると「解かずばなるまい心」が疼いてくるのよォー……

父親は日銀マン、忠彦の2歳上に姉がいて4歳下に弟がいる第二子長男、昭和16年生まれの今年71歳になるご老体だ。戦争の最中とはいえ、4歳までは平々凡々と育つ環境下にあったはずで、今でも見受けられるオッとりとした柔らかさには、育ちの良さが感じられる。忠彦の劇的な変化は終戦の玉音放送と共にやってくる。母親の死だ。弟を出産した母親は産後の肥立ちが悪く、他界してしまうのだ。ある日突然目の前から母親が消えていなくなる。悪さをして怒られ拗ねて甘えて母親の胸のなかで泣く……いつもいつもホンワリとした「安心感」を与えてくれていた母はもういない。母の死を頑なに受け入れない幼い忠彦の姿が、痛々しく目に映る。

幼い心は辛い衝撃的な「喪失」に出合うと、ガタガタ震えながら目の前の現実を彼方に追いやり、体の芯が熱くなるような膨大なエネルギーを使って、それをスパッと消してしまう。心の痛みは和らぎ、束の間の安らぎが訪れる。悲しみのなかの血は冷たく細いパイプを流れているだけだが、この瞬間の血は凄まじい奔流となって体中を駆け巡り、体温を上げ、ボーッとした暖かさのなかに心を包み込んでくれる。「安堵」を得た心は「安心して生きて行ける場所」を得て動かなくなる。否認だ。辛く悲しい感覚は消え、記憶の隅のまた隅の方に追いやられ、やがて消し去られる。生き生きとした表情は消え、何事にも無感動な小憎ったらしい大人びたガキんちょの誕生だ。半年後に父親が再婚し、忠彦は更なる変化の渦に放り出されることになる。忠彦の子供時代は実母の死と共に終わり、以後は「ひねた大人の真似事の時代」に入ることになる。子供が子供でいられなくなるのはァー……本人も辛いが見ている方も辛い。運命とはいえ過酷だ。

「継母はちゃんと面倒みてくれましたよッ。怒ってはくれませんでしたがねェッ」と淋しそうに言う。のちに異母妹弟ができるが、こちらの方は母親からキッチリ怒られていたらしい。お腹を痛めて産道を通って生まれてきた子に乳を含ます喜びは、我が子ゆえの無上の喜び、先妻の３人の子たちを同腹扱いできないのは当たり前のことだと思う。継母も若いのだ。陰でジメジメしたいじめを受けなかっただけでも良しとしなければならない。母親が子を叱るのは愛情だ。継母に忠彦への愛はない。欲しくても手に入らないものになってしまった現実を受け入れるのは辛い……指をくわえて俯いていることしかできなかったと思う。状況は違うが私も同じ経験の下で育ったアル中の一人だ。片や金持っちゃまで、片や貧乏っちゃまの違いはあるにはあるがァー……

「言い付け虫の継母」は少女コミックの定番だろうが、私はそうなるのは致し方のないことだと思っている。継母は異腹の子らの様子を、帰宅した父親に逐一報告していたという。夫からそうしなさいと言われていたから、そうしただけだと思うが、父親に呼びつけられて怒られる身は辛い。「また言いつけやがってェー」と腹のなかで思ったとしても、怒られることを良しとする子などいるはずもないので、それはそれで仕方のないことだったと思う。父親の面前ではいい顔をして「はい、わかりましたァー」と頭を下げなければならない。この二面性が、忠彦の心を蝕んでいった。継母がその場でストレートに怒ってくれれば済むものを、それがなかったばかりに、怖い父親像だけがインプットされ、悲しいかな、忠彦には父親も手の届かない遠い遠ォーい存在になり「居ない方が良い親」になってしまっている。天涯孤独な淋しくて「可哀そうなボク」の誕生だ。4歳で母を失い、その半年後には、「父親らしい父」を失ったのは忠彦の宿命だったのだ。

私もそうだったが、大概の親は無邪気にはしゃいでいる子を叱り飛ばして大人しくさせてしまう。自分が疲れているときなどは特にそうで、傍で騒がれると癇に障って、ついつい「静かにしろッ」と怒鳴り散らしてしまう。自分勝手な理屈を並べ立てて、屈服させ黙らせる。権威的な躾のすべてがマズい訳ではないが、始末に負えないのは、子の行動を良し悪しで二分し「悪い子」のイメージを植えつけ「良い子でいなければ親に見捨てられてしまうんだァー」との恐怖心を抱かせてしまうことだ。一人で生きて行く力のない子は、訳もわからず言うことを聞き、訳もわからず大人と同じ行動を取ろうとする。おませなガキんちょになっても仕方がない。親が「居るのに居ないも同然」になってしまった幼い忠彦が、親の家で生きて行くためには、無邪気にはしゃぎ回る子を捨てて、つくり物の「イイ子」になるしかなかったのだ。実母が亡くなって隙間風が吹いている心に、また一つ不自由な縛りが加わる。「清く、正しく、美しく」の標語などは夢のまた夢だ。

実母を失い安心して暮らせる家じゃなくなってしまったために「大人びたガキんちょ」になり、愛情に伴う幸福感を与えてくれない「居ない方が良い親」に育てられる宿命を背負った「可哀そうなボク」が誕生し、言いつけ虫の恐怖に怯えながら、誠実な生き方とはかけ離れた生き方しか選べなかったのだ。「イイ子」をやり続けなければならなかった忠彦の幼い生命を思うとき、仕方がなかったとはいえ、あまりにも生活環境が悪過ぎた。「経済的に疲弊した訳じゃなし、まともな健康優良児になぜ育たなかったのさァー」と馬鹿な大人どもに言われたところで「番場の忠太郎（27）になって何が悪い」としか言いようがないべさァー……世の恨み辛みは、この辺りで止めにしようか？　キリがないからよォー。オレのお口も結構嫌われ者のお口なのよォー……

坊ん坊んアル中は金持っちゃまの子なので、中高一貫教育を受ける連中が多い。忠彦もそうで、最終学歴は慶応大卒、就職先は信託銀行、趣味は酒と株の売買だ。酒は高校からすでに常用者になっていたらしい。ひねたガキのくせにやることなすことがいちいち生意気なヤツゥー……私が同期の桜だったら、貧乏っちゃまのひがみ根性と罵られようが何だろうが構いやしない「ガキのくせに酒を飲むなんぞォッ、いい加減にしやがれェッ」とぶん殴っているところだ。と言う私も17歳から酒に手を出し始めているのでェー……どっこいどっこいかなァー……

29歳のときに4歳年下の慶子さんとお見合い結婚をしている。「結婚したときから毎日午前様よッ」とは慶子さんの言葉だ。その年に長女が生まれ、2年後に長男、4年後に次男が生まれて一姫二太郎の理想的な家族構成となっている。私は忠彦が子育てに協力的な夫だとは聞いたことがないし、だいいち仕事にかこつけて飲み歩いているんじゃ、慶子さんにとっては三人の子育てプラス、夫という一番世話の焼けるお邪魔虫がいるようなもので、お金さえ入れてくれればそれでいい、むしろいない方が楽だと思っていたんじゃないかなァー、と勝手な想像をしている。この点は私と忠彦では異なる。私は長兄が自殺するまでの三年半はキチッと5時半に帰ってきて、子育てのパートナーをやっている。「その後はどうだったんですか？」とは聞くなよォー、アル中のやることに大差はない、だから仲間なのよッ、オレたちは！　その後はグデグデの酒乱のアル中さァー……情けない話がよォー……オレもキチッとした夫はやってないのよォー……

忠彦が飲み歩いていたのは『いばしょ』がある調布界隈。勤め先が今はマイクロソフトの技術センターになっている場所にあったので「仕事が終わってチョイと一杯」となると当然のように調布となる。忠彦に限らず『いばしょ』の連中は大体は調布界隈がテリトリーで、相当な額を税金として調布市に納めていたということになる。酒を飲むと必ずタクシーで調布から自宅がある高島平まで帰る。飲み代の他に一万円のタクシー代を必要とした極めてぜいたくなアル中なのだ。忠彦は「最終電車がないんで飲むためには必要経費でした」とヌケヌケと言う。慶子さんが子供の大学の入学金の相談をしたときに、懐に

１５０万持っていたらしいが「ない！」と平然と答えたと言うから、その身勝手さは気狂いじみている。「どうしたのよそれでエッ、君はァー？」と聞くと慶子さんは「しょうがないから親戚に借りたわよッ」と言っていた。アル中は自己中心的な考え方をする代名詞的な存在だが、これほどのヤツもなかなかいないものだ。どこが良くってこんなアル中の面倒をみていたのかァー……私には女心はわかりません！　無理無理、私に女心はムリィ！

50歳を過ぎる頃からあちこちにガタがきて、北多摩病院に2度3度と点滴を受けに行ったり、肝硬変で入退院を繰り返すようになっている。医者が「2合くらいにしておきなさい」としか言わないのをいいことに、ほとぼりが冷めると元の木阿弥状態。一杯が二杯になり三杯となってアッと言う間に深酒になり、また入院……アル中のお定まりのコースに忠彦もどっぷりハマってしまう。人事課は暇な職場らしく、朝会社に出て鍵を開ければもう用はない。その足で一本道路を隔てた向かいの酒屋に行き、まずは一杯。昼に一杯、3時に一杯、5時で退社して調布銀座で午前様……この時期の忠彦は躁鬱を抱えながら、アル中街道をまっしぐらに駆け抜けている。慶子さんの体験談が痛々しい。「もう株はやらないって言ってたのに郵便受けに、銀行の借り入れ書類が入っているんですものォー、ビックリして一緒に銀行に行って断ってきたわよッ、家を担保に３０００万よッ」

58歳のとき、勤め先の銀行が合併して忠彦の仕事は合併先がやることになり、上司に「君の仕事はない」と言われて早期退職を促される。割り増しの退職金はすべて酒と株の売買で消えたらしい。60歳で成増厚生病院（２８）に入院となり、入院中から板橋断酒会の会員になり、のちに『いばしょ』に入所し今に至っている。私が初めて忠彦に会ったのは板橋断酒会の例会だった。板橋は畳の部屋で例会をやっており、受付にいた英一さんの隣でニコニコしていたのが忠彦だ。たぶん躁の時期だったのかも知れないが、他の人とは何となく笑顔そのものが違っていたので、忠彦の姿が妙に印象深く私の記憶に残っている。断酒会の受付に、「ニコニコしているヤツなんていない」のが通り相場なのだがァー……忠彦は9ヶ月の鬱のときはダンマリ状態、３ヶ月の躁のときはニコニコ人形状態……わかりやすくていい。鬱状態でも与えられた仕事はキチッとやりこなす人なのだが、それを見ている方は辛い。仕事を抱え過ぎるのも鬱の「モト」になるんですよッ！　疲れは禁物です。

断酒会に入会してから忠彦の酒は止まったが、躁鬱の方は良くなる気配はまったくない。日常生活すら危ういというのに東京断酒新生会の会計係は、フラフラ状態でも何とかやってきている。この底力が一体全体どこからくるものなのか本人すらわかっていないと思う……いやァー、たぶんどなたにもわからないんじゃないのかなァー……神の領域としか言いようがない。

「規則正しい生活をしないと病気は良くなりませんよッ」とかかりつけの医者に言われて、7年目にしてようやくヤル気が出たのか、武男さんを通して「『いばしょ』に通っていいですか?」と聞いてきたので、幸子さんは「はい、どうぞォ」と返事をしている。こうして昼間は『いばしょ』半分、本部事務所半分、夜は板橋断酒会の例会という忙しい生活が始まった。忠彦は忠彦なりのプログラムで規則正しい生活をしてきたんだと思う。一年二年と病状が安定してきていた。笑顔でわかる。断酒会の受付で初めて出会ったときの笑顔とはまったく違って血が通っている。「このままの状態で安定してくれれば最高だぜエッ」と密かに思っていたら、ドッガーンと一撃必殺のパンチを食らってしまった。長男坊の息子が自殺したのだ。家族はもとより『いばしょ』にも激震が走った。「これからだというのにィー……」と私は悔しさのあまり、恥ずかしげもなく天を仰いでボロボロ涙を流していた。私の長兄も次兄も家に波風が立たなくなった途端に自らの生命を絶った。アル中業界の陰の習わしにズボッとハマってしまったのだ。ここ10年は引きこもり状態だったらしいが、教会に自分が入る墓を用意して、静かに30数年の生涯を閉じた。この世でやるべきことをすべてやり終えたあとの自殺だったらしい。

忠彦の鍛えに鍛え抜かれたへそ曲がり人生の「強さ」は、長男の死を目の前にしていかんなく発揮される。深い悲しみを抱えたからといって、鬱に逃げ込まないのだ。自分でつくったプログラムを淡々とこなし、愚痴のグの字も言わない。たぶん長男は遺書のなかに「親父ィ、まっとうに生きろよッ」との一言か何かを忠彦のために残して逝ったんだろうと私は推測しているのだがァー……「酒に逃げ、鬱に逃げたとしても、誰も何も言わずにソッとして置いてくれるさァー……状況が状況なだけによッ、馬鹿は馬鹿なりでいいじゃん、大抵のアル中はよォー……ここぞとばかりに飲み狂うもんよッ、そして死んで行くのがお定まりのコースじゃん、死なない方がいいに決まってるんだけどよォー……忠彦無理しなくてもいいんだよッ、そのときはそのときで何とかするからよッ」と私は何度心のなかで囁いたことかァ……驚いたことに半年後、忠彦は長男の死の経緯をミーティングで話すようになってきていた。確かに何ヶ月間かは両肘を机に付いて、頭を抱えているポーズがほとんどだったが今はない。お見事としか言いようがない。プログラムを崩さない頑固さには、恐れ入谷の鬼子母神様々でよォー……弱いことは弱いが将棋にも身が入るようになってきている。勝負師の才能はゼロだ。弱過ぎです！ 萎縮した脳ミソには「棋理（30）」はムリです！

長男が亡くなった二年後だったか、慶子さんに京王断酒会の「ザ・体験談（29）」をお願いしたところ、心良く引き受けてくれたので、忠彦の悪行三昧の数々をタップリ聞かせてもらえた。初めて聞く話ばかりで開いた口が塞がらなかった。病気とはいえ、それほど酷い。我々アル中はこれほどの迷惑をかけ続けて、生きてきたということだ。さすがに長男の話になるとォー……涙ぐみ言葉にはならない。会場がシーンと静まり返り、慶子さんの痛みを全員が一緒になって受け止めている。みんなが次の言葉を待っている、静かに静かァーに生命の吐息を感じ取ろうとしている。幸子さんが「辛い思いを乗り越えて話してくれてありがとう。強いねェー」とアフターミーティングで感想を語っている。人間の弱さ、そして本当の強さについて考えさせられる瞬間だった。「強がっちゃいけません！弱いから病気になるんですよッ、自分の弱さを認めなさい！すべてはそこからです！」という私の主治医の原先生の言葉を改めて思い出す。

忠彦は今はある大きな病院に入院して、身体のあちらこちらを徹底的に検査してもらっている。本部事務所で会計の仕事をしているときに、フワーッと倒れたらしく、酒害相談員として傍にいた江戸川断酒会の孝夫さんが慌てて救急車を呼んで病院に運んでくれたらしい。何事かと思ってよくよく慶子さんに話を聞いてみると、どうもかかりつけの医者が、3年も病状が安定していないので「躁鬱の人でそんな人は見たことがない。今度はこちらのお薬を試してみましょう、もっと良くなるはずですから」と新薬のモルモットにしたらしいのだ。副作用で一時は体が斜めっちょになったりしていたが、今度は今度で救急車騒ぎだ。慶子さんが電話で「お薬が合わなかったんじゃないですか？」と聞いても「そんなことはありません。薬のせいじゃありません！」の一点張りで「話にならないのよッ」と言うので、「そこはもう止めときなッ、アル中さんが酒でどれだけ体を痛めてきたかもわからず、一般の患者と同じ扱いをして、血液検査の数値だけを頼りに薬を処方する医者なんてダメだよッ！　忠彦を説得して、原先生のむさしのメンタルクリニックに、予約の申し込みを入れてください」と告げた。「頑固者がアー、女房の言うことなんぞ聞かんだろうから、そのときはオレの出番だぜェッ」と私も今度ばかりは腹を括っていたが「行くって言ってます。早速予約を入れたんですが、今は一杯で空いたら連絡をくれるそうなのでしばらくは待機です。あんまり連絡がこなかったら私が先に行ってきます」ということなので、今回私の出番はないらしい。

忠彦の「持続力の源泉」は何なのかという疑問に対する答えは、結局のところ、素人にはわからないということになってしまいそうだ。ひょっとして9カ月も鬱の状態でいられるのは、その状態が忠彦にとって居心地がいいものだからかも知れないなァー、と思ったりもするがどうにも腑に落ちない。経験上躁鬱は大なり小なりアル中さんなら誰でも持っているものだが、私というアル中には「ドップリ鬱状態」は決して居心地がいいものじゃなかったからこそ、何とかそこから抜け出せないものかと努力したのだ。通院してお薬をもらって飲むだけじゃ、いい状態を維持するだけで「心の病」の根っ子はそのまま残っているんだと思う。シーソーの繰り返しは根っ子がクリーンな状態になっていないからだ。強いて探りを入れるなら、そのピンポイントは母親の死だと思う。否認という方法で、亡くなった事実をなかったことにしたところで、心の奥の奥ウーではまだ生きているのかも知れない。フンワリと柔らかな母の乳房を、今でも探し求めているのが忠彦のような気がする。

私は兄らの自死を認めたがらず、酒に酔っ払っては、良く記憶のなかにいる兄らと話をしていた経験がある。原先生に出会い、その診察室で私は最深部の記憶から掘り起こし、ガタガタ震えながら5年がかりで、ようやく「喪の完成（31）」をみている。「何とかなるもんなら何とかしたい」という「ヤル気」がなければ、どうにもならないかも知れない。「鬱のときはいいのよッ、大人しくしていてくれるからァー」と慶子さんは言う。70歳も過ぎたんだから、その方が「いいかもねェッ」とついつい私の本音が飛び出しそうになるが、言ってはならじ、思わずお口をつぐむこともあるにはあるがァー……

「喪の完成用アイテム」は何を使うのか……フィーリングでしかない。記憶を掘り起こすと恐ろしい物ばかり出てくる。一度「蓋が開く」と閉められない。行き着くところまで行くよりないのだが、果てがない。一日中ガタガタ震えている。支え手の先生の診察は一週間に1回だけ。次の診察までの6日間は気の遠くなるような時間の長さになる。耐え続けているとやがてハッキリ見えてくるものがある。辛い記憶の周りにあった「痛み」だ。痛いのが嫌だから逃げてきたのだ。なかったことにすれば少しだけ痛みが和らぐから、「あったのになかったこと」にしてしまっていたのだ。「痛みの感覚」が自分のものになって初めて「良く耐えたねェー、偉かったねェー」と自分で自分の忍耐強さを褒めてやることができる。アル中さんの一つ所の執着力の強さは、実は二度と痛い目に遭いたくないがために、居心地の良い場所に、年単位で留まろうとする「弱さ」に他ならない。現実は過酷だ。「認める強さ」がない人にとって「逃亡」は受け入れやすい方法であり、「否認」は、なくてはならない「生きていくための便法」なのだ。あってもいいものだ！　気がつかない人は、ソォーッとそのままでいいのだ。

忠彦の鬱状態の長さは逃亡生活の長さのような気がする。仮に母親の死を受け入れることができずに60年近くも逃げ回っていたとしたら、並みの「持続力」じゃないのは確かなことになる。当たらずとも遠からずでェー……何ともはっきりしない腹の立つヤツだがァー……躁は私には無理です。土台躁鬱に興味を持って好奇心がくすぐられるなんぞォ……変人以外の何者でもない証拠かなァー……安定した心の状態とはどういうものなのか、一度は経験したいものだがァ……

『いばしょ』では所長のオーダーで自分の奥さんのことを「慶子さん」と「さん」付けで呼ぶ。忠彦は「うちのヤツ、うちの奥さん、うちのはァー」となかなか慶子さんを「さん」付けで呼べない。懇談会で「うちの慶子さん」と呼べるようになるのに2年もかかっている。顔を真っ赤かにして、鼻水垂らして、まったくもって締まりがないヤツだァー……こんなんで照れているようじゃ「私はマザコンです」と自分で認めて世間様に公表していると同じじゃありませんこと?……マザコンのアル中には女性の先生がいいのよッー……男の先生だと、アル中は生意気なヤツばかりだから、言うことを聞かないのよォー。時間ばかりかかってしょうがないのよォー……そのうち男の先生に対して文句タラタラになって、結局通院しなくなり飲んで死んで行ってしまうのよッ！原先生が手すきになって一日も早く診てもらえるといいのになァーと願っています。忠彦もお年を召した典型的なマザコンですのでェー……

それにしても車椅子とは格好よすぎだァー……野っ原に放っぽり出されて、野たれ死んだって文句は言えない立場だべさァー……格好よすぎるぜェッ！　二本の自分の足で歩ける日が、一日でも早く来るように祈っています。いつまでも慶子さんに甘ったれているんじゃありませんよッ！　とは言うものの、忠彦の今回の闘病生活は長引きそうな気がする。静かに見守って行くしかない……

追記

平成24年12月31日現在、忠彦は車椅子状態で、原先生の診察を1回受けている。「ようやく原先生につながることができましたァー」と、慶子さんから連絡をもらっている。大変な患者を先生に押し付けてしまったようで、ほんの少し心が痛むが、慶子さんの心労を思うと、原先生に頭を下げてお願いする以外に、私ができることはないのだ。私の無力さは私自身が一番良く知っているつもりだ。私が精一杯できることといえば、『いばしょ』ではどうにもならない仲間を原先生につなぐことくらいだ。

追追記・訃報

平成25年1月1日、忠彦は肺炎を併発して緊急入院。点滴状態でベットに横たわっている。慶子さんと話すのは私も辛い。私にできることは情けないことだが何もない…

平成25年1月14日午前7時15分、忠彦は多臓器不全状態のままで71年の生涯を閉じた。同日午前4時15分に私の枕元に立ち「先に行っています」と現世でのお別れにきてくれた。この日は朝から大雪、私は忠彦の霊と共に江戸川断酒会45周年記念大会に出席している。茫洋とした暖かい雰囲気を醸し出していた好々爺は『いばしょ』の仲間に沢山の心温まる思い出を残し、黄泉路へと旅立った……惜しい生命をまた一つ失ってしまった悲しみは言葉ではどうにも表現できない……悔しい……唯々悔しい……

先にお墓に入っている長男に向かって照れ臭そうに「いやァー、どうも、どうも、申し訳ない」と言っている忠彦の姿が、私にはハッキリと見える。「またァー、何を馬鹿なことをやってきたんだ！」と父親を叱りつつ心のなかでは「まァー、いいか」と忠彦を許している長男の姿も絵になって、私には見えている。母であり妻である慶子さんの深い悲しみはいかんともし難(がた)いがァー……

生命を失うのは悔しいし悲しいものだが、人が生き物である限り避けては通れない道「今ここにある生命を精一杯生かそう、生かすために何ができるのか」との問いを私に投げかけてきているのも事実だ。答えはない。私がこれしかないと思うことを『いばしょ』でやるしかないのだ。忠彦にもそうしてきたのだがァー……お別れは悲しい……唯々悲しくて辛いものだ……

【註】

（27）番場の忠太郎：1955年公開の日本映画。中川信夫監督、新東宝制作・配給。主人公の忠太郎は生き別れた母を求めて旅を続けるも、やっと対面した母に冷たくあしらわれ絶望する。

（28）成増厚生病院：1959年（昭和34年）に開設。以来50年に渡って地域に根差した先進的な精神医療に取り組んでいる。

（29）ザ・体験談：京王断酒会では年に4回、アルコール依存症者本人やその家族の中から1人をゲストとして呼んで、1時間の体験談を語ってもらっている。

（30）棋理(きり)：囲碁、将棋の理論。

（31）喪の完成：人の死を受け入れ、心から冥福(めいふく)を祈ることができるようになること。

９．まだまだ甘えていたかった匡

匡を語るにはどういう両親に育てられたのかをキチッと把握しなければならない。数少ない親に関する体験談から探りを入れていくのは、かなり困難な作業になると思うが、私の好奇心を満足させるためにはやるっきゃない。私の会社で事務員をやっているおゆうが「豊さんは本当に人が好きなのねェー」とさもさもわかったようなことを言うが、そんな大層なもんじゃねェのよッ、興味が湧くととことんやらなっきゃ気が済まないだけよッ。「知りたがり病」という病気の一つらしいんだわさァー、幸子さんに言わせるとねェー……

両親の結婚は母親が25歳、父親が27歳のときで世田谷区の南烏山の団地住まいからのスタートだったという。匡は一粒種だ。父親は警視庁でとんとん拍子に出世して、警視正まで務めた人だが、母親はまったく正反対の人でェー……特にお金にはルーズな人だったらしい。「貸したお金を返してくれないんで困っているんです」と職場の警視庁に電話があり、匡の父親は頭を抱え込んだこともあったという。父親は母親がつくった２０００万超の借金を返済するために、57歳で割り増し退職金をもらって退職したという極超堅物男だった。きれいさっぱり借金を片付けた翌年、58歳のときに母親と離婚している。匡が29歳のときだ。

匡の母親は、店員に対して常に女王様でいたい「買い物依存症」という病気だったようだ。そんな人が匡の産みの親とはァー……匡が断酒会で語る幼少期の体験談には母親も父親も登場しない。その理由が何となくわかるような気がする。母親は洋服や貴金属などで自分を着飾るためにパート先で横領まで働くような人だったらしく、匡名義でサラ金にも手を出している。匡も22歳頃からパチンコにハマりサラ金から借金をし、にっちもさっちも行かなくなった挙句、母親と一緒に銀座の法律事務所に行き、債務整理を依頼している。結局二人合計で８００万近くあった借金を、この親子は結婚したばかりの若干24歳の新妻の佳代さんに丸投げしたのだ。10年以上に及ぶ月々の借金返済に耐え、その間に三人の子供たちを産み育ててきたのが佳代さんだ。アル中と一緒になるような女性は、良いにつけ悪いにつけ、並の強さじゃない。

それにしても何という母親だ。これじゃ息子にまともに育てという方が無理でしょう。匡は幼稚園には行ったらしいが、その頃の話をしたがらない。芦花小学校に入学しても友達は一人もできない。小４の２月に父親が千葉の柏市に家を買って引越している。藤心小学校に転入して野球をやり始め、その野球を通して部員のみんなと話すようになったのが、人との「話し始め」だったという。匡はすでに10歳になっている。自己中心的な母親にとっては我が子ですらお邪魔虫なのか、機嫌が悪くなると匡を小突き回し、ものも言わずにいきなりベシッとひっぱたいたという。手料理など一切なく、買ってきた惣菜だけの食事だったらしい。総菜の品数は豊富だが、偏食という弊害を生んだ。『いばしょ』にきたばかりの頃は40過ぎのオッさんが、「椎茸や人参は食べたことがないんで食べられません」だの、魚介類が嫌だの肉ならいいだのと、傍目にはぜいたくとしかいえないようなことばかりを言って、食事当番さん達を目一杯泣かせている。あまりの偏食に「匡！　チョッと来い」と言って聞いてみると「自分は食べたことがないのでエー……」と真顔で言うので、一瞬目頭がウッと熱くなってしまった。「食べられないことはないから努力してごらん」としか言いようがなくなったことを思い出す。それにしても腹わたが煮えくり返る話だ。まともに育てらないのにィー……子供が好きでもないのにィー……なぜ？　何ゆえに、この世に産み落とすんだァー、馬鹿たれがァー……夫が産めと言ったから仕方なしに嫌々産んだとでも言いたいのかァー……匡の誕生はセックスの副産物に過ぎず、所詮母親のアクセサリーの意味しか持たなかったのかも知れない。匡！　豊さんもそうなんだよォ……この業界には良いも悪いも、そんなのばかりがゴロゴロしているからねェ……一人ぽっちじゃないということだけでも頭のなかに入れて置いてごらんなァー、結構勇気づけられるからねェー……。情けない話は話なんだけどよォー……どんまいドンマイ！　匡の人生はまだまだ先が長いんだからねェー……

私もそうだったが友達ができないと「一人遊び」をする子になり、本来人が持っている「関係性を築く」能力が備わらなくなってしまう。９人でプレーする野球は一人でピッチャーをやり、一人でキャッチャーをやり、一人でバッターをやる。当然状況説明には欠かせないアナウンサーもやる。トランプや将棋などの二人でするゲームは、一枚一枚、一手一手入れ替えて、相手のパートまで一人でやる。遊びの種類に応じて、一人の子のなかに何人もの種類の違う人がいるようになる。そうでないとゲームが成り立たないからだ。アル中さんにどれだけ筋道を立てて話したところでちっとも埒が明かないのも、「やる、やる」と言いながらやらないのも、彼らの心のなかに様々な人格が存在する「多重性」があるからに他ならない。「口ばっかり達者で中身がないんだからァー」と私も幸子さんに良く言われたが、体験談を通して「一人の人のなかには一人しかいない」状態になるまでには相当な時間がかかるのも、止むに止まれぬことで、自分の体験談さえできていれば、いつかはその多重性も一本化されて「一人の人のなかには一人しかいない状態」が完成するもんです。体験的には3年から5年くらいの辛抱かなァー……なかなかそう上手くいかないのも事実だけどさァー……やるっきゃないでしょう……ここまでくりゃァー……

小学校を卒業後、公立の逆井中学校に入学してまた野球部に入るが、中1でワルたち5人組のメンバーにしっかりなっている。匡が言うにはワル以外に友達ができなかったらしい。最初に声をかけてくれたのがワルゆえ、匡も中1からワル街道一直線人生が始まることになるが、本人は心底からのワルじゃない。生一本な部分と投げやりな部分が同居しているだけで、私の役目は「生真面目生一本匡」を発掘してサポートしてやればいいだけだ。基本形はマジなので、今後さしたる難問は持ち上がってこないような気がしているがァー……？　さァーてッ、どうなりますことやらァー……

ワルたちと一緒に酒、タバコ、シンナー、万引き、カツアゲ、女の子とのペッティングなど、ガキの脳ミソで考えられる限りのありとあらゆることをやったらしい。ところがどっこい、15歳で中学を卒業すると何を思ったのかシンナーも卒業し、きちんと県立の全日制普通科高校に入学している。ワルたちとも手を切って真面目な高校生活を送ろうとしたに違いないのだがァー……。話し相手も遊び相手もいなかった一人っ子で鍵っ子の匡には、一時の淋しさをしのぐ格好の手段がワルたちとの遊びだったのかも知れない。父親と母親を足して二で割ると、今でもマジとワルが同居している匡像が浮かんでくる。野球部は高1だけで高2、3はサッカー部に所属している。身体を動かすことが好きな子だったから、ズルズルとワルの道に進まずに済んだといえなくもないのだ。スポーツ好きは匡の運の強さだ。スポーツはいい。

高校卒業後は魚関係のスーパーやエレベーターの製造販売会社に勤めたりしたが、21歳のとき父親に東京消防庁の受験を勧められて、3度目かの挑戦で合格した。渋谷区幡ヶ谷の全寮制の学校に入り、22歳で職員となって単身寮生活が始まっている。匡の弱点は無我夢中で何かに打ち込んでいるときは、まったくぶれずに頼もしさすら感じさせてくれるのだが、重荷から開放されて時間を持て余すとワルさの虫がガサゴソ動き始めて、やらなくていいことをやってしまう。そして反省と後悔を繰り返し、持って行く場がなくなると妻の佳代さんに当たり、子供たちをどやしつけるというパターン、即ち「お子ちゃま心」そのものを未だに後生大事に持っている。「単身寮が暇でつまらないところだったから」と言ってパチンコにドボッとハマって行きますか？　マジ顔でパチンコやったらァ……匡のことだわサァー……どぼどぼドボッとハマって行くに決まってるさァー……自分の稼ぎじゃ足りなくって23歳でサラ金に手を出し始めるなんザァー……早過ぎません？　匡の場合は酒よりも先にパチンコで、打ち始めたらアドレナリン効果で全神経がグッしょり濡れそぼるまで、それこそ射精にも似たエクスタシーが得られるまで止まりませんでしょう？　射精を寸止めされたら気分は最悪、過去完了形になるまで意地こいてしごき続けるようなものでしょう！　酒は身体にガタがくるから、どんな形にしろいつかは止まるが、パチンコはサラ金地獄さえ肩がつけばアウト、アッという間に復活しますよッ、豊さんは「止めろ」とは言いませんよッ、やるもやらぬも匡の胸三寸ですよォ……「やってません」と言ってるけどォー、こいつッー、ひょっとしてやってるかもォー、という豊さんの「疑惑の目」を感じてくださいねッ！

匡の毎日365日飲酒は26歳頃からで、アル中としてのデビューは奥手の部類に入る。それほどパチンコに入れ込んでいたということだ。もうこの頃にはサラ金地獄にスッポリハマり、ハマっているがゆえに酒にも拍車がかかったということになる。酒の力を借りて歌舞伎町の路上で声をかけたのが、のちに奥さんとなる佳代さんで、匡28歳のときだ。出会いとは不思議なもので、フィーリングがピタッと一致したという。「結婚するならこの人しかいない！　とそのとき自分は感じましたァー」と顔を真っ赤かにして話す初々しさは今も健在だ。「だったら大事にしろよッ」とも言いたくなるが、やれッ！　と急に言われてできるものではないので、そこをグッと堪えて話を進めていくことにする。それにしてもさァー……アル中に見初められた女性はよォー……気の毒でなァー……

結婚すると決めたらその一心で、他は一切目に入らなくなるのが匡の一本気質、たとえ嫌な母親のツテを利用してでもいいから、債務整理しなければ結婚はできないと思い込んだらしい。匡のラブストーリーを聞いていると、ほとんどストーカー行為に近いものだが、21歳の娘さんには一途な思いとして映ったんでしょう、2年後には新宿厚生年金会館で「できちゃった婚」を挙げている。匡の両親はすでに離婚していて出席は父親だけ、佳代さんの両親もまた離婚組で母親だけの出席だった。借金返済を丸投げされてもOKする一途な思いとはァー……佳代さんもそれほど匡が好きだったということかァー……不思議フシギの国のアリスちゃんかァー……佳代さんもまた波瀾万丈の生き方を選択したということになる。

匡30歳、佳代さん23歳のときに第一子長女の帆乃加ちゃんが生まれる。匡の母親が病院に見舞いにきたのは一度っきりで、この時期に両親と食事をしたのを最後に、それから母親にはまったく会っていないらしい。そんな母親の話をあまりしたがらないのは当然のことで、「知りたがりやん」の私が無理やり話をさせようとしても、目頭がすぐウルウル病にかかって要領を得ないのが今の匡だ。２年後に長男の歩弥矢ちゃんが生まれ、その更に2年後に次男の飛呂弥ちゃんが生まれ、人が羨む一姫二太郎の父親になっている。父親になる喜びは格別のものだが、それとは別に心のどこかでは、望んでも叶わぬ母親の温もりを欲しがり続けている。身体は大人でも心はオッパイを欲しがる赤ん坊のままなのだ。妻の佳代さんが赤ん坊に乳房をふくませている姿を見て、胸が締め付けられるような息苦しさを感じるのは匡だけではない。私もそうだった。父親になった匡本人が、訳のわからない「温もりへの憧れ」や「欲求」に振り回されて苦しんでいるのだ。

匡の「淋しがり病」は桁外れだ。西東京市の家族寮に転居後、数回母親から電話をもらったらしいが、その後はプッつりと連絡が途絶え、今はどこでどうしているのかさえわからないという。「居ない方がいい母親」からは何ももらえないんだということは十二分にわかっているはずだが、無いものねだりは匡の心が大人にならない限りなくならない。生まれたときから母親に邪険にされると、成人しても心が冷え切っていてなかなか温まらない。現実の匡の周りには、妻も子たちも職場の上司や同僚も『いばしょ』の連中も断酒会の仲間もいて、それらの人々の温かさを受け取ればいいだけなのだが、受け取る器が育っていないと、それができないのだ。質(たち)が悪いことに、その器は1日に数10分の1ミリ程度しか育たない代物(しろもの)なので、匡の心は今もって冷え切っているのが実情だ。確実に温かくなってきているがァ――……まだまだ時間はかかる。時間とは、一滴も酒を飲まない「長さ」のことだ。途中で飲んじゃ最初からやり直しになるのが、この「器」づくりだ。そうさなァ――、10年20年単位の時間がかかる代物かなァ……

36歳でアルコール性肝炎と診断され、薬物治療と注射治療を受けるが1ヶ月で止めてしまっている。この後の6年間の匡は修羅地獄(しゅらぢごく)を彷徨(さまよ)うことになる。酒にパチンコに女買(おんなが)いと荒れ狂って行くのだ。不倫(ふりん)騒ぎを起こしたのは41歳のとき、この年の元旦の日に家族を家から追い出している。どうにかこうにか荒れる匡を宥(なだ)めすかして、家族は家に帰ることができたものの、次男の飛呂弥ちゃんの小学校の入学式の前々日の4月4日、またもや暴れて家族を家から追い出している。思い余った佳代さんは匡の職場の上司に救いを求め、上司に説得された匡をぎりぎりセーフで入学式に出席させることができた。当の匡は職業が火消しのくせに、自身が火元に成り下がって御用の身となり、ついに井之頭(いのかしら)病院[32]に入院させられることになる。私が匡に会ったのはこの井之頭病院の院内例会(いんないれいかい)[33]だった。入院中に「ニコニコにっこりしているヤツにゃ酒の止まった試(ため)しがねェやァ――」の代表みたいな男で、第一印象は超ワル状態だった。その匡が退院と同時に荷物ごと『いばしょ』にきたのだ。私の目は、匡に関しては節穴(ふしあな)でしかなかったのだ。

「自分は作業所に行くつもりはなかったので『いばしょ』に来ました」と3年前の7月7日の七夕さんに入所した。おどおどした不安気な表情を浮かべて、ソワソワと落ち着きがない。院内例会や三鷹市断酒会(みたかしだんしゅかい)で何度も会って、私とは顔見知りのはずなのに、時と場所が変わると、カチンコチンになってまともに口も利(き)けないでいる。身体(からだ)の中心から、カックンカックンと小刻(こきざ)みな震えが伝わってくる。「こんな情けないヤツに断酒ができるのかよォ――」と思いつつも、私はベストを尽くす以外に手はない。「体験談以外は話さなくてもいい。それもガタガタ震えるようなのを先にやりなァ――！　震えは必ず止まるときがくるからねェ――！　完全に震えが止まるまで、豊さんで5年かかっています。匡、やり続けられますかッ！」「はいッ！　やりますッ」生一本生真面目(きいっぽんきまじめ)匡の体験談に受(う)け狙(ねら)いはまったくない。厳しい話をより厳しく話すときなどは、感情の抑制(よくせい)が利かなくなり、むせび泣いたりもする。これぞ体験談という話ができる超大型新人の登場だ。これ以上はないというほど、好き勝手をして家族を泣かせてきたから話のネタには困らないないのだァー……と言えなくもないのだがァー……「話しにくいのをを先に話す約束」は今でも守られている。

「匡、将棋は？」と聞くと「子供の頃に駒の動かし方くらいはやりました」と言うので早速手合わせとなり、２、３番やってみた。ガチャメ方式で棋理も何もあったもんじゃないが、自分勝手に読み耽る集中力には驚かせられた。「よし、これだァー」と豊さん流の手ほどきが始まった。先手番ゴキゲン中飛車の一本釣りを一年以上もやらせている。『いばしょ』には４面の将棋板があり、酒で溶かした脳ミソの回復トレーニングに役立てている。同じ戦法を一年以上もやらせれば、脳ミソもその方向にはかなり働くようになり「ワザと負け」ではなしに、極まれに私の王さんがピンチになることもある。読み抜けがあると「豊さんそれは詰みです」と私の王さんを詰ますまでに上達してきている。ケーブルテレビの囲碁将棋チャンネルは匡の必須番組となり、この頃は他の戦法を将棋仲間と指すようになり、付きっ切りで相手をしなくても良くなっている。パチンコが将棋に取って代われば万々歳なのだが、そればっかりは匡次第ということになろうかァー……

42歳でアルコール依存症で井之頭病院に入院し、退院して９ヶ月後の43歳でようやく職場復帰を果たしている。「今度やったら最後だぞォー」と上司に言われて、匡は匡なりに頑張ってきている。この上司は匡の職場復帰の際には、匡の主治医と面談の上、最良の方法を取ってくれた情の厚い人だ。匡が感謝すべきはこの上司で、裏切りは許されない。一時は仕事が与えらず、ふて腐れたときもあったが、耐えに耐え切って、１年３ヶ月後の７月に、元の役職の小隊長に完全復帰している。宿直明けの日も眠い目をこすりながら『いばしょ』にきては私に将棋で叩かれ、翌る日は朝から『いばしょ』のプログラムをこなし続けている。匡のプログラムがオーバーワーク気味なのは百も承知の上だったが、これくらいの辛抱ができなければ酒は止め続けられるはずもなく、一年は私も匡も辛抱に次ぐ辛抱の連続線上にいた。「お子ちゃま心」を大人にするためには避けて通れない試練の道なのだ。匡の疲労がピークに到達する寸前のところで「明けの日は『いばしょ』にこないで、家でゆっくり過ごしなさいッて、豊さんに言われたんだけどオッて、佳代さんに話してごらん。佳代さんを睨みつけたり脅かしたりしないで、ゆっくり話をするんだよッ！　佳代さんが〈わかりました。家に居てもいいですよッ〉とOKを出したら、OッKェーだよッ」と私が匡に話をしたのはつい一ヶ月前のことだ。佳代さんは「今の匡さんには何の不安も感じていないんで、家に居てもいいですよッ」ということで、OKを出してくれたらしい。匡は喜び勇んで「佳代さんと穏やかに話ができました。佳代さんがいいと言ってくれたので、そうさせてもらいます」と私に報告にきてくれている。「家族に迷惑をかけたときの体験談をやり続けなさい」という私のオーダーも、きちんと守っている。がァー……所詮匡もアル中、すべてがいい訳ではない……

「明けの日に子供の友達が家に遊びにくるようになりましたァー」と例会の中で話す姿は立派そのものなのだが、何せ「格好MAN」なので佳代さんから内実を聞くまでは、匡の話は鵜呑みにしない方が無難でしょう。とは言うものの匡は確実に変わってきているし、私が思うにイー……この人の人懐っこさは断酒会の宝物だ。願わくば今のスタンスが10年20年と続けば万々歳なのだがァー……明日をも知れぬ運命を背負ったのが我々アル中族、プログラムあるのみですゥー……

東京断酒新生会では新人発掘の場として、酒なし忘年会で「酒乱止み五人男」を歌舞伎調でやる。全会員が毎年とても楽しみにしているメインイベントで、ずっこけ調の体験談を台詞として大舞台に乗せる。平成24年度の五人男の一人として匡は初舞台を踏むことになっている。今は9月、毎週日曜日は練習に充てられているはずだ。かなりハードなスケジュールなので、時折り中抜けして酒に手を出してしまう人もいる。断酒歴2年と少々……いかがァー、あいなりますやらァー、乞うご期待……

【註】

（32）井之頭病院：東京都三鷹市にあるアルコール依存症治療病棟を備えた専門病院。

（33）院内例会：アルコール依存症治療プログラムの一つ。入院中のアルコール依存症患者がその専門病院を退院して断酒に成功した人たちの体験談を聞く。

10．見かけによらず真面目な孝二

孝二の両親はお見合い結婚だったらしい。何かの折、孝二の父と祖父が宿屋に泊まったときに、そこでお茶汲みバイトをしていた女性から、「家に年頃の娘がいるのでお宅の息子さんとお見合いをさせてもらえないか」と頼まれて、全員の了解の下でお見合いをすることになり、若い二人はそこで始めて知り合ったという。この若い二人がのちに孝二の両親になるのだ。父親が28歳、母親が26歳だったという。孝二は2歳上に兄がいる第二子次男坊だ。後々孝二が31歳のときに母親は59歳で夫と離婚するが「酒癖があんなに悪いとはアー……知らなかったのよッ。一回やったら、お前ができてしまったのよッ。じゃなきゃあんな人となんかと結婚なんかしてないわよッ」と孝二に言い残して家を出て行ったらしい。随分と酷いことを言う母親がいたもんだ。「私の母親もそうだったなアー」と感慨深げになってしまう。私がまだ4歳の頃だったと思うが、無銭飲食やら恐喝未遂やらで、とっ捕まって網走刑務所通いをしている父親に向かっ腹を立てていたのか、それとも私が何か気に入らないことしたのか母親に「豊！　止めなさい！　お前はオヤジにそっくりなんだから」と叱り飛ばされている。このとき放った母親の一言が「犯罪者の子」と意識しながら育って行かざるを得ない、重い重ォーい言葉となって私の生涯を左右することになる。放言した母親にさしたる思いはなかったのだと、今は理解できるが、受け手側の子はアウト、一生涯の心の傷を負わされることになる。痛ましいミスマッチとしか言いようがない。「居ない方がいい母親」はどこにでもいるもんだアー……孝二の生き様は結構入り組んで複雑化している。

孝二は昭和44年7月に北新宿2丁目で生まれている。父親は大工で、雨で仕事にならないときを除けば真面目に働きに行く人だったらしい。ただ酒を飲むと母親を相手に一晩中愚痴るタイプで、どうにもこうにも始末に負えなかったらしい。孝二の父親のイメージは酒にタバコに博打だという。仕事のないときは、大工仲間を家に呼び、母親に接待させながら花札、チンチロリンに興じるのが常で、母親も接待方々仲間入りしていたという。4、5歳の頃には大人の傍でジッと見ていて自然に覚え、誰かがトイレか何かで中抜けするときにはピンチヒッターとして、一丁前に相手をしていたというから恐れ入谷のませガキだ。家庭内博打の他に記憶にあるのは競馬中継だというから、孝二の父親はいわゆる「ギャンブル依存症」で、母親も母親で洋服やアクセサリーなどを買い漁って自らを着飾って慰める「買い物依存症」だったのだ。母親は保険の外交員を50代後半までやっていたらしいが、利息込みで2000万ほどの借金を抱え込み、早期退職で退職金をゲットして完済するつもりが、尚足りず、最終的には弁護士に頼んで自己破産を選び、借金にケリをつけたという。両親の熟年離婚の原因の一端はこんなところにもあったのかも知れない。孝二はそんな両親の病気の影響を、2歳年上の兄とともにまともに受けている。このタイプのアル中を、我々の業界では「なるべくしてなったアル中」と言うがァー……癪に障る言い草だよなァー……

生まれてすぐに小田原にある母親の実家近くの叔母さんに、数ヶ月預けられていたという。母方の親戚の通夜の席で、その叔母さんに「覚えてる?」って聞かれたらしいが「へえッ、オレ預けられていたんだァー」と思った程度で、当然のごとく生まれてすぐの記憶などあろうはずがない。母親は0歳児保育に通わすことができたらそうしたんだろうが、たぶん誰にも知られたくない事情があって、嫌々そうせざるを得なかったんだろうなァー、と私は推測している。2歳のときに父方の叔父が住んでいる近場のビレイ荘に引越しているとのこと、当時の記憶が孝二にあるとは思えないが、プロフィールを私に提出するのがキッカケとなり、何かを手がかりにわざわざ親戚のことを調べてみたんだろう、その生真面目さに私の方が驚いている。叔母は肺結核持ちで、叔母さんは寝たきりだったらしいが「生きていたァー」とビックリマークで書かれてある。そして自分の出自にも関心を抱いたに違いない。3歳のときにトイレの瀬戸物のレバーが折れて、右手親指を切った時には、父親がダッコして春山外科に駆け込み5針も縫ったという。32歳の若い父親が孝二の怪我の記憶とともに蘇るとは想像もしていなかったが、孝二にとってはとてもいい思い出に違いない。記憶にあるはずのないことがもう一つ書かれている。孝二は北新宿の下村医院で生まれた、と自分が生まれた病院名をキッチリ書き、その病院のあった周辺は、今では道路や高層オフィスマンションになっていることも踏査してきている。意外や意外、この生真面目さにも驚かされたがァー……どう見ても本人は田舎いなか臭アーい雰囲気の持ち主なのに、何となんと生粋の東京っ子、それも新宿っ子だったとはァー……聞いてみないとわからないものだ。開いた口が塞がらないとはこういうことを言うのかも知れないなァ……ひょっとして私だけがそう感じているのかもねェー……普段はナマコのような「ふにゃふにゃ孝二」を印象づけられているので、どうもプロフィールの書き手が、本人の孝二のような気がしなくて困っている。実際の孝二はマジなヤツで、結構硬派な一面を持っているのかも知れない。

4歳で新宿区立第七幼稚園に入園するが、毎朝毎朝「行きたくないッ、行きたくないッ」と駄々を捏ねて、母親を手こずらせる甘ったれ坊主だったらしい。父親がいるときに駄々を捏ねるとガツンと一発張り倒されるので、いい子ぶりっ子していたらしいが、あるとき父親が弁当を持って出かけたので安心してグズリ始めると、忘れ物を取りに戻ってきた父親にビックリして、ベソ掻きを止めて、大人しく幼稚園に行ったという。人の顔色を窺う術をもう身につけている。父親の機嫌次第でガラリと家の雰囲気が変わってしまう家庭では、子はいつもいつもビクビクして自分の身に危害が加わらないように身構えて、緊張していなければならなくなる。怖いのも痛いのも嫌だ。子の成長過程において、良好な人間関係を築く礎となってくれるものが、子育て時の「親のゆとり」とするなら、孝二の両親はともども落第だ。「駄々を捏ねる」のは子が発する「こんなの嫌だァー」信号なのだが、その信号を上手に受け取れる親はあまり見たことがない。路上で怒りに任せて子を引っ叩く母親は良く見かける。親も子を選べないが、子もまた親を選べない。

6歳で新宿区立淀橋小学校に入学する。ドジな子だ。小3のときに友達と追っかけっこをしていて、本棚を避け切れずにオデコをぶつけて、またまた春山外科の世話になって4針縫っている。さらに小5のときには廊下で、プロレスのアントニオ猪木の得意技、コブラツイストをかけられている最中、通りがかった給食のワゴン車に左小指をひかれて生爪をはがし、三度春山外科で手当てを受けている。ひょんなことで怪我をしてしまう落ち着きのないソワソワした子……また一方では犬の散歩が面倒くさいときには鎖を外して放っぽらかしてしまう子……どう見てもガキのくせに面倒ばかりかける可愛げのないヤツだ。私の頭には、場当たり的で投げやりな孝二のイメージがどんどん膨らんでいく。私もそうだが孝二のこの特質も、世間一般で言う「家庭的じゃない家」で育った子に共通した特徴なのかも知れない。ついでにもう一つマイナーなイメージを挙げさせてもらうと「弱ぶる」のが実に上手い。一挙手一投足が名人芸としか言いようがない。親切な人の同情を引いて生きてきたアル中が孝二だ。断酒会にはこの手の「弱ぶる連中」の何と多いことかァー……

孝二の父親は酒を飲んで酔っ払うと始末に負えない人だったらしい。いつも2歳年上の兄が標的になっていたという。無邪気に遊んでいる兄の首根っこを掴んでは、床に叩きつけて暴言を浴びせかける。そんな虐待の場面を何度も見せつけられたという。孝二のメモに「虐待とかは、されていない、キオクにない」「怒らせたら、殴られると感じていた」とある。父親にぶん殴られている兄は確かに虐待を受けていたかも知れないが、それを見てガタガタ震えていた孝二は、直接ぶん殴られていないので虐待は受けていないと言いたいらしい。しかし、ぶん殴られながらも父親の体温を感じている兄の方が、「ギリギリのスキンシップ状態」の親子関係にあり、孝二の方は無視され続ける蚊帳の外状態で、親子関係はまったくない。兄は夜間高校中退後、家出をしたり少年院送りになったり、20歳前半で一人娘を妻側に取られるバツイチになったり、一時は暴力団員にもなったりしたが、今は昼は喫茶店、夜は飲み屋を経営する立派な実業家になっている。しかも人を相手に商売をしているのだ。孝二は人が怖くて引きこもって、イジイジと酒を飲むだけのアル中になっている。違いは何か？　虐待はない方がいいに決まっているが、それでもギリギリ親子関係の世界に居たか居なかったのかが、二人の住む場所の違いになったのだと私は思う。極論とは承知の上だが他に言いようがない。

幼稚園、小1、2年くらいまでは自転車に乗せられて、母親の保険外交の仕事について行ったという。先々のオバさんにお菓子をもらったことがとてもいい思い出になっているらしい。反面兄はそんな甘ったれ孝二に焼き餅を焼いて、弟イジメは徹底していて、日頃から父親にぶん殴られてばかりいる腹いせもあってか、兄弟喧嘩になるとまったく容赦はせず孝二を殴る蹴るしたらしい。「助けてェー」と隣のオバさんの家に逃げ込んだこともあったという。ボコボコにやられて泣かされるのはいつも孝二だ。今でも男性に対しては自信なさげにオドオドした受け答えしかできないでいるのは、父親よりも兄の暴力が、より強く孝二には影響して、トラウマ状態になったに違いない。「男性は怖い存在、女性は甘える存在」との意識のなかで生きてきた孝二の脳ミソを変えるのは容易なことじゃない……弱ぶった甘ったれのくせに心はカサカサに乾いている。両親の不仲のなかで育った子たちが背負わされる宿業を思うと、私の心も重ォーくなる。どうやって心を開いてもらうかァー……

実に重い。

12歳で淀橋中学校に入学する。1年のときは先輩のバイト先のゲームセンターに入り浸り、2年のときにはマージャンを覚えてハマり、腹が空いたら立ち食いソバを掻っ込むのが孝二の定番になっている。中3のときに一年間の約束で西新宿の一軒家に住むことになるが、この時期にワルたちと一緒にタバコを吸うようになる。ヤニ臭い中3のガキが、女の子を好きになったからといって、簡単に相手などしてもらえるはずもなく、ワルたちオンリーの友達しかできなかったらしい。学校はサボらず毎日通学している。孝二のいいところを強いて挙げるなら、小中高と学校だけは休まなかったということになるだろうかァー……進路を決める母親との三者面談のときに「つまらない、死にたい」と担任に漏らしたという。社会性を学ぶべき思春期の子の言葉にしては、あまりにも意味深に聞こえるが、実はどこにも居場所が無かった子は、物心ついた頃からそう思っているもので、私は6歳のときに母親に「何でオレなんか産んだんだよッ」と放言している。この業界筋では珍しいことでも何でもない。劣悪な居住環境に育った子の生命は、いつも風前の灯状態にあるのは事実だ。

高校は都立中野工業高校の機械科だ。一年契約の一軒家から渋谷区内の藤井荘に引っ越し、またまたすぐに近場の本町荘に引越す。2年か3年ごとに次から次へと住まいが変わる都会の「流浪の民」が、孝二の家庭環境の位置づけだったが、この住まいは23歳まで両親との同居という形で、7年間だけとはいえ一箇所に定住した最長不倒記録となる。引越しの回数が多いと近所に友達ができないのは当然のことで、同年代の遊び相手は良いにつけ悪いにつけ学校にしかいない。だから休まず通学できたと言っても過言ではない。家に居るよりは学校の方がマシだったのだ。究極の淋しん坊っちゃまと言えるかも知れない。

プロフィールにさも自慢げに「高校の3年間はタバコ吸わなかった」と書いている。真面目な高校生、孝二を前面に出してアピールできるのが「タバコ吸わない」だけとはァー……情けないにもほどがある。16歳で原付免許を取得しているが、高校の3年間は特段のこともなく過ぎたようだ。高校卒業時の3月に普通自動車免許を取得し、5月に入って中型二輪免許を取得して調布市国領のＪＵＫＩミシンに8ヶ月勤務するが肌に合わず退社。19歳でＮＯＫの商用コンピューターの操作員として就職し、以後13年間勤めている。下戸の孝二が特訓に特訓を重ねて常用飲酒者になったのは19歳からで、仕事が夜勤なので早朝に眠れるようにと薬代わりに酒を飲んでいたらしいが、酒飲みの倅は倅らしく、すぐに友達と赤羽のお姉さんが相手をしてくれる店に通い始めている。飲み始めるとすぐ女というのが、どうもこの業界の暗黙の符丁らしく、誰しもがハマって散財させられてしまうのは悲しい現実だ。「淋しいなァー」と感じるや否や頭に浮かんでくるのは「酒と女」、アッと言う間に定番になって行き、更にさらにより刺激的な慰みを求めて突っ走って行ってしまう。ブレーキという代物は持ち合わせていない。

32歳になるまで親と同居していて、一人暮らしをする気配をまったく見せていない。19歳から32歳までの13年間はNOKで真面目に勤めていたが、酒に女にバイクに狂った人生は変わらずじまいだ。21歳のときに酔っ払い運転で400ccのバイクで単独事故を起こし、このときも通院中に「死んでれば楽なのになァー」と思ったという。何のなんの人はそう簡単に死ねるもんじゃねェよッ！　馬鹿たれ坊主がッ！　事故、入院、廃車、新車購入というサイクルを三度も繰り返して、33歳で酒の飲み過ぎが原因で身体がガタガタになり、ついには運転もできなくなってバイクに乗るのを止めている。

20代、30代の孝二はアル中街道をばく進する。父親との不仲は決定的なもので、修復不能状態が続き、24歳のときは喧嘩ついでに三階から突き落としてやろうかと思ったという。一人暮らしを始めていれば直接的な関係性がなくなるので、多少は違ったと思うが、孝二にはまだその力はなかった。29歳で芝病院に2週間入院する。飲み過ぎと仕事のストレスで声が出なくなったらしい。31歳では酔っ払った帰り道に誰かと喧嘩になり、振り向きざまに右目をぶん殴られて目が良く見えなくなったというから、酒が入るとアウト、素面の孝二が見せる弱々しさからは想像もできないほどの乱暴者になる。32歳で幻聴幻覚に気づくが、委細構わず飲み続けてアル中のフルコースに入る。命令口調の幻聴で、逆らうと電気で痺れさせられるような感覚だったという。怖ろしくなって町田の鶴川さくら病院に2週間入院し、退院と同時に勤め先のNOKはクビになる。ようやく33歳で親から離れて一人暮らしを始めるが、酒と女は切れず、ますます泥沼にハマって行く。

35歳のときにスナックで知り合った在日韓国人の男に、中国人ユキとの偽装結婚話を持ちかけられOKをして入籍している。謝礼金がいくらかはハッキリしないが、金目当てで承諾したことは事実のようだ。この時期には、今でも住んでいる中野区弥生町に引越して、セックスレスの偽夫婦を演じ、代償としてユキから月々4、5万受け取っている。ところがユキは2ヶ月同居しただけで出て行ってしまう。謝礼金も2回でチョン切り。しかし孝二はなんと3年半もユキの帰りを待ち続けたのだ。38歳のときに、ようやく騙されたことに気づいて離婚するが、この話を持ちかけてきた男に偽装結婚を「ばらすぞォー」と脅されて１５０万円をむしり取られた。どうにかして40万円は取り戻したが、残りの１１０万円は自分の名義で銀行のキャッシングやローンで借りた金なので、結局孝二が働いて一年後に返した。。美人局詐欺にあったというのがことの真相だろう。在日韓国人の男は40万円を返したあと「やばいんだァー、警察にパクられるッ」と連絡してきて、その後はプッツリ姿をくらましたという。時を同じくして中国人の女も消えてしまっている。不法入国した中国女性を使った、この美人局詐欺師は、孝二のようなアホ面した新たなカモを、今もどこかで探しているに違いない。

33歳から38歳の間の5年間で勤め先が7回も変わった。一社1年未満の計算になる。アル中の末期症状の一つだ。38歳のときにスナックの店員のあゆみに１７０万円貢いだのが最後で、孝二の勢いもここで終わる。『いばしょ』に出会う42歳までの4年間は入退院の繰り返しで、孝二と私が最初に出会ったのは井之頭病院の院内例会だ。まだ金は残っていたらしく自費入院していた。弱っちいくせにどこか生意気な素振りを見せている本当に可愛くないヤツだったと記憶している。11月に入院して3ヶ月勤め上げて2月に退院、最後の会社もこの時点でクビになり、ちょこっと『いばしょ』に顔を出してまた連続飲酒に入り、40歳で今度は松沢病院に入院し生活保護を受けた。生活保護を受ける際も不真面目そのもので、一回目の面接のときは「まだ１００万円残っているからダメ」、二回目は「プンプン酒臭いからダメ」、お金がなくなって初めて素面で面接に行かざるを得なくなり、何度も何度も足を運んでようやくＯＫが出て、生活保護を受けられるようになったというのにイ……このアホたれ孝二の不真面目さはここからが本番で、生活保護でもらったお金で酒を飲み、41歳でまた松沢病院に一ヶ月の解毒入院。「死にたい、死にたい」と言うのに限って生命惜しみするものだ。またまた『いばしょ』に顔を出しては消え、また酒を飲む。この状態を繰り返すので幸子さんが生活福祉課の担当者と連携して「今度飲んだらアパートを取り上げて施設に入ってもらいます」と脅しをかけ、再婚している母親にも説得してもらって、どうにかこうにか今があるのだ。

毎週月曜日、生活福祉課の担当者に飲んでいない無事な姿を見せてから『いばしょ』にくる。プログラムもきちんとこなせるようになってきている。一年間一滴も酒を飲まずに元気でいる姿は、いつ見ても実にいいもんだなァー、とつくづく思う。幸子さんのオーダーで今はトイレをピカピカに磨(みが)いている。「何でオレがトイレ掃除(そうじ)なんだよッ」と激しく抵抗していた孝二はもういない。「綺麗(きれい)にしてくれてありがとう。とっても気持ちがいいよッ」とみんなに言われてとても嬉しそうにニコニコしている。もう一つ孝二の偉いところは同じ体験談をしないことだ。厳しく自分を見つめないとできないことは断酒会員なら誰でも知っている。一日に三度のミーティングをやると、一度や二度は同じ話になっても仕方がないものだが孝二にそれはない。42歳で断酒が始まったのは、この業界では若手の方だ。若ければ若いほど溶(と)かした脳ミソの復元(ふくげん)は早い。無事に断酒が続いてくれることを祈るしか今はない……

11．棘とげしさが無くなってきた睦子

睦子は甘ったれなのか、わがままなのか、おきゃんなだけなのか良くわからない多面性を持っている不思議な女性だ。一口ではとても言い表せない、妙ちくりんな雰囲気も持っている。亭主は意気地のねェアル中の正則だ。４歳も年上の亭主のくせに「睦子さんは怒らせると何をするかわからない人だからァー」と言って、いつもビクビク怖がっているフリをする。尤もてんで当てにならない正則の言葉だから私は話半分しか聞いていないけどォー……。睦子は酔っ払った勢いで酒乱沙汰を起こす亭主に敢然と立ち向かい、一切脅しに屈しなかったらしい。よほど肝が据わっているのか、それとも天然の強さかだ。そのくせ悲しい思いに行き当たると「幸子さァーん」と泣きながら幸子さんに抱きつき「大丈夫、大丈夫だよッ、睦子は強いんだからァー」と慰めてもらう。そして、ひと泣きすると「アハハッ、私って馬鹿みたい」とケロッとするので、その場を見せられている方は、何がどうなっているのか、さっぱりサの字でまったくもって理解不能、意味不明になってしまう。アル中の私に女心などわかるはずがないのは事実でしょうォーがァー……睦子のことを書くなんざァー、私にとっては結構な冒険になるかもねェー……

山口県徳山市で父親31歳、母親30歳のときに第一子長女として生まれ、２歳年下には妹が一人いる。いろいろ睦子の話を聞いていると、どうもこの父親が曲者のような気がする。一級建築士でパチンコにのめり込み、サラ金に取り立てを食らってとんずらし、一家離散の憂き目を二度三度と味わわせている。睦子はパチンコだけと信じているようだが、大体こういう手合いは、それのみならず他にもいろいろ悪さをしているものだ。何はともあれ、31歳で初めて子持ちになるとはァー……男性としてはかなり嬉しいものがあったに違いない。無責任極まりない父親ではあるにはあったがァー……

睦子は断酒会につながって４年になる。断酒会の体験談のなかで、父親が癌で黄泉に旅立つ際に徳山に帰って「末期の水」

をやったという話もできるようになってきている。睦子38歳、父親69歳のときだ。「お父ちゃん、睦子の帰りを待っていてくれたんだねェー」と人からも言われ、自分もそう思っているらしいが、そんなことはない。生命の終わりは人智を越えるものだ。最近、老いた母親を介護施設に入れる手続きか何かで徳山に帰った際に、父親の生前の品々を整理していると、父親がカメラで撮ってアルバムに収めた睦子の写真が多数出てきた。その一枚一枚には手書きで「可愛い、可愛い」と書いてあったという。ギャンブルに狂い家族を塗炭の苦しみに陥れた父親への恨み辛みが、一遍に吹き飛んで行った瞬間だったというから、睦子の嬉し泣き顔が目に浮かんできて、ついついこちらも何とはなしにジーンと目頭が熱くなり、ウルウルさせられてしまった。今まで散々苦労させてきた睦子への父親からの形見のようなもので、睦子自身が予想だにしていなかったプレゼントに、その喜びようは大変なものだったろうと思う。それはそれなりに過去の清算方法としては単純でわかり易くていいかなァー、と私も思っている。嬉しいものは嬉しい、悲しいものは悲しくていい。これが逆バージョンだったら、それこそ入院ものだ。

5歳前後から睦子の記憶はかなりしっかりしてくる。河原幼稚園には何度か父親と手をつないで行ったことがあるというし、母親と妹が一緒に迎えにきてくれて、その足で診療所に行くことも度々あるほど身体の弱い子だったことも、プロフィールづくりで思い出したらしい。6歳で徳山市立岐山小学校に入学し、極々普通の学校生活を送ることになるが、一つだけ抜きん出たわがままぶりを発揮している。給食だ。あれが嫌だの、これが嫌だのと言っては担任を手こずらせ「残さずに食べなさい！　食べ終わるまで遊んではダメッ」と叱られている。友達が校庭で遊んでいるのを横目で睨みながら「エサ」と格闘していたという。残してもいいと言う先生はいい先生で、残さずに最後までキレイに食べなきゃダメと言う先生は悪い先生になっている。30歳過ぎて親になると、無意識に子供を甘やかしてしまい、取り返しのつかない苦しみを我が子に与えてしまうものだ。最初に口当たりが悪いと感じたものは「嫌いな物」として見向きもしない。「いいよォー、いいよォー、無理して食べなくてもいいよォー」と親に言われて、頑張って食べる子などいる訳がない。親が食べなくていいと言った物を、食べなさいと言う先生は大嫌いになっても仕方がない。親の「許し」が盾となり、頑なに「意地」を通そうとする。それが睦子の小学校生活の苦しみになるとはァー……何とも罪つくりな親だ。私は赤貧状態で育ち、泥だらけになって捨てられているリンゴの芯を拾って口に運んだ方なので、嫌だ虫睦子の「贅沢な我儘病」には何とも腹が立つけどォー。気持ちはわからなくもない。同級生の女の子に同じような子がいたのを思い出させてくれ、私に何かしらを考えさせてくれたテーマだっただけに睦子の「給食が食べれなかった私」のプロフィールには感謝している。とはいえ睦子はちょっとひど過ぎです。お肉はすべてダメ、トマト、キュウリ、大きく切った玉ねぎ、人参はダメ、母親はカレーライスのお肉の代わりに薩摩揚げを入れて食べさせたというから、正直言って、このバカ親加減には開いた口が塞がらない。睦子は「今もそうです」とは言わないので、今は何でもお口にお合いになるんでしょうォー……好き嫌いがあると、お料理の腕も上がらないんですよッ……ご忠告までェー……

小5の頃から家庭の雰囲気がギクシャクして、変なムードが漂っているのを感じ取り始めている。今までズーッと専業主婦で「ただいまァー」と言えば「お帰りイー」と返事をしてくれていた母親が、働きに出て家に居なくなったのだ。テレビ局の清掃に始まり、その後は天津甘栗の工場に転職したという。「誰も居ない家に入るのが怖かったァー」とは睦子の言葉だ。母親が働き始めた頃は、父親のギャンブル狂がエスカレートして行く時期と重なる。母親が居ないのを見計らって変な時間に父親が家に現われ、睦子が一人で家に居ると「タバコを買ってきてくれェー」とタバコを買いに走らす。急いで戻ってくると父親はすでに消えて居ない。閉まっていたはずの押入れの戸がほんの少し開いている。「貯金通帳を持ち出しているんだ」とわかったが、その事実を母親に話していいものかどうか、幼い心を痛めていたという。同じことを何度か繰り返されているうちに「またタバコを買いに行かされるッ」と思うと買いに行かされ、戻ってくると「ほらねッ、やっぱり居ない」と確信犯的な安心感すら得るようになっていたという。そんな父親を拒否することもできず、見て見ぬフリをして「言われるがままに反応せざるを得ない子になってしまっていたのォー」……睦子の口惜しそうな表情に浮かぶ涙が今も痛々しい。これが、私が口を酸っぱくして言う「大人という名の暴力」だ！　怒っても仕方のないこととわかっていても腹が立つ。まだまだ父親の愛情が欲しい年端も行かない10歳の女の子、おまけに父親はギャンブル狂。言いつけ虫などできるはずもない。ままならないのが人生なのよォー……

ショッキングな事件はこの8月に起きる。睦子が住む団地の盆踊り大会が終わり、家の前で近所の子と遊んでいると、突然家のなかから両親の怒鳴り合う声が聞こえ、恥ずかしいから止めに行かなければという思いに駆られて家に入ると、母親が「殺してやるッ」と喚きながら父親に包丁を向けていたという。必死になって母親にしがみつき、包丁を取り上げてもとの場所に戻したらしい。私には睦子がボロボロになって行く姿がはっきり見える。私にも同じ様な経験がある。母親をぶん殴って生活保護のお金を鷲掴みにして持ち出そうとする父親の足にしがみつき、何とか止めようとしたが、逆さ吊りにされて放り投げられ、柱に頭をしたたかに打ちつけて、翌る日の朝まで気を失ってしまった4歳坊主……10歳の睦子が一人で生きて行けたのなら、この親たちは「居ない方がいい親」だったのだが、親は親、子は子よォー、離れるなんざァー、無理だ！

12歳で徳山市立岐陽中学校に入学する。思春期に入った睦子はますます酷くなって行く父親のギャンブル狂に翻弄されて行く。大事にしていたラジカセが、ある日突然消えてなくなった。誰も何も言わなくても睦子にはわかる。父親が持ち出して売っ払ったか、質草にしたかだ。唯一の楽しみだったラジオの深夜放送はもう聴くことができない。あまりと言えばあまりだ。酷い仕打ちに睦子は唇を噛み締めてジィーと耐えるだけで何もできない。人は心の痛みを長期間持ち続けると頑なに心を閉ざし、他の人に心を開くことができなくなってしまう。ましてや大切にしていたものを父親に盗まれるという残酷な仕打ちを受けると、大好きだった父親といえども、その人自体を憎み続けることになる。憎悪は自らの心の健康度を失う元凶にもなる。睦子にとって父親は、もはや憎しみの対象でしかなくなっていたのだ。わずか12歳のときだ。あってはならないことなのだがァー……「親という名の暴力」は、かくも厳しい現実を子に突きつけるものなのだ。

夏休みに父親の博打による借金が発覚し、母親が泣きながら電話で夫の両親に窮状を訴えているのを聞かされることになる。程なく一家はサラ金の取立て地獄の猛火に飲み込まれて行く。父親の帰宅時間はどんどん遅くなる。母親が仕事で不在のときには、睦子の肩にドッガァーンと重い重ォーい取立ての対応が圧し掛かってきた。わなわなガクガク震えながら、怖いお兄さんたちの相手を睦子がしたという。不幸な星の下に生まれてきた「可哀そうな子」としか言いようがない。卑怯にも父親はとんずらし、無一文になるとまた戻ってくる。前の仕事は辞め、次の仕事を見つけてきては「資格があると、仕事はすぐに見つかるよォー」と嘯いているのを聞いて「借金して家出したくせに偉そうなこと言うなァー」と言い返したら、思いっ切り引っ叩かれたという。痛みに耐えながら心のなかで「死ねェーッ！」と罵ったという。少しずつでも返済が始まると一時的に取り立ては止む……ほんの一時だ。しかし、しばらくするとまた取り立てが始まる。ギャンブル狂の父親が嫌だからといって、睦子の意思で取り替えることはできない。

思春期は確かに社会性を学ぶ時期だが、親元を離れて一人で生きて行くことも叶わない幼い少女が、自分の意思とは関係のない受け入れ難い運命に翻弄されて行くと、当然のごとく精神的にも情緒的にもグチャグチャになって行く。ポワーんとした幸せそうな子を見ると、ひがみやねたみをベースにしたイジメに染まって行くものだ。睦子もそうした。学校では強面のアウトローになり、ワルたち以外は誰も睦子に近寄らない。「一人ぽっちの淋しさ」がまた胸のなかで大きく膨らんで行き、イジメの対象を物色しに学校へ行く。家庭で抱えさせられたストレスを吐き出す唯一の方法がイジメだったのだ。睦子はこのときまだ中学2年生、13歳の少女に過ぎない。

中3の一学期末の試験の結果は最悪となり、夏休みの後半には父親がサラ金地獄に耐え切れずに、無責任にもまたまた家出をする。母親は気狂いじみたサラ金の取立てから逃がれんがため、ついに離婚を決意し、9月の始めに山口を去り、実家がある長崎県口ノ津町へ娘二人と転居している。ここから睦子の生活環境は一変する。やりたくてやった訳ではないイジメ行為から逃れる絶好のチャンスでもあり、何よりもこれ以上、あの父親のギャンブル狂いに苦しめられずに済むという安堵感が、心に刺さっている棘をゆっくりゆっくり軟らかいものに変えていく。転校して数週間は不慣れがゆえの不登校もあったらしいが、元来が人懐っこい性格なので、言葉のイントネーションの障害を乗り越えると、新しい交友関係が徐々にできて、次第に学校生活が楽しくなり、成績も本来の睦子らしくグングン伸びて卒業までの数ヶ月間は、中学生らしい天真爛漫さを取り戻すことができている。波に乗る睦子は高校受験を県立と決め、見事、長崎県立口加高校に合格した。更に猛勉強してストレートで大学に行くつもりでいたが、残念ながら睦子15歳の薔薇色の人生はここまで、わずか一年強で終わりを告げることになる。やりたいことがすべてダメになる人生ほど辛く悲しいものはない。

大学進学の夢を絶ったのは母親だ。母親の稼ぎだけでは高校までが精一杯だったのだ。進路指導の三者面談のときに母親は、睦子の大学進学を担任の前できっぱり断ったという。睦子の時代なら親の援助を受けずとも、奨学金とバイトで、学費とそこそこの生活費くらいは何とでもなったと思うがァー……母と娘の意思の疎通がしっかり取れていて、自由にモノが言い合える親子関係ならば、そういう選択肢もあったと思うが、父親の存在がほとんどない家での母親の権力は、絶対的になっているもので「ＮＯ　ｉｓ　ＮＯ」に反旗を翻すことなど及びもつかない。従うより他ない家庭内システムが完全にでき上がっており、睦子もそれにドボーンとハマって口答え一つしていないのだ。夢を絶たれた娘の心に残されたものは、無残な敗北感と母親に対する反抗心だけだ。悔し涙を流すことができただけでも、そうでない人と比べればまだマシな方だったかも知れない。健康度の低い母親オンリーの生育環境では「無理解な母」と折り合いをつけることなど夢のまた夢の世界で、心はどんどん母親から離れて行く。悪循環は更なる悪循環を招くことになる。

夢を絶たれた16歳、高校2年の睦子は捨て鉢な学校生活を送る。勉強は進学するためにするものだと思っていたので、目標を失った睦子は、本来の勉学の意味を理解しようともせずに、「進学しないのなら勉強する必要などない」と短絡的に学びを放棄し遊びまくった。ねじ曲がった根性に気づき、自らの力で治す努力をするのは30年後のことであり、偶然にも幸子さんに出会えたからこそ「努力している睦子」が今存在している。もし幸子さんと出会えなかったら、生涯ねじ曲がった根性のままの状態が続いていたに違いない。授業をサボるのは当然のこと、テストは白紙で提出し、万引き、カツアゲ、タバコなどワルと言われることは何でもやっている。大人を騙すことに快感前線がくすぐられたというから、睦子はギリギリのところで人間関係のある社会に踏み止まっていたのかも知れない。この時期の睦子に対して母親は「お前はオヤジそっくりだァー」と憎々しげに言っていたらしい。睦子にしてみれば「お前のせいだァー」の世界にいる以上、何を言われようともどこ吹く風で気にも留めていない。この母娘関係の回復は、遠い遠ォーい道程で、多くの場合は、通常の母娘関係を取り戻すことは生涯ない。

17歳、高校3年の睦子は、就職組の中でも飛び切りの問題児ばかりが集められたクラスに放り込まれ、自分もやりたい放題をやっている。担任の50代の男性教諭のことは、クソジジィ呼ばわりで、嫌で嫌で仕方がなかったという。父親に裏切られた睦子にしてみれば、担任とはいえ所詮は男、男は並べて裏切り者に過ぎなかったに違いないがァー……しかし、この担任の男性教論は少し違ったのだ。睦子の話を根気強く聞き、親身になって相談に乗ってくれたという。「何か資格を取らなければダメだ」という言葉に、その気になったのは「この先生のお陰だァー」と睦子は今感謝している。睦子のプロフィールにある一文はそのときの痛切な思いを伝えているのでそのまま転載する。

「……資格を取りたい理由は「資格がないとお母さんみたいになるから」夏休み直前、看護学校の受験を決める。夏休みは遊びと勉強（補充講義）の毎日、友達はみんな就職組だったから補講はなかったけど、私の補講が終わるまで待っててくれた。この夏休みが一番充実していたなぁ。成績が一番に戻る。「お母さんは私が帰ってこられないような遠くに行けって言ったじゃない」と看護学校は東京に決める。9月両親復縁。一人で叔父宅に居候することになる。私を置いて三人が山口に戻ることに対して、何も感じなかった。両親が復縁することに対しても。あーそーって感じ。

私を除く三人が山口へ戻る朝。さっさと歩く父と妹、「身体に気をつけなさいよ」と言って去る母。確かに母は泣いていた。でも三人は一度も振り返らなかった。私は玄関で三人の後姿だけ見た。三人の姿が見えなくなって、友達に泣きながら電話をした。「みんながいるからね」と慰められた。

叔父の家では気を使った。ご飯のおかわりができなかった。でも、お腹が空くから、食パンを買って隠して置いてそれを食べた。みじめだったけど、そんなことはたいしたことではなかった。目標、「看護学校入学」があったから……」

18歳のとき、関東逓信病院付属高等看護学院（現ＮＴＴ東日本関東病院）に入学。当初から目立つ存在で頼り甲斐のある人と見られていたらしい。「子供で居てはいけない」家庭環境で育ったがために、心のなかの淋しさを表に現すことなく、子供で居ながら大人のような振舞いをする。ギャンブル狂、サラ金地獄という修羅場を生き抜いてきた、鍛えに鍛え抜かれた存在感がこれだ。何かに縋りついていなければガタガタと崩れて落ちて行く脆さを内に含んでいる存在感と言ってもいいかも知れない。その脆さが看護学校2年の19歳のときに真っさらな状態で表に現われる。5月4日深夜2時頃のディスコでの正則との出会いだ。当時24歳の正則を一目見て「あッ、この人だァー、この人と結婚する」とのインスピレーションのド壷にハマっている。睦子の心のなかの淋しさに、スーッと入ってくる同律のメロディを奏でている淋しん坊っちゃまが、今の夫君の正則なのだ。

20歳の卒業を間近に決心したのは、就職は正則さんのいる東京ですること、メンタルケアをライフワークとし、精神科病院に勤務することだった。今にして思えば正則が精神疾患の一種であるアルコール依存症になったのも、何かの巡り合わせのような気がしてならない。都の職員試験を経て都立病院に就職を決め、21歳で精神科救急病棟に配属されるものの、その年の7月に妊娠し「1年生が産休入りとは前代未聞だァー」と看護部長から叱り飛ばされたという。退職止むなきかのピンチから病棟の先輩たちが「守ってくれ」8月に正則と同居を始め、10月6日に入籍したという。22歳の3月12日に女の子の双子ちゃんのママになり、二人の子たちの顔を見た瞬間「正則さんに似ているゥー」と思ったら感激して涙が出たという。育児休暇一年後の復職に向けて職場に近いところに引越し、23歳の3月に職場復帰するもまたまた妊娠。12月23日に今度は男の子に恵まれている。24歳から再度職場に復帰し、15年後の39歳で数々の試験を経て看護師長に昇格している。

何とも頑張り屋さんの睦子であることよッ！　正則なしの人生など考えだにしない睦子の一本気人生が、いよいよ本格化するのはこれからだがァー……睦子の人生ままならずゥー……42歳のときの5月4日に正則がアルコールてんかんを起こし、依存症と診断されたのを契機に、睦子は6月30日付けで都職員を退職し、夫のアルコール依存症と正面から向き合う決心をする。「あなたにこんなもの渡す日がくるなんてェー」と退職辞令を渡してくれた看護科長が泣くのを見て「私もだよォー」と思いつつ、溢れ出しそうな涙を歯を食いしばって堪えたという。生涯を賭けようとした仕事を離れざるを得なかった辛さはァー……たぶん言葉にはならないと思うがァー……正則さえ何とかなりさえすれば、報われるときがくるかも知れないからねぇー……あくまでも希望？　のみですよッ。

睦子はパートタイムで働きながらアルコール依存症という病気を勉強しつつ、人生のすべてを賭けて、今度は夫の正則の病気と向き合うことになる。この睦子の悲壮な決心も最初のうちは、バカたれ正則にはまったく届かず、本人はどこ吹く風で、飲んじゃ止め飲んじゃ止めを繰り返し、アルコールてんかんの発症から断酒会につながるまで4年弱の歳月を費やしている。

この間の睦子の苦労を思うと、いくら仲間とはいえ、私は正則のことを力の限りぶん殴ってやりたい気分になってしまう。まあァー、なァー、他人事だから言えること何だけんどよォー「一緒にいるのがあまりにも辛かったら別れる方法もあるんだよッ」と言ってやりたいくらいだぜェー……睦子の熱心さによォー……同情心が湧いてきちゃってよォー……豊さんの胸が熱くなってきてしまうのよォー……それに比べりゃ御本尊様の呑気なことと言ったらよォー、呆れてモノも言えなくってしまうのさァー……一度てんかんで崩落した脳ミソがそれなりに機能するには、まだまだ時間がかかるってことかしらねェー……。頼むぜ正則、自分のことばかりじゃなくて、もう少し周りの人たちの苦労も理解できるように早くなっておくれよォー……急がなくてもいいけどさァー……

夫を成増厚生病院に入院させてからの睦子には悲壮感が漂っていた。睦子にとって正則は生命、正則なしの人生など考えらなかったのだろう。眉間に縦じわを寄せて棘々しいことばかりを例会で言い、最初の頃は、あまりいい印象を私自身も持たせてもらえなかった。ところが酷いアル中だった私という酒乱を、ここまで調教してきた幸子さんは、怖いもの見たさの他の連中とは違い、睦子の心を一発でゲットし「睦子！　正則を何とかしたいんなら京王レディース（３５）においでェッ」と声をかけ、以来睦子は京王レディースの常連になっている。正則は『いばしょ』に通っていても、隣に座った仲間に声もかけられずに、いつもバイクの本を見ているか、両手で他の人に見られないように顔をおおっているかで、例会での話は朝からズーッと考えてきたものばかりで、睦子に関係した話をすることもできない。この状態が４年も続いている。まったく自分自身を変えようとする努力もしない、変わることを怖がっているのが、明らかにわかるほどに意気地がねェーヤツだ。睦子を母親に見立てて「お前が悪いからオレがこんな人間になっちゃったんだァー」と駄々を捏ねる３歳時の域を出ていない。例会の帰りの車中では、副担のまさ子さんが同乗しているにも関わらず「なんだ今日の発言はッ」と、イチャもんをつけ、喧嘩のしっ放しだったという。睦子も原先生に訴えたらしいのだ。「連れて来なさい。それは飲酒欲求だからァ」と言われて、今は二人で原先生のところに通っている。正則は自分が医者にかかっているんだ、とは認めたくないらしく「睦子さんを車で迎えに行ってるのさァ」と私にも嘘ぶく。酔っ払って家中を穴ボコだらけにし、子供たちを震え上がらせ、長女には酔っ払った自分の面倒を見させていたくせに、心底から家族に「御免なさい」が言えないでいる。どうしたら正則の心を開かせることができるのか、私も今頭を悩ませている最中だわさァー……正則に関しては、力不足を感じて挫折に次ぐ挫折の連続線上にあるのが、今の私の状態です。

「……豊さんへ　　ここからは豊さんも知ってるからいいよネ？書いたよ。見えるネ、生き様。私に、私が脱帽だよ。所々長くてゴメン。あと後半というか、30代空白でゴメン。その10年でマサノリの酒は確実に増え、おかしくなってたんだな、きっと。いつもありがとう。私はゆーさんが大好きだ……」

睦子

【註】

（35）京王レディース：『いばしょ』で毎月第三日曜に開かれていた女性のみのミーティング。アル中本人を陰で支える後方支援部隊のようなもの。うまくいっている断酒会は女性が強く、主導権を握っていることが多い。「男が強いとロクなことにならない！」とは著者の弁。現在は「家族の会」と名称を変更し活動を続けている。

12・もう少しで心が開きそうな正則

正則は昭和34年5月6日の深夜、埼玉県秩父郡栃谷村で父親23歳、母親22歳のときに第一子長男として生まれている。4歳下に弟が一人、10歳下に妹が一人という3人兄弟だ。両親には旧姓があるので養子養女同士の縁組だったようだ。父親は入り婿の形で母親の養家に入ったらしく、正則は母親の養家で生まれ、栃谷の養家のお爺さんお婆さんと4歳まで一緒に暮らしている。二階の4畳半一間の狭い空間での3人暮らしだ。正則の最深部の記憶は3歳のかなり早い時期から始まっている。酒で脳ミソが「崩れ落ちた」わりには再生能力がスピーディで、記憶そのものがやたらと鮮明なことに驚かされる。酒の毒がBB（36）を突破して幻聴幻覚を体験したアル中は、たいがいは薄らボンヤリしているものと相場は決まっているが、正則は妙にハッキリしているのだ。アル中は酒に抵抗力がないくせに、いっぱしの飲み師づらして大威張りで飲む連中がなる病気で、本人は大量に飲んだつもりでも、酒量の話をよくよく聞いてみると、案外と少量飲酒者だったりするのだ。情けねェよなァー……酒が止まっている時期が長くなれば長くなるほど、威張れなくなってきてよォー……

正則は3歳で幼稚園に通い始めるが、泣き疲れるほど泣いて園内に入ろうとしない子だったので、母親は一年分の月謝を前払いしていたが、わずか4日で諦めざるを得なかったらしい。踏ん張りの効く母親ではなかったようだ。狭い家には甘やかしてくれるお爺さんがいて、優しいお婆さんもいるとなれば、わがまま放題の子に育ってしまうのは、自明の理と言えなくもない。おまけに両親は子育てはズブの素人、母親とて養父母に頼りっきりだったに違いない。「アッチが駄目ならコッチがあるからいいさァー」的な良い加減なところが今でも見受けられるのは、そんな大人に囲まれて猫っ可愛いがりされた「傷」の名残りかも知れない。どこでどう生まれようとも、人は受難を免れることはできないらしい。まともに育つとは、どういう意味なのかしらねェー……

自分勝手なわがまま坊主の証拠話がある。「むぎわら帽子をかぶっているのを忘れて、同じ帽子をかぶっている子に返せと言って組み伏せた。ふと見ると、太陽でできた自分の影が帽子を被っていた。怖くなって逃げて母親の前で泣いたら、アイスを買ってくれた」何もいうことなし。加えて意気地がないくせにやんちゃ坊主ときている。二階からゴロゴロごろんと転げ落ちるはァ、人様の家にテレビを見に行って、何をどうしたのか詳しく書いていないが、大火傷をして、素人療法としてまだまだ庶民の間で信じられていた「火傷は味噌を塗って冷やせばいいんだ」で、ベッタリ味噌を塗られ、当然のように化膿して医者に行く羽目になった。「火傷のあとを医者がハサミで切ったァー」とは随分怖い思いをしたものだが、母親がピタッとくっついてきて「可哀そうにイー、可哀そうにねェー」と毎日一緒に医者通いをしてくれたとなりゃー……甘ったれ坊主にならないはずがない。火傷の方は不可抗力で致し方なしの面もあるが、傷が癒えたあとの「心の甘え」を取り除いてやる術に習熟していなかったのが正則の母親だ。もっとも4人もの大人に4歳になるまで「玩具同然育児」をされれば、正則といわず誰だって甘ったれ坊主になりますよッ！　親は自分が可哀そうな育ち方をしてきたと思っていると、子には厳しくしなければならないところで厳しく叱れず、3歳なら3歳のときの「可哀そうな私」にシンクロしてしてしまって「まァー、可哀そうな子ッ」と頬ずりして、柔き乳房の胸元に抱きしめてしまう傾向があるものだ。ぬくぬくといい気分になるのは正則だけだ。蜜の味は「三つ子の魂百までも」で、忘れるもんじゃない！　確かにそれも必要な時期ではあるにはあるが、情け深い大概の母親は不必要なときにもそれをやってしまう。ＹＥＳ　ｏｒ　ＮＯの兼ね合いはなかなか難しいものらしい……その甘ったれ根性の全部分を引き受けているのが、女房殿の睦子だ。惚れた弱みかなァー……睦子も辛いねェー……捨てたくなったら捨てっちまえばァー、スッキリするかもよッ……

4歳のときに母から「弟が生まれたら？」と聞かれた正則は「物干しに干しておく」と答えたらしい。プロフィールに「弟の誕生は心中穏やかではなかったァー」とストレートに書いてある。家のなかにあるすべての甘えを独占してきた子が、蚊帳の外に置かれるかも知れない自分の立場に、鈍感でいられるはずがない。幸子さんも2歳下に妹が生まれたとき、随分とつらい思いをしたらしい。私も2歳下に弟がいるが、上に3人もいるので、上を見るのに忙しくて、弟の存在を幼少期に意識したことはない。第一子の不運といえば不運なことなのかも知れないが、第四子の私にはうかがい知ることのできない心理だ。親の愛を身一つに集めることは、子の立場からすると理想形になる。

弟が生まれて母親の養家の二階の4畳半では、さすがに手狭になったのか、市営団地に応募したのが上手い具合いに当選して、6畳、3畳、台所、お風呂付き庭付きの広い広ォーい家に引越しすることができたのだ。「嬉しかったな～……凄く広かった……布団の上でジャンプして喜んだ」と、プロフィールには書かれてある。

正則の小学校時代に特段の事件はない。貧乏だったとはいえ、両親に見守られて、背が急に伸びたり止まったり、成績が上がったり下がったり、母方のお婆さんと伯父さんといとこが遊びに来たりと極々普通だ。腕白なわがまま坊主も変わりはない。お婆さんがお年玉を手渡そうとすると「〈どうもありがとうございます〉とお礼を言っても、どうせ後で親に取られちゃうから、御礼を言う手数料として一割上乗せしてくれと頼んだ」というエピソードも正則らしい。遊びにきた従兄弟が帰るとき、母親が何もお礼する物がないからと言って、栃谷のお爺さんとお婆さんが毎月買ってくれた大事な大事な少年雑誌「ぼくら」を3冊持ってきて「この本を車の中で読んでェー」と手渡そうとするので、泣き叫んで抵抗したという。「結局『ぼくら』五月号を一冊持っていった」従兄弟が憎くて堪らなかったらしい。子供にとって、世のなかはすべて自分中心で動くもの、この時期がないと成長とともに他を思いやる心は育たないのだ。ただし成長を止めてしまうようなことがまったく起こらなければの話だがねェー……人生ままならず、そうそうすんなり行くもんじゃない……

小6の10歳のときには妹も生まれ、弟妹二人のお兄ちゃんになっている。正則の負けん気は生来のものだ。何事にもビビるくせに負けを素直に認めた試しがない。「〈かけっこの勝負をしよう〉なんて勝負を挑まれると負けるのがイヤで逃げる」賢さも十分に育っている。「ギア付きの自転車に乗っている友達に『貸してくれ』と頼んだら『自転車を買ってもらえないから人のに乗りたがる』と言われた」とプロフィールに書き、次の文章には「自転車屋の人がカタログを持ってきて、自転車を買ってもらった。3万3000円を月賦で買ってくれた。自慢の自転車ゲット……母は子供の喜ぶ顔を見るのが生きがいだった」と何の悪気もなく、いけシャーシャーとお坊ちゃま気取りで書いている。相当な無理難題を母親にぶつけて、NOとは言わせなかったんだなァー、とそのときの正則の「意固地な根性」が手に取るように私にはわかる。人の弱みにつけ込んで、相手を意のままに動かす術をも、正則の母親はしっかりと子に伝授しているということかァー……負けん気の強いわがまま坊主のお兄ちゃんも11歳の小6までで、12歳の中1の思春期の入り口からは「360度回転してもとの位置にあらず人生」に突入して行く。激変といってもいい人生だ。

片意地張った偏屈虫の正則の全人格が、この時期に形成されている。素因は母親の死だ。私が四の五の書こうが書くまいが、正則の心を何一つ的確に表現することはできないだろうし、人様の人生をのぞき見して勝手なことを書いたところで、互いの今後の人生には、何のプラスにもならないのはわかっているが、あえてそのタブーを犯してでも、書かねばならない衝動のなかにいるのが今の私だ。同時に胸が締めつけられるような緊張感のなかにいるのも事実だ。正則が書いた中学時代の全文を転載する。カラカラに乾いている……感情がまったくない……怖気立つほどだ。

「……12歳、中1―成長が遅れて148cm、33kg　かなりチビになった。自慢の国、秩父では一大事。成績はクラスで10番くらいの小出気君。中学は坊主頭、おでこが広いのでサルとかジジイとか悪口を言われた。……3月に母が白血病で入院、母の死を覚悟した」

「……13歳、中2―栃谷の爺さん婆さんの家に身を寄せる。……8月に母が亡くなりました（36歳）。……僕の仕事は掃除と店番と照子をおんぶして寝かせること。……『照子が悪いことをした』と言って線香をあてて婆さんが折檻しようとする。……（話には聞いていたが母もイジメられて育ったんだろうと、しみじみ感じた）。……『死んだら言いたいことも言えない』と病床の母にいやみを言った栃谷の婆さん。……『お前が悪い子だからお母さんが病気になって死んだんだ！　わがままばかり言いやがって』と小泉のお婆さんに叱責され身体が動かなかった。……栃谷の爺さんは『皆が忘れても正則だけは世話になったことを忘れないでいてくれ』と言われた。……コレで縁が切れ、生きて再び誰とも会うことはなかった。……その後結婚式には呼ばれないが葬式だけは呼ばれる死神家族となる……」

「……14歳、中3―受験勉強を一生懸命やった。成績も400人中20番台まで良くなった。……夏休み前に弟の水疱瘡が感染。２週間一人で寝ていた。病気が重く、とにかく治るのを待つ。……父曰く「医者に行っても薬を塗るだけで無意味だから医者には行く必要がない」と言ってほったらかしにされる。……飲まず食わずに寝ているだけ苦しかった（水疱瘡の痕がたくさん残り、嫌なヤツに〝シミ〟といやみを言われる）……」

小泉と栃谷のお婆さんは双子姉妹、正則の母親の実母は小泉のお婆さんで、姉妹の妹の方だという。姉は子宝に恵まれなかったので、妹の娘を養女にしたのかも知れない。私には信じがたいことだが、栃谷のお婆さんの話をする正則は、４歳で団地に引越すまで一緒に住んでいたというのに馬鹿にする話ばかりで、愛着らしきものは微塵も感じられないのだ。断酒例会のなかでも「婆ァさん、婆ァさん」と小馬鹿にするニュアンスが、ふんだんに出てくる。時として「あのクソ婆ァがァー」となれば、聞いている方がつらい時間になってしまう。１００％マジに聞いてしまうと極悪非道な婆ァ連合が、双子の姉妹になるのだ。小２のときに1年間「ぼくら」を買ってくれたのは幼少期を一緒に過ごした栃谷のお婆さんのはずだ。伯父さんといとこが遊びにきたときにお土産を一杯持たせてくれたのは、小泉のお婆さんのはずだ。孫の方からお婆さんを切り捨てて行く話など聞いた試しがない。口には出せない、とてつもなく大きな原因が正則の心の奥底に秘められているような気がしてならないのだ。それは何なのか？　母親の死を境に周りのすべての人々が敵になり、一顧だにする価値もなくなるなど有り得ないことなのだが、中1の正則の心には、それが起きているのだ。人間関係のすべてを打ち捨ててしまうほどの、心の傷の元はどこに起因しているのか？

　正則には父親がいたはずなのに、この混乱期に、どこにも登場していないのも私には解せない。「工場勤めの夜勤が嫌で父親が山中工務店に転職。金槌で殴られたとか家で愚痴を言った。歯を噛んで一緒に悔しがった。いつか復讐してやると誓う」と書かれてあるのは、7歳の小２のときのことだ。以来14歳、中３の「父曰く……云々」まで父親に関する記事はない。想像するに、正則を身ごもった母親が亭主の薄い稼ぎではやっていけず栃谷の母親の家に潜り込み、窮屈なスペースの二階の4畳半で、子育をしながら4年もの長い間ズルズルと住み着いたというのが、実情のような気がしてならないのだ。当然のこと、養父母に祝福はされてはいない。大事な娘をはらませて勝手に家に入り込んできた男には、いやみの一つや二つは言ってやりたいのが人情というもの、そのいやみったらしい雰囲気のなかで育ったのが正則だとすると「あのクソ婆ァがァー」という言葉も納得できるのだ。子の正則にとって父親は「ウルトラマン」以上に大切な強い存在で、その父親をボロクソに言う祖父母は「爺ィー、婆ァー」呼ばわりされて当然なのだ。弱きを助け強きをくじくウルトラマンが今度は正則ということだ。大人の世界を知らない第一子長男は、健気にも弱い立場に置かれている両親を、ありったけの力で守ろうとしていたのだと思う。「子の親思い」を理解してくれないのは、いつも親の方だ。

父親は妻の死後三人の子育てを完全に放棄して、栃谷のお爺さんとお婆さんに丸投げしている。無責任としか言いようのないダラシない男だ。栃谷のお婆さんや小泉のお婆さんが、正則のわがままのせいで娘が死んだんだ、と責め立てたのも常識では考えられないことで、娘を亡くした淋しさゆえの怒りは、本来正則の父親に向けられるものだったはずだ。わりを食ったのは、その父親の子の正則ということだ。父親は父親で妻を亡くした淋しさから逃れようと、大工の腕を生かして自分の家を建てることに没頭している。家が完成してホッとしたところで、子供たちのことを思い出したのだろうか、3歳の娘を自分の実家に預け、男の子二人を新居に引き取っている。この父親は父らしいことは何一つできる人ではなかったらしく、家事一切を正則に任せっきりにしたらしい。米だけを与えられて、弟と一緒に味も素っ気もない食事をしていたとのこと。13歳で運命が激変したなかで良く生きてこられたものだと感心している。正則は母親の死を認めず、持ち前の機転の速さで現実に身の回りで起きているすべての不快なことを否認し、生き延びることだけに専念してきたのだ。「人の好意は、まず疑ってかかるべし」的な生き方はこの思春期に獲得したもので、容易に切り崩せる代物ではないことを私は最初の出会いから覚悟して今日まで付き合ってきている。難物中の難物なんですよッ！　「睦子さん、ボクを守ってェー、ボク弱いんだから」信号が、いつもいつもビュンビュン飛んでいる。それがどれほど恥ずかしいことなのかァー、まだわかっていない。この時期に感情に任せてボロボロ涙を流していたら、正則は今と違った人間になっていたのだろうか？　何とも無意味な言葉遊びだけの疑問形だ。母親の死を覚悟した時点で正則は、外界との関係を一切遮断して、悲しまない、泣かない強い自分をつくり上げることに脇目もふらず専念してきているのだ。母親の死を待つだけの6ヶ月間を想像すると、私ですら怖気立つ。12歳の子にとって「在ることは無くて、無いことが在る」というように繕う人間像をつくり上げるのは至難の技だったと思うが、正則は自分が生き延びるためにものの見事に完成させている。感情を動かしてしまったら、優しかった母親が目の前に現われ「お母さん、僕、淋しかったのォー」と言って、おいおい泣き出してしまうに違いないから心を動かさないのだ。「格好マン」は人前ではそんな恥ずかしい振る舞いはできないのだ。弟や幼い妹を守って行くのは「オレしかいないじゃないかッ」と頑張るだけ頑張ってきたのだ。母親が見守ってくれていると信じることができたからこそ、感情の一切合切を消すことができたのだ。正則の心のなかでは母親はまだ生きている。死んではいないのだ。目を閉じれば「他人に抱かせるのはもったいなかった」ほどに愛してくれた母親がスーッと現われ、胸の中にスッポリ包み込んでくれるのだ。母親の死を認めるのは、正則にとってはあまりに辛すぎること、心のなかで生きていてくれたからこそ、今まで自分が生きてこられたのだ。心のなかでまだ生きている母親の腕に抱かれつつ酒を飲み、睦子を母に見立てて甘え続けてきたのが正則というアル中だ。今のところ正則には「喪の完成」に至る兆しは皆無だ。原先生に期待するより他ない。

13歳で生き方を決めた正則にとって高校生活は「右へならえ！　イッチ、ニッ、サン」程度の意味しか持たず、貧乏なアルバイターが本命となっている。「人に心を開けなくなってしまった子」に友達などできるはずもなく、高校1年生のときにはすでに「勉強の出来も良くないから早く家を出たいと思うようになった」とプロフィールには書かれてある。青春そのものを捨てにかかり斜に構え、一にバイト、二にバイト、三四がなくて五にタバコ、酒、バイクと、不良と名のつくものにしか興味を示さなくなっている。バイクで事故って死にかけたり、高校2年生の16歳でクラスメートから酒臭いと嫌がられ、アウトローの一匹狼が定番となり、酒にとりつかれて「酒の偉大な力を知る」ようになったという。酒に力はない！　アル中をさらなるアル中にするだけだ。素面でいる淋しさに耐えられないだけだ。母親を失った喪失感がもたらす、底なし沼にも似た寂寥感から逃げ出したかっただけだ。死を受け入れるのは誰しも辛い。正則だけではない！

18歳で「東京に職を求めて出てきた、美男が自慢の嫌なヤツ」は、アンデス商事が肉屋であることを知らずに給料が一番高かったから就職し、「俺は肉屋なんてやりたくない」と悩み「働いているから酒を飲むのは当たり前」と思い、仕事が終わると酒を飲みながらパチンコをしていたという。「社内ではけっこう嫌われ者だが客受け良好」だったようだが、「毎日酒を飲んでたら手が震えたので３ヶ月間酒を止める」ついでに肉屋も辞め50万円持って帰郷する。しかし金を２ヶ月で使い果たして東京に舞い戻り、３畳一間の５千５００円の部屋で暮らし始めている。アルバイトを転々とし、稼いだ金の半分は酒代に消えてしまう。10代後半で手が震えた話ができるアル中は、三鷹市断酒会の親分こと長本さん他数名しかいない。この業界筋でも貴重品種の部類に入る本格派のアル中話だ。正則は電化製品を売る「マネキン」商売が長いが、22歳「貯金がゼロ。田舎から上田君と中島君が土曜日の夜寝てたトコに尋ねてきまして、明日仕事だけど気合を入れてディスコ〝ＮＹ・ＮＹ〟に行った。そこで睦子さんと会った」という。この時期肝炎で３ヶ月入院し「睦子さんが看病にきてくれる」と書かれてあるが、何となんと「ヤマハＲＺ２５０Ｒをローンで買った」ときの喜びと同一基準で睦子との出会いについて触れている。ストレートな喜びがまったく伝わってこない。25歳で結婚し、３月12日に女の子のツインベイビー、27歳で三人目になる男の子に恵まれている。正則の良きパパ振りは本物だ。私が保証するゥー……保証するのが豊さんではダメかァー？　「マネキン」人生では子育て資金に不安を覚えたらしく、本格的な就職活動に入り、32歳でパソコン関連の卸問屋に正社員として就職する。同期の桜30人が、全員ハードワークに根を上げて、退社して行くのを横目で見ながら、歯を食い縛って頑張り続けた。37歳で課長に昇格し、吸収合併後39歳で部長に昇格し、年収も８００万円を優に越えた。42歳で会社が店頭公開すると同時に営業部執行役員になり、年収が１千万円を突破している。やるときゃやるもんだが、酒の力を借りた勢いもここで終焉を迎える。酒・酒・酒の人生が、そうそう長く続くはずもなく、45歳で酔っ払って社内で暴言暴力沙汰を起こして、名古屋の営業所に降格左遷される。転換期だァー！　正則のターニングポイントの記録を転載する。これがアル中だァー！　とのド迫力が伝わってくる。病気の悲しみとともにィー……

「……45歳―ほとんど食えない。酒が手放せなくなり、ついに昼休みに隠れ飲み。安堵感と罪悪感が入り混じる。業界の衰退と努力不足で営業成績急降下、悩む。手の打ちようなし、撤退戦を戦うノウハウを持っていなかった。……睦子さんに助けを求めたが、家に帰ってこなくなった。一日千秋の思いで帰りを待っていたが、帰ってきたときに離婚届を渡され捺印する。……自分が本当に困ったときに助けてくれず、首吊りの足を引っ張るようなことをする人とは思っていたが、最後の頼みだったので絶望した。……当日ついに力尽き、朝二日酔いで倒れる。二日酔いを咎められ暴れた（責任を取り降格転勤）。……酔って会社の悪口を吐き出したのが致命的、俺の職業人としての生命は終わったと思った。……家に帰ってまた酒を飲んだ、誰もいない酒の世界が一番だった。……酒を飲むしか、それしか方法が無かった。

46歳―誕生日の三日前に痙攣発作。脳ミソが崩れ落ちた。……猪野亜朗（37）先生と出会い一回目の断酒（酒と一緒にパキシル（38）も取り上げられる。取引先に冷や汗を流しながら訪問する。コーヒーカップが出てくると震えて飲めなく恥ずかしい）。……東京に帰ったときに子供たちが迎えにきてくれた。すまない気持ちと嬉しい気持ちで一杯。……名古屋の断酒会に行ったがアホらしくて入会しない（受け入れる心の強さがない）。

47歳―酒を止めて営業所の成績も向上したが、もうこの会社でやり直すのは無理と考える。結果的に酒の不始末をとりたいとも、酒を止めた姿を見せられたので去りたいとも考える。……てっとり早く言うと酒を飲み続けたせいでいい仕事を続ける能力が喪失してしまったことを自覚した。自信が回復しなかった。……退職して帰京。免許を取ってカワサキのゼファー７５０を購入。高校時代からの夢の一つが叶った。職業訓練校の営業技術プロモート科に入る（６ヶ月）。

48歳―飲み始める（家では飲まないので週5回会社帰りに缶の水割りを二杯）。……知り合いの会社に就職、給料が安いと不満に……昔が高すぎただけ。……再出発に際し心構えが足りない。まだ酒の影響を抜け出ていない。……飲みたい気持ちをグッと抑える節酒生活、いつ連続飲酒になっても仕方ない状態が続く。……パチンコに行きたくて仕方ないことが多くなる。

49歳―睦子さんに浮気を疑われ、会社に電話が入り困る。睦子さんを恨む。……よし腹一杯飲むと決め、睦子さんの帰郷を待ちながら金曜の夜から飲み始め会社に行けなくなる。……双子の娘たちが泣く、息子の正人が怒る。睦子さんに看病してもらい渋々入院を承知する。……成増厚生病院に入院（逃げ込んだ）。……入院中に江川会長に騙されて世田谷断酒会に入会する。……１００日例会達成（連続１５７日）働いていないからできて当たり前〜威張れない。……東京断酒新生会の本部例会の新人紹介を頑なに拒否。今度は年末の「酒なし忘年会」で紹介されそうになり、トイレに行きたいと言って逃げる。……根性なしでありました。半年たち、京王断酒会の仲間が本部例会で頑張っているのを見て心が変わる。……もう時間が経ったのでダメと言われるも無理をお願いして壇上に立つ。

50歳──断酒会を回るのが仕事のような日々を送る。……抗酒剤（39）を飲み始める（京王で睦子さんが抗酒剤を飲まないと泣いて、渋々睦子さんがいないとき飲むことを承諾）。……断酒歴が一年がたち、東京断酒新生会の理事長から初段の免状をもらう、酒なし忘年会で「酒乱止み五人男」をやる。

51歳──抗酒剤を、渋々毎日飲むようになる。

52歳──10万円の生活支援給付金が欲しくて、確実に入校できる溶接の職業訓練所で勉強を始める。……ＴＩＧ溶接（40）の技能資格を取得した。……登録販売者の受験資格を取るためにスギ薬局でパートを始める（受験資格を取るというのはパートで恥ずかしい気持ちを慰める言い訳でもある）。……毎日抗酒剤を渡してくれていた睦子さんが「自分で勝手に飲め」と言った。

53歳──抗酒剤を2倍に増やす。……（豊さんから、「働くようになって飲酒欲求がありありだ。そんなに苦しいなら仕事なんか辞めてしまえ」と叱責されて、「この野郎、俺の苦労も知らないで」と腹を立て、「よしそれなら飲めないようにしてやる」と思い、主治医に飲んだら死ぬくらい濃くしてくれと頼んだ）。……月１２０時間働く、断酒会は月20回、『いばしよ』は週一。……家庭生活は働くようになってから息苦しい。……ドラッグストアーは思った以上に過酷な仕事。若いもんの下で働くのは体力がいる。……睦子さんは看護師として守られた仕事しかしていない。……「俺のこと理解しろ」って言ってても無理だろうな。……断酒会で仲間ができたのは嬉しいと思う。……あれほどイヤだった断酒会なのに、いつしか世田谷や本部の司会をやったり、幹事会に会報の発送をやったりと、ある程度断酒会に慣れた。……むさしのクリニックの原先生のところへ行くようになる。……体力回復のためには寝るのが一番だと思い寝る。……昨日早く寝たから仕事はなんとか持ちこたえられると暗示をかけるこの頃。……断酒4段、「酒なし忘年会」の鈴木利春一座（41）参加……」

酒の持つ「偉大な力」を信じて生きてきた人生は破綻した。「正則は小利口なのよォー、それが可哀想でねェー」と幸子さんは言う。正則は両親に見捨てられた人だ。母親の死もその一つ、父親で妻の死後は、米こそは運んでくれてはいたが、子育てには一切関与してくれていない。経緯はわからないが、3歳の妹は栃谷の母親の養家から父親の実家に預けられ、お腹を空かしてもご飯のお替りさえできなかったと、後年正則に淋しそうに語っていたという。やがて父親が建てた家に引き取られることになるが、空っ腹を抱える生活は変わらず、学校にはロクに弁当すら持って行くことができない灰色の思春期を送ってきている。高校2年生で覚えた酒は若い身体を侵食し、10代の後半では振戦せん妄（42）で手足の震えを感じ、3ヶ月間酒を止めている。いっぱしのアル中だ。思春期に社会性を何一つ学び得なかった正則が、酒の勢いで女の子に「バトミントンをやろうよッ」と声をかけると、その子は進んで用具を持ってきてくれたという。女の子に声をかけて思い通りになった初めての体験の底に存在していたのも酒、人生酒さえあれば何でもできる。酒があれば、コソコソ生きて行かなくていいんだと思うようになったのは、やむを得ない人生の選択だったのかも知れない。

睦子に手を引かれて『いばしょ』にきた正則は、ソワソワ落ち着きがなく、人のなかにいること自体が辛そうで、何をしたらいいのかわからずに戸惑っているだけだった。断酒歴4年を過ぎても、まともに仲間と話をしている姿を見たことがない。バイクの本を見ているか、腕組をして目をつむり、貧乏ゆすりをして例会で話す内容の筋立てを追いかけている。指名されるとさもさも「俺の話は格好いいんだぜェッ」話に終始し、感情の起伏がまったくない「話しているだけの話」で終わる。4年間この連続線上にいるのが今の正則だ。親に捨てられた「ステゴザウルス」が、人を信頼し、怒り、笑い、泣きながら人と付き合うのは不可能なことなのか？　私の体験でしかないが、私は人のなかに入れない自分に涙し、子供たちとも素面では話もできない自分を憐れみ、悲しんだ。「これじゃ何のために酒を止めたんだか、わかりゃしない」と一大決心をして、当時8

００人前後いた断酒会の会員と家族全員に、一言でもいいから自分から話しかける訓練をした。「人は怖いもんじゃなく、優しいんもんなんだァー」と理解できるようになったのは、身体中に冷や汗を掻きながら訓練に次ぐ訓練をした賜物だと今は思っている。正則が人に心を開ける日がくるかどうかは今のところわからない。

　正則の最も悪いのは、斜に構えて人を小馬鹿にする態度を露骨に表すところだ。人の輪のなかに入れもしないのに、一方的な見方で、その人を判断し「付き合えないヤツだ」と決断を下す。正則の場合は親に見捨てられた痛み以前に「生まれながらにして弱い気質」を持った人じゃないのかなァー、と思ったりもするが、幸子さんには「そんなことはないわよッ」と猛反対される。私も正則に出会う以前は「そんなことはない。生まれたときはみんなピィーピィー泣いているじゃないか。特別に弱いなんてことはない」と思っていたのだが、どうも正則は違うような気がしてならないのだ。「生まれながらの弱さ」や、時として一人芝居でつくり出す「演出された弱さ」のようなものすら感じることがあるのだ。本当に弱ければ逃げ出して、すでに断酒会にはいないはずだ。正則は睦子にぶら下がりながら適当に断酒会に残り、その断酒会で「たった一人だけ違う世界」をつくり上げて、悦に入っている馬鹿たれなのかも知れない。そのくせスター性の強い目立つことは、嫌々をしながら喜んでやるのだ。単なる「目立ちたがりヤン、やりたがりヤン」とも違う何かだ。ひょっとしてお医者さんがいう「未成熟」とは正則のための言葉なのかも知れないなァー、と思う日々が多くなってきている。

　喋り方も妙にネチッこくて不自然なのだ。おまけに、根に持つ執念深さも兼ね備えている。嫌なことをされたり言われたりすると「なぜ？」と自らを省みることなく、やった相手の言葉尻を捕らえて、嫌みったらしく薄ら笑いを浮かべて「ああァー、どうもどうもですゥー」とオチャらける。不満を家に持ち帰って、睦子を相手に「あの豊のヤツ」「あの幸子のヤツ」とぶちまける。相手をする女房は堪ったもんじゃない、御同情の至りですわァー……「なぜ？」と「踏み止まって考える力」とは「生まれながらにして強い気質」を持っている人だけの特徴なのかも知れない。私もそう、正則もそう、他のアル中さんのほとんどが、この「力」とは縁がない。「偉大な酒の力」に裏切られた正則が今後の素面の人生で身につけるべきは「なぜ？」と自らに問う「力」と「踏み止まって考える力」のような気がしてならない……まだまだ人生、先は長いさァー……お気張りやすゥー……

最近になってようやく叱れるようになってきている。一言いうと目くじら立てて反論していた正則がいなくなりつつあるのだ。「正則、例会で睦子に嫌なことを言われたからって、足を引っ掛けて転ばそうとするんじゃない。男のすることじゃない。暴力はダメだ！　悔しかったら下を向いて黙っていなさい。その方がいい。ノックビン(43)は睦子の面当てに飲むんじゃなくて、自分の心の平和のために、一人で静かに飲みなさいッ」と、かなり厳しいことを言っても「うん、うん、わかったァー」と答えられるようになってきたんです。叱られた言葉に対して「ＯＫー、わかったァー」と返せるようになるのに4年の月日が必要だったということになる。よく耐えてきたねェー……もう自分の力だけで生きて行かなくてもいいんだよッ。素直に人の言うことを聞いていた方が楽なんだよォー……豊さんもそんな簡単なことを理解できるようになるまでに10年近くかかっているんだからねェー……正則は4年しかかかっていないんだよッ。正則の方が早いじゃん、急にやらなくてもいいよォー……ゆっくりゆっくりでいいからねェー……

【註】

(37) 猪野亜朗：アルコール依存症専門の精神科医。三重県四日市のかすみがうらクリニック副院長。著書に「アルコール依存症　家族読本」アスクヒューマンケアがある。

(38) パキシル：抗うつ薬の一種。パロキセチンの商品名。依存性や副作用に関してなされてきた製薬会社の説明に疑問を感じる人も多く、用法には注意を要する。

(39) 抗酒剤：ノックビン、シアナマイド。服用後に飲酒をすると、下戸の人がお酒を飲んだ時のように、吐き気や顔面紅潮、頭痛などの反応が起こる。

(40) ＴＩＧ溶接：Tungsten Inert Gas タングステン不活性ガス溶接。電気溶接の一種

(41) 鈴木利春一座：著者とは長谷川病院で同期であった鈴木利春氏。現在、港断酒会会長。俳優、高田浩吉の弟子で、芸名

は高樹浩二郎。ドサ回りの雰囲気たっぷりの三度笠道中を東京断酒新生会の「酒なし忘年会」で披露している。

（42）振戦せん妄：重度のアルコール依存症者が飲酒を中断または減量した際に生じる離脱症状。発汗などの著明な自律神経機能亢進、全身性の粗大な振戦、幻覚などの症状が出る。

（43）ノックビン：粉末の抗酒剤。体内でアセトアルデヒド濃度を高めることで、少量の飲酒でも悪酔いを引き起こしアルコールに対する嫌悪感などを与え、飲酒欲求を抑える薬。

13．ほんの少し自分が見えてきた真代

真代は千葉県館山市布良で父親が30歳、母親が27歳のときに第一子長女未熟児として生まれている。3歳年下に妹が一人いる。23歳の大学4年のときに父親が久里浜（44）でアルコール依存症と診断されたのを契機に保健所に電話をしたり、本を読んだりして断酒会を知り、東京断酒新生会の本部に電話をすると「八王子に下宿しているなら近場の多摩断酒会（45）が便利だよッ」と言われて最初は多摩断酒会に電話したらしいが、たまたま不在でつながらず、再度本部に電話を入れたら、今度は京王断酒会を紹介されたという。真代の粘り強さは値千金物だ。人生を大きく変える運命の人というべき幸子さんに出会えたのも、この粘り強さの賜物だ。もう6年も前のことだ。11月の寒い日曜日の午前中だったような気がする。「随分と長い酒害相談の電話だなァー」と思いつつ「お父さんのことよりあんたの方が心配だよッ」と言っている幸子さんの言葉を耳にしながら、世田谷断酒会の例会に向かう準備をしていたのを、私もウッすらと記憶している。幸子さんは「私はこれから出かけるから明日『いばしょ』においでエッ」と言って電話を切っている。この業界では酒害相談の電話で「明日おいでエッ」と言われて実際にくる人はまずいないのが通り相場なのだがァー……ビックリ仰天の助……真代はきたのだ。しかも大学生だァー……噂に聞いていた孫AC（46）が遂に私の目の前に現われたのだ。孫ACのことを書くのは私にとって辛いことになりそうだがァー……やるっきゃないでしょうォー……祈るような思いで何かが変わってくれることを信じつつ書くより他ない。

真代が生まれたときの家族構成は、祖父母とその実子の母親、婿養子の父親、3年後に妹が一人生まれたので全員で6人家族だ。潮騒が聞こえる浜辺の近くにお爺さんと父親が協力して家を建て、6人家族の住まいとしている。お爺さんは2、3日程度家を空ける内海の船乗り、父親は郵便局勤め、母親は栄養士として病院で働いている。家事全般はお婆さんの仕事で、生まれたばかりの真代の育児は、ほとんどがお婆さんの仕事になっていたに違いない。未熟児で生まれた真代を壊さないように恐る恐る慎重に扱い、片時も離さず抱き続けて育ててきた、お婆さんの深い深ァーい愛情が透けて見えるような気がする。5

歳で始めた書道教室も、お婆さんと一緒に通った。この年の4月の富崎幼稚園の入園から卒園する6歳の3月まで、真代はいつもいつもお婆さんと手をつないで、ルンルンルンとスキップしながら明るく楽しく幼稚園に通っている。7歳の七五三は親戚中が集まり、お祝いをしてもらっている。何不自由なく過ごし、館山市立富崎小学校に入学し、順風満帆な学校生活のスタートを切ったはずなのだがァー……

真代にとってお婆さんは母親以上の存在で、実母は「生みの母」オンリー、お婆さんこそが真代を慈しみつつ育ててくれた大切な「育ての母」になる。不妊症でない限り、セックスをすれば子はできて当然なのだろうが、問題はその後で、生まれてきた子を一人で生きて行ける大人に成長させるのが「生みの母」の役目であり、それを母性と称するなら、真代はそれを得られる環境下になかったということになる。その大切なお婆さんが小学校3年生の9歳のときに認知症になって、症状がどんどん酷くなって行くのだ。小学校時代は体操、水泳、陸上の選手として活躍し、運動会では応援団もやる活発な子として振舞うことができているし、時々度が過ぎてイジメに会うほどの生意気な子でもあったらしい。勉強はそこそこでいい、子供は元気が何よりなのだが、下校時間が迫ってくると不安と緊張感が一気に高まり、生き生きとしていた表情が、急にドーンと暗くなって生気がなくなり、ムズムズと愚図つき虫が騒ぎ出し、家に帰るのを嫌がる子に変身してしまう。お婆さんの病気そのものも悲しいことだが、病気を巡って生じる大人の確執が嫌だったのだ。小学生で真代はすでに安心して帰れる家を失くした「家なき子状態」になっている。9歳から12歳にかけての痛々しい真代の記録をそのまま載せてみることにする。

「……祖母が認知症になる。……祖母の行動がおかしくなる。……妹の七五三の朝、母の許可なしに床屋で髪の毛を切ってしまい、母がそれに文句を言う。……炊飯ジャーを空炊きする。……祖母がどこかへ行ってしまい、捜しに行く。……回覧板を祖母が隣の家に回さなかったと食事中に母が言い、祖母は祖父からしかられる。そしていつものように叩かれる。……私たちが食事を終えて部屋に戻り、母から祖父が祖母にお茶をかけられたことを聞く。……あつこおばちゃんが遊びにきたとき、祖父は酒を飲んで寝てしまい、起きたとき、祖母があつこおばちゃんにお昼を食べさせずに帰してしまったことを知ってケンカになり、祖母は怒鳴りつけられた。また、暴力を振るわれる。……祖父が昼食を食べ終わったあと、母に向かってイスでなぐりそうになる瞬間を見る。……学校の授業で体育をしていたとき、祖母が突然に現われる。髪の毛を切りに行こうと言われた（私は風邪を引いていたため、行かないことになっていた）。……祖母が頻繁にいなくなることが多くなる（パジャマで外に出かけてしまうようになる）。……近所の人からおかしいと噂になっていると母がお風呂場で喋っていたのを聞いてしまう。……祖父が祖母へ暴力を振るったあとは、必ず神棚の部屋で父、母、祖父と話しをしていた（3つ並んだスリッパを私はじっと見つめている）。……祖父が祖母を殴ろうとしたのをちょうど見つけてしまい、私は止めに入る。そのとき、祖父が祖母を殴ろうとしていたので私は祖母の前に立ち、守ろうとしたため、顔に少し祖父の手があたった（父もいたので、何で入ってきたんだとあとでしかられる）。……祖父と祖母はほとんど毎晩のようにケンカをして、殴られたり、祖母の悲鳴が私たちの部屋まで聞こえていた。……祖母が万引きをして、補導されたと話していたのを聞いてしまう（お風呂場）。……祖母のデイケアの話が出てくる。……祖父の暴力、怒鳴り声、祖母の認知症で家はガタガタ……

12歳で小学を卒業し、館山市立房南中学校へ入学すると学校生活は快活そのもので、市内の陸上大会に棒高跳びやリレーの選手として出場したり、学内会長選挙に立候補して落選の憂き目に遭っても物怖じせず、習いごとは13歳で止めるまでの間、書道教室に9年間、スイミングスクールに5年間も通い続けた。中2の吹奏楽部ではリーダーになったり、中3のときにはイジメられてリストカットする子のお世話係を先生から頼まれるほどの信頼感も得ている。学校ではいい子そのもので、特に目上の人の受けがいい。実力が伴わない「はアーい、はアーい人形」は中学の思春期には完全な形としてでき上がっている。先生の受けが良くなれば良くなるほど「自分は他の人達とは違って、特別に偉いんだアー」との意識が助長され、そのせいで周りの妬みを買い、訳もわからず仲間外れにされ、随分と辛い目にも遭っている。本人の意識の外で形成されて行く「大人びたヒネタ子供」は、子供ではいられない環境下で育った子に多く見られる特徴でもあり、この業界には殊の外多くいる。真代もそのなかの一人だ。孫ACは両親のみならず、祖父母の面倒をも見る宿命を負わされた子たちと言えなくもない。13歳から18歳にかけての真代の記録はさらに痛々しいものになって行く。

「……13歳―12月英語塾に通う。……書道と水泳の習うのを終了する。……母が仕事を辞め家に入ってくる（母は祖母の行動が目につき、ますますケンカが絶えなくなる）。……祖母のデイケア通い、ショートステイ通いが始まる（母が勤めていた系列の病院に何とか頼み込んで入れてもらう）。……介護認定を受ける。……14歳―祖母がご飯を食べたことも忘れるようになる。……祖母は今何をしてたのかわからなくなり始める。……母の頭に円形脱毛症ができているのを見てしまう。父が病院へ行こうと母に言っているのを目の前で聞いている。……祖父と祖母の兄弟（本家）にもきてもらい、ケンカを止めてもらうようになる。……父が酔っぱらって帰ってきて、祖父を怒鳴りつけているのを布団の中で聞く（夜）。……15歳―祖父が流し台で包丁を持っていて、父と母がそれを離そうとしている姿を見てしまい、私も止めに入る。……その後、いつものような話し合い、父が大声で怒鳴っている（部屋の外まで聞こえてきた）話し合いのあと、ガレージに父を呼び出し、私から、もう家を出ようと切り出した。本格的にアパートを探し始める。……私たちが家を出ることを祖母の兄弟（本家）に伝える。……冬休み中にアパートが見つかり、四人で下見に行く。……冬休み中に引越しが完了する。……3学期、同じ中学へ通うため、母が送り迎えしてくれる。……祖母がケアハウスへ入居する。16歳―父が勝山郵便局へ異動。……お酒の飲み方がおかしくなる。……父が毎晩焼酎を飲むようになる（お風呂上り）。……17歳―父の体に異変が出始める（首に赤い斑点）。……18歳―パソコンを始める。……街で声をかけられ、知らない人について行ってしまう……」

中学3年の3学期に館山市内の八幡のアパートに引越し、その1学期の間は母親の送り迎えで通学している。母親が初めて真代だけを見つめてくれた最良の数ヶ月になったに違いないが、反面真代をイジメた連中に対して「車の送り迎えつきよッ、あんたたちとは違うのよッ」との優越意識もピークに達したはずだ。鼻高々で中学の卒業式に臨んでいる真代の姿が私には透けて見える。中学卒業後、15歳の4月に千葉県立安房南高校に入学するが、相前後して自分の身体の変調にも気づき始める。

過度の緊張がストレスとなって真代の身体を蝕んで行った。「イイ子」で居続ける宿命を負わされた子の身体からは無意識にガスが漏れ出てしまうようになっていた。「そんな恥ずかしいこと」など両親に打ち明けることもできず、一人悶々とした高校生活を送る羽目になる。5教科の塾にも通い続け、徹頭徹尾ブリッ子をやっている。真代は頑固も頑固、とにかくしぶとい子だが、3年後の18歳の高3で身体の方が悲鳴を上げて、自分では抑え切れなくなって初めて母親に相談している。残念ながら真代の身体に何が起きているのかを理解する上では、真代の母親は心の「ゆとり」がなさ過ぎた。両親のことや夫のことで、頭が一杯になり子供たちにまで手が回らなかったのだ。真代は自分で何とかしようと、担任や保健の先生に話しをして、クラスの席を後ろにしてもらっている。一時は緊張が和らぎ、ガス漏れもなくなるが、席替えで、また前の席になると緊張がピークに達し、もとの症状に戻ってしまう。勉強に身が入らず、狙った受験校も落ち、真代は千葉市内のアパートで、予備校に通うために一人で浪人生活を始めることになる。19歳から『いばしょ』の所長の幸子さんに出会う23歳までの真代の記録は、祖父母に父親が加わり実に痛々しい。

「……19歳―予備校の男の子に告白される（勉強に集中したいからと断る)。……父、ポリープで入院、私にはずっと隠されていた。本当は、みんなで会って食事でもするつもりだったが、電話で行けなくなったとだけ言われる。後に、事実を知る。……20歳―大学補欠入学、八王子で一人暮らし。……女の子の友達（日本人）と留学生の友達ができる。……一緒にカラオケに行ったりして楽しむ。……お酒も初めて飲む。……クラスの飲み会に参加。……夏休みに入る前に、ある男の子から合コンをしないかと誘われる。……仲良くなり夏休みの間、お互いバイトをしつつメールで毎日やりとりをする。……秋に交際スタート（これが元彼)。……女の子と友達とカラオケでオールするようになる。……本格的に料理を始める。……女の子の友達の家で宅飲みをしたり、泊まったりするようになる。……冬に彼がアパートにくるようになる。……彼と半同棲生活が始まる。……父から祖母の本家と話し合いの場を作り、決着をつけようと思うということを話されたが、私は反対する（妹の受験が控えていたため)。……父のお酒の飲み方が明らかにおかしいのに気づく。……祖父もおかしくなったと聞かされる。……21歳―父から母方の親戚から縁を切られたと告げられる。……パソコン検定の資格を取り始める（3年の頭まで）。……友達と遊んだとき、彼とのことを話したり相談する。……祖父が入院したと聞く。……22歳―5月、母方の祖父が亡くなり布良の家を家族みんなで訪れる（家のなかの変わり様に驚く。お墓のあまりの変わり様にも驚く）。……その後何年かぶりに祖母のいるケアハウスへ会いに行く（3回程度）。……10月、祖母の延命治療はしないと先生に言ってきたと電話で告げられる。……11月、ビジネスマナー、秘書検定、資格取得。……祖母が亡くなり、四十九日にお寺へ行く（そのとき、祖母の兄弟たちから「真代は今日はこっちにいるのかい？」と言われながらもお酌をしたり、おこわを配ったりした）。……祖母の百箇日のときにあつこおばちゃんと洋服の打ち合わせの件でもめる。そのとき、妹から父が酔っ払って電話していたことを知らされる。……23歳―4月、妹から父の病気のことを聞き、急いで実家へ戻る。父からアルコール依存症だと告げられる。……5月、ゴールデンウィーク明けに久里浜に入院。……入院中会いに行く。……妹とすれ違いで、私が母と一緒にいるようにする。……帰ってから、色々と母から父の状態を聞き、笑いながら話していた（父の1回目の入院のことやその他）。……父からも電話がくる。……次の日、精神病棟へ移されたと電話が入り、母と急いで病院へ行く。父の拘束された姿を見る。家へ帰って、父方のおじさんに状況を私から説明。……10月、妹も実家に帰ってくる。……自分のアパートに帰り、友達に相談する。本を読んだり、保健所へ電話したりする。……11月、父1度目の大スリップ。母に呼び出され、実家に帰る。……2度目のスリップ（友達とオールしたあとで、そのまますぐ実家に帰る。妹から電話）。……実家に帰った後、酒に狂った父を目の当たりにする。……自分のアパートに帰ってきたあと、バイト先の先輩に相談する（事情をすべて話す）。……12月、3度目のスリップ。実家に帰る。一緒に久里浜まで付いて行く。……『いばしょ』と出会う」

真代の『いばしょ』との出会いは大学4年の1月だ。素人判断で真代の人生に踏み入らないように、その3ヶ月後の24歳1月に、むさしのメンタルクリニックの原先生につなげ、細心の注意を払うことにした。真代はその後卒業と同時に4月から貿易関係の会社に入社し、八王子のアパートを引き払って、会社に近い足立区竹ノ塚に部屋を借りて一人住まいを始める。父親の酒がますます酷くなるのもこの時期で、度々母親に呼び出されては実家に帰り、おどおど不安げにしている母親を宥めすかし、落ち着いた頃を見計らっては会社に出勤するという離れ業を3ヶ月間やってのける。ド緊張してガスが漏れてしまう身体の変調は続いているというのにねェー……しかし3ヶ月後の6月には仕入れのリストを販売会社に間違えて送るという「大失敗だ！　まずいんだ事件」を何度か起こし「君には無理だねェー」と言われ退社を余儀なくされた。社会人1年生の初っ端から奈落の底に、ガックーンと突き落とされている。目の前が真っ暗になって落ち込んでもいいはずなのに、真代は動じない。それどころか7月からは月水金と決まった日には、きちんと『いばしょ』に通ってきている。足立区竹ノ塚から調布市に通うとなると、2時間弱の時間がかかるはず。続かなくて当たり前なのだが、真代は通い続けているのだ。ミーティングで泣きながら父親のアルコールの話をし、祖父にイジメ抜かれた可哀そうな祖母の話をし、時として何がおかしいのか突然高笑いをして、幸子さんに怒られたりもしているのだ。真代の心の何かが真代を『いばしょ』につなげている。自分で自分の所作に歯がゆさを感じているのかも知れない。

25歳の3月から和食のファミレスでバイトを始めるが、緊張してお客さんの前で注文が取れずに、5月には辞めさせられている。これを契機に毎日『いばしょ』に通所することになるが、次第に足が遠のき、まったく通えなくなってきた。私の脳ミソに「このままだとマズイ信号」が出て、幸子さんに電話をかけてもらい、7月にご両親に『いばしょ』にきてもらった。「竹ノ塚で一人暮らしをしていると〈引きこもり〉になってしまうので、調布に引っ越させて毎日『いばしょ』に通えるようにしてあげたいのですがァー、いかがでしょう？」という提案を受け入れてもらった。早速、不動産関係に強い副担のまさ子さんにアパート探しをお願いし、何はともあれ真代を調布の住人にすることに成功した。8月に引越しが完了し、真代は毎日『いばしょ』に通えるようになったのだ。「真代はお父さんが、いつ飲み始めるかとても不安に思っているんです。せめてNPO京王断酒会の会員になってやってください」とダメ押しをして、父親の春男さんを会員にすることにも成功している。今の私にできることは真代の成長の障害になる物を一つ一つ取り除いてやることしかない。

26歳で「元彼」とメールもしなくなり自然消滅している。真代の人生ままならずかァー！　27歳の4月から真代は私の会社で一年半研修をやったが、満足に伝票整理もできない事実が明るみになったのだ。ここでお終いかと思いきや何のなんの、28歳になりこの4月から真代は原先生の薦めで障害年金をもらい、生活の不足分だけを両親に補ってもらうようになったのだ。何をやっても上手く行かなかったのは、過度の緊張感がもたらす精神的身体的障害を持っていたからなんだ、と真代が自分でその障害を認めるのに4年弱かかったということになる。上昇志向の強い子が自らの障害を認める辛さは、アル中が自らのアルコール依存症を認める難しさに似ているかも知れない。障害があるからといって原先生は真代を甘やかさない。「そろそろ仕事を探してみましょうかねェー」と真代をハローワークに導き、幸子さんと連携して自分の足で職探しに行かせている。「障害年金をもらっているなら、調布市の社会福祉協議会が母体になっている就労支援室があるから、そこに行ってごらん」と女性の職員さんに言われ、真代は「ライズ」という「こころの健康支援センター」を訪れることになる。東京都が募集した障害者枠の6ヶ月の研修制度に応募し、1次2次試験をパスし、3次試験の面接では「私は緊張するタイプです。人と同じことをやるのに3倍の時間がかかります」と面接官にはっきり言えている。同道してくれた社協の葛岡さんもハラハラものだったと思うが、取り敢えず真代に関わっている全員の支援が功を奏したのだ。

幸子さんは原先生よりも真代には厳しい。「緊張して電車に乗れないって言うなら、明日から日曜もなしで都庁にタッチａｎｄゴーを慣れるまで繰り返しなさい！　途中で止めるんじゃないよッ」と幸子さんに手厳しく言われ、一日も休まずやり続けて、今では平気の平左で都庁に行けるようになっている。粘り強い子だ。泣きながらでもやり遂げる根性は見上げたものがある。社協でのパソコンの履修も自分で応募して通い続け、及第点をもらっている。平成24年10月17日から3日間のオリエンテーションが都庁で始まる。この稿を書いているのは16日、真代は明日17日から始まる「出勤」に向けてド緊張の最中だと思うが、明日のことに関しては誰も特別何も言わないという最大限の配慮をしている。「どうして都庁の事務職なんだい？　ウチの会社で事務職は不向きだってわかってるのにさァー」と私が幸子さんに水を向けると「やりたいことは何でもやらすのよッ、そのうち自分で自分の適性がわかってくるようになるでしょうからァー」とアッサリとした言葉が返ってくる。頑固者の真代がそうそう簡単にやりたいことを諦めて引き下がる訳はなし、私も納得せざるを得ない。

『いばしょ』のミーティングで「私にいいときなんて一度もありませんでした。祖父母の面倒を見て、両親の面倒を見てきて自分らしく生きたことなんかありません。いつもいつも「イイ子」でいなければいけなかったしィー……」と泣き出しそうになりながら言う。アル中さんたちが「15歳前後が一番良かったぜェッ」と言うのとは対照的で、真代の話には「なるほどそうか」と思わせる節もあるが「まだまだ上には上があるぜェッ」と言いたいのをグッと堪えて「いいことがあるのはこれからかもねェー」とお茶を濁して私は家に帰ってきた。28歳はあまりにも若い。「世のなかで一番可哀そうな人が私よッ！」でいい年齢だ。人生経験を積み重ねて行くと、そうでもなくなってくるのが普通なのだが、孫ＡＣに限らずアル中の本人もその妻もＡＣも、みんな一番可哀そうなのは自分だと思いたがる傾向が、この業界にはある。私が原先生を手こずらせたのは、この一点で「俺ってそんなに可哀そうじゃないじゃん」という心境になるまで5年の治療期間を必要としたのだ。真代が『いばしょ』につながり、原先生につながり、幸子さんにつながって、そろそろ6年になる。ズバッと突き放す時期に差しかかってきているのかも知れない。孫ＡＣは並べて頑固者だァー、と言う気持ちはさらさらないが、精神障害が身体に影響を及ぼすようになった子は、もう少し時間がかかるのかも知れない。正直あまり頑固だとォー……ヤッパリ可愛くないよねェー……これってひょっとして禁句かしらァー……

【註】

（44）久里浜：独立行政法人国立病院機構久里浜医療センター。日本で初めてアルコール依存症専門病棟を設立。平成元年にはＷＨＯ（世界保健機関）から日本で唯一のアルコール関連問題の施設に指定されている。

（45）多摩断酒：東京多摩断酒連合会。公益社団法人全日本断酒連盟に加盟する断酒会で、多摩地区で30年以上活動している。

（46）孫ＡＣ：孫のアダルトチルドレンの呼称。生きづらさが親から子、子から孫へと連鎖していく。

14. ドっぷり鬱から抜け出した昭男

昭男は昭和24年7月3日、戦後というよりも占領下の日本、東京都立川市に生まれる。上に姉一人兄一人、3人兄弟の第三子次男坊の末っ子で、父親29歳、母親28歳のときの子だ。昭男は私よりも半年早く生まれ、1クラス50人は当たり前だった団塊の世代の最終組だ。現在63歳の昭男と62歳の私。互いに人生の最終章に足を踏み入れている。『いばしょ』の住人になって6年が過ぎ、満額年金の65歳を楽しみにしている半生保半年金生活者だ。バツイチの元会社社長、華々しい経歴の持ち主である。幻聴幻覚を経験したわりには、脳ミソがさほど壊れていない。半ボケか、お門違いなことばかり言う集団の中では、スマートでキレが良い方だ。意地を張るときは徹頭徹尾意地こき虫をやるのは、この世代の特徴で、何も昭男だけが特別な訳ではない。でもォー……ちょっとなァー……もう少し何とかなりません……と言ってみたいところがあるにはあるがァー……根は真面目人間だ。

私が昭男と初めて会ったのは、第1、第3月曜日に三鷹市断酒会の長本会長がやっている井之頭病院の院内例会だ。角顔の背丈のスラッとした長身で、妙に暗ァーい陰気な表情で、我々の正面の奥の椅子にもたれかかるようにして座っていた姿が、私の記憶に印象深く残っている。長年の経験上、入院して元気な人は、まず酒が止まらないと考えて良い。死にそうな状態で入院してきて、元気にしてもらったあと、頭のなかでは飲むことしか考えないのが、この業界筋の定番だ。ジメッとした暗い暗ァーい雰囲気の人は、自分の過去にそれなりに思いを馳せ、多少なりとも過去を反省している連中が多い。反省したからといって、酒とおさらばできる訳ではない。退院が決まって一歩病院の外に出ると、院内での辛いプログラムのことはアッサリ忘れ、今までのことは、その場でなかったことになってしまい、「これで自由だァー」と思った瞬間に、頭のなかを占有するのは酒、酒、酒になってしまう。まして入院中に嫌々行かされていた自助会に退院後も足を運ぼうなどと思う輩は皆無だ。

酒を飲んで何ぼの人間が「今後真面目に酒を止めて生きて行きます」と退院のときの酒歴発表で、まことしやかに言ったところで、有言実行する人なんぞ、極々に稀にしかいない。千人に一人居るか居ないかだ。最初の1、2年は居たとしても、10年20年後となると、入院同期の桜を探してもどこにも居るもんじゃない。病院側がデイケアをやろうが、ナイトケアをやろうが、そんなことは知ったこっちゃない。今のこの瞬間だけが安全であれば、自分を生かす手段として、プライドも何もかもかなぐり捨てて、素直に医療側の言うことを聞いている「振り」をしているに過ぎない。こんな連中相手に無償奉仕は医療側とてできまい。有償治療行為だからできることであって、アル中の命を生かすにも金が必要になるということだ。「ひがみ根性」マル出しの偏見よッ！

入院して2ヵ月後の院内例会で昭男は「酒はもう諦めましたァー」と一言だけ言った。58歳になった夏だ。グダッと力が抜けた、気負いもてらいも何もない自然な物言いだ。ストンと私の心にその言葉が納まり「こいつは本物だァー」と感じたのは事実だ。その後も実に静かな入院生活を送り、退院後、『いばしょ』でやっていた神田愛山(47)の講談を聞く会に、一度海野何某と一緒に顔を出し「2週間後に『いばしょ』にきまッす」と私に言い「本当かしらねェー」と言う女性たちの疑いをよそに、キッチリ2週間後から『いばしょ』の住人になっている。アル中では珍しいタイプの有言実行派の見本だ。昭男にとってのこの2週間は、不調法の後始末期間で、アル中をやりながら90歳の父親の介護を引き受けていたのだが、父親の死の直前に昭男自身が井之頭病院に担ぎ込まれたのだ。程なくして他界した父親の葬儀には一切出られず、煮え湯を飲まされた思いでいたらしい。葬式に参列してくれた人々へのお礼と納骨の段取りを済ませたあと、その言葉通り『いばしょ』にやってきたのだ。しょぼくれた表情で「蝉の抜け殻状態」で『いばしょ』の住人になった。

初日から全く覇気がない。ドォーンと重く重ォーく沈んでいる。3年強に及ぶドっぷり鬱に入ったのだ。匡で2年強、昭男で3年強、私はチト重症気味で5年弱、ドッぷり浸かると「可哀そうなボク」のあまりの居心地の良さに、身も心も奪われて、なかなか抜け出せなくなってしまうのだ。本鬱と違ってアル中さんの鬱は、気分を高揚させてくれる酒を取り上げられた「ひがみ根性」からか、大概は淋しがり屋のくせに、「ひねくれ根性」丸出しの「放っといてくれよッ」宣言を、さもさも偉そうに悲しそうにするニセ鬱だ。そうは言っても経験上、先の先ィーの方に針の穴ほどの光が見えてこなければ、心は何一つ変わらないのも事実なのだ。言い換えれば、ドッぷり鬱は自分史の確認の時期で、3歳前後の最深部の記憶を辿(たど)り、丹念(たんねん)に丹念(たんねん)に「いいってことさァー、生きているから今があるんじゃないのッ」と一つ一つやってきたことを認知して、自分で自分を肯定して行く作業の真っただ中にいるということになる。自分で酷いと思っている幼少期の辛い体験を認めて行くのも結構しんどいものがあるが、酒を飲んで酔っ払ってやってきた悪さを認めて行くのは、更(さら)に更(さら)にしんどいものがあり、特に手前勝手に離婚をして妻子を放り投げた昭男の場合は、一味違(ひとあじちが)う厳しい認知作業が待っていたはずだ。「酒さえ飲んでいなければ、あァはならなかったはずだァー」という後悔の繰り返しがこの時期といっても過言ではない。幻聴幻覚雨あられ状態で、脳ミソが極(ごく)超混乱(ちょうこんらん)状態になっている人には経験できない世界と言ってもいい。断酒会は両者が混合しているから、時折(ときおり)ややこしい問題が起こることもあるが、放っとけば知らず知らずのうちに、いちゃもんをつけたイカれた方が消えて居なくなって行く場所でもある。昭男は十二分にそのしんどさを味わったアル中だ。ただし、今後「酒を飲む飲まないは本人次第」で「神のみぞ知る」という無責任極まりない世界の一員たるに相応しいベストな方法が取れればァー……断酒の継続は可能になるということだ。今後ますます誠実な行動を各方面から要求されることになると思うが、それを嫌がらすにキチッとできるかどうかが鍵になる。「阿呆(あほう)に構(かま)わず」を座右(ざゆう)の銘(めい)にするといい。プラスα思考でできないことは、理由書を付けてきちんとお断りすることです。半端(はんぱ)な根性では、断酒継続は無理ということです。

「……父親は元軍人で第一子長男重視主義で教育的にも私生活でも徹底した差別をする。私の記憶では幼稚園の頃からそれを感じていた。兄は襟付(えりつ)きボタン付きの制服の私立の有名幼稚園、私は上っ張(うわっぱ)りが制服の都立保育園だった。この頃から私は公立のカネのかからない学校にしか行けないのだと思い始めた……」

昭男の生育歴は過酷以外の何物でもない。親の差別は子をねじ曲げる。昭男の「偏屈虫(へんくつむし)」を理解するのは、そうそう簡単なことではないが、同世代の私にはピントぴったりバッチリこん納得できる代物だ。満州の旧帝国陸軍兵士とはオドロオドロしいものを感じるが、関東軍兵士を扱った勝新太郎と田村高広の映画「兵隊やくざ」しか知らない戦後っ子の私には「元軍人だから何なんだってんだよッ」と斜に構えて睨み倒してやりたくなるのが本音だがァー……こればっかりはガキんちょにできる芸当ではあるまいよォー……小っちゃ過ぎてチト無理だったよなァー……私のオヤジも満州の一兵卒で、馬に飼葉をやるとき酔っ払っていたらしく、酒の臭いを嫌がった馬に、後ろ足でミゾオチに蹴りを入れられて、穴ぼこが開いたと聞かされている。「見てみろッ」と言われて見せられた腹は、全体が生々しいケロイド状態になっていた。昭男も私も満州の兵隊のイメージには何も良いものは無いということだ。この時代は父親だけが第一子長男を特別扱いした訳ではない。「お前は長男なんだからもう少ししっかりして頂戴イ」と私の母もよく兄貴に言っていたぜェッ！　第三子の昭男も第四子の私も生まれたときから居なくていい「おじゃまむし虫っ子」だったということだ。皮肉なことに親らしいことは何一つしてくれなかった親の面倒を、最後まで見させられたのが味噌っカスの二人だ。運命ってヤツは皮肉以外の何物でもないということかしらねェー……

「……小学校に上がると同時に母は内職を辞めて外で働き出した。私は鍵っ子になった。小学校では近所でも評判の良い子でした。学校から帰ると、水汲みや買い物などの家事を手伝っていた。3年生のとき総代になり将来を期待される……」

両親の間で何があったのかはわからないらしいが、小学校2年生のときに学校から帰ると母親がたくさんお握りを作って待っていて「母さんが居ない間はこのお握りを食べなさい」と言って出て行ったという。一週間くらいで戻ってきたらしいが、訳もわからず母親が居なくなった時間が、例えそれが1日だろうと子には、長い長アーい不安のド壺状態に置き去りにされたということになる。子の心を親は知らない。成績がいいのも近所でも評判のいい子をやるのも、すべて親に自分の方を見てもらいたいがための頑張りなのだ。子はどんな方法を使ってでも親とつながっていないと、自分の生命が危うくなることを本能的に知っている。食事も与えられず、一週間も放り出された私の体験よりは、食べ物がある分ましかも知れない。長姉が迎えに行って戻ってきたときには若いツバメ付き、その日から毎夜繰り広げられるセックス地獄を見せつけられる羽目になった私よりは何ぼかましさァー……どんまいドンマイ……それにしても親っていう動物は身勝手なもんだぜェー……昭男がその不安を幼い身でどう乗り切り、その後の人生にどう影響したのかは、今のところは敢えて聞かないことにしている。唯一つだけ体験上言えることは、どこぞのポイントで女性への信頼感がまったく無くなってしまったということだ。酔っ払って暴れ、自分の妻子に修羅地獄を味わせてしまった昭男と私に共通していたのは、女性を尊重できなかったことだ。その原因の一端を私は「母親に見捨てられた子の不安」のなかに見ている。

「中学に入っても3年の1学期まで成績は学年のトップグループだったが、夏休みに入りエレキギターが欲しくて外人バーでアルバイトをする。そこで酒と異性に目覚める。学業がおろそかになり高校受験のときは第1志望校が受けられなかった……」

とびっきりの上昇志向タイプが読み取れる。欲しいとなると、とことん欲しがり、手に入れるまでは諦めない。その根性は差別待遇の中で生き抜いてきた者だけが持つ歪んだ精神構造の一つだ。何不自由なく与え続けられた者と、欲しくても与えられない者の違いは、諦めがいいか悪いか、一つのことに対する執念の違いとなって表に現われる。しかも脳ミソがスマートであればあるほど計画的で執拗だ。手に入れたあとに、本物のギタリストを目指して精進するかと言えば答えは「ＮＯ！」だ。手に入れるまでのプロセスに執念を燃やすのであって、手に入れた物にはさほどの興味は示さない。アル中にギタリストはいないかもねェー……辛い長アーい訓練にはまったく不向きな人種だからだ。釣った魚に餌やらず的「ヒト科の人」集団が断酒会と言えなくもない。昭男は私の推論にドンピシャ当てはまる真性アル中だ。心のなかが透けて見える単純明快な扱いやすいアル中なのだ。

「……何とか第2志望校に入ったが投げやりでロクに学校へも行かず非行に走る。3年生二学期の期末試験後、すでに出席日数が足りず温情で無期限の休学処分になる。卒業試験は受けられなかった……」

昭男は都立国立高校の話をしているのだ。第一志望の都立立川高校がダメだったという純然たるトップレベルの挫折の話だ。三多摩地区（48）では1に立高、2に国高、3に三鷹に4の5がなくてその他諸々と言われていたのは事実だが、国高を受けて落ちた人間を何人も知っている私としては「いい加減にせぃッ！　このぜいたく者がァー」と怒鳴りつけてやりたい気持ちになる。「国高のどこがいけねェっていうんだよッ」と40年近く経た今でも、私は国高の肩を持つ。昭男は欲張り過ぎです。幸子さんは女子で1番の都立武蔵高校を受けて落ちたんですよッ。学校の偏差値で差別する必要はない。問題は中身です。小中で燃え尽きたのか、国高時代はグレてグレてグレまくっている。大番長グループを率いていたのが先だって亡くなった俳優の安岡力也で、昭男はもう一方のミニマムグループの方だったらしい。イキがりたい年頃に、しっかりイキがって青春期を過ごしたとは何とも羨ましい限りだ。

「……社会に出ても職は定まらず、バーテン、建築現場の監督、外回りの営業など転々とする。25歳のとき、業界で知り合った3人とインテリアを主とした建築不動産の会社を立ち上げる。業績は順調で独身貴族を謳歌していた。28歳で結婚して30歳で第一子長男が生まれる。32歳で八王子郊外に土地を購入し夢に描いた通りの家を建てる……」

団塊の世代は競争世代だ。食うか食われるかしかない。戦い慣れている世代とはいえ、32歳で自分の地面に家を建てることができる才覚の持ち主はそうざらにはいない。私も34歳で自分の家を建てているが、婿養子として幸子さんの父親の借地の上に家を建てたに過ぎない。バブル期の土地は高すぎて、庶民にはなかなか手が出せる物じゃなかったはずで、それを購入して家を建てたとはァー……恐れ入谷の鬼子母神様々だァー……ひがみ根性丸出しで兄を妬み恨んで、上ばかり見て育ってきてしまった子は、すべての面で早成に成らざるを得ない宿命なのかも知れない。

「……ときを同じくして突然兄が勘当され父親の会社を仕方なく受け継ぐことになる。その後次男、三男と授かり順風満帆だったが放漫経営の末、44歳で計画倒産する。同業者に拾われるが仕事ができ過ぎて浮いてしまい退社させられる……」

昭男の父親は戦後立川の米軍基地でボイラーマンをやりながら住環境設備関係のノウハウを取得して会社を立ち上げた。お気に入りの長男という跡継ぎもいて、さてこれから悠々自適の61歳に差しかかった頃、その跡継ぎが重婚騒動を起こしたらしく、激怒ついでに古めかしい「勘当」という方法を選んだらしい。今の時代なら「何それ？」の一言で馬鹿にされてお終いなのだが、関東軍の元軍人には非現実的処方が、古式ゆかしく生きていたということだ。一日にキッチリ5合の焼酎を飲んでは、女房相手に散々愚痴たれ坊主をやるような親父だったとのこと。勘当されたお兄さんの方はガキの頃から口喧しい父親から離れられて、さっぱりサの字で却って好都合だったはずだ。跡継ぎを命じられて「はい、承知しました」とバトンを受け取った昭男を、私は唯の一言「馬鹿」と表現させてもらう。32歳になって、クソッたれ親父の言うことを聞くなんザァー……どっちもどっち、いかれた親子としか言うようがないでしょう……12年後に遊び呆けて計画倒産とは無責任も甚だしい。稼いだ金を社長自ら手掴みで采配してたんじゃなァー……アル中気質が邪悪な心に取り憑かれないはずがない。私も長年社長をやっているが、金には触らず、稼ぐだけ稼ぐ人に徹していたからこそ今が在るんです？　かなり嘘っぽいが、内面では多少威張っていても、外面は謹厳そのものを装っていなければ長持ちはしませんよッ！　失言訂正……婿養子！　女房の尻に敷かれていたからこそ、ここまで社長をやってこられたんです……情けなやァー……

「……ヤケになって酒浸りになる日々、長男、妻といがみ合い、ぶつかりあって47歳で離婚して家を出る。その後車上生活などして転々とする。コネで警備会社に勤めるが52歳と2ヶ月で高尾の駒木野病院（49）に入院する。退院三日後から復職するが続かない。父親の介護と静養を兼ねて実家に戻るが酒は止まらず、二年後54歳で井之頭病院に入院する。それから三年三ヶ月、自力断酒を試みるが、父親が重症で病院に入院すると堰を切ったように飲み始め、すぐに連続飲酒に陥る。再度井之頭病院に入院。同時に父が亡くなり葬式に出られなかった。退院後葬式に参列してくれた人たちへのお礼と納骨の段取りを済ませたあと、『いばしょ』を運営する京王断酒会に入り現在に至る……」

酒浸りの脳ミソで「家を出るぞォッ！」宣言しても醒めれば素知らぬ体でひょこひょこ家に戻ってくるのがアル中のお定まりの行動パターンなのだが、昭男はキッパリ家族を捨てている。意地っ張りも、ここまでくると可愛気がない。私と同じで、酒乱のストッパー役を担わされるのはいつも長男だ。いまさら謝ったところで許されるものではないことは、「合点承知の助」で、平謝りに謝る以外に人としての道はない。父親の役割を放棄したのは私自身、生涯その罪を背負って生きて行くのは、二代目アル中としての宿命だ。長男と取っ組み合っているときに、三男坊のオチビちゃんが、昭男の足にしがみついて、諍いを止めようとしたらしい。私もそっくりソの字の同じ体験をしているので、昭男の体験談は、いつも身につまされる思いで聞かさせてもらっている。33歳になる長男は家族を捨てて行方知れずだという。この業界のことを学びつつ、あらん限りの恨み辛みを父親に吐き出すチャンスすら昭男の長男にはないのだ。次男は未だかつて口も聞いてくれないそうだ。オチビちゃんは今、立派な社会人になり、1部上場企業に就職して札幌で元気にやっているとのこと。この子だけが唯一昭男が井之頭病院に入院しているときに、お見舞いにきてくれ、今なお昭男を父親として慕ってくれているらしい。

離婚が決まると大概の夫婦は資産を当分比で分割し合うものだが、昭男は自分から「理想の家」を妻子に明け渡している。車上生活に甘んじて5年もの長きに渡って浪々の身を味わい、以後は飲んだり止めたりの真性アル中のコースを辿るのだが、私は家を妻子に残してやった一点に、昭男のギリギリの人間らしさを見ている。坊主憎けりゃ袈裟まで憎くはなかったのが昭男で、暖かい家庭づくりに失敗した慙愧の念を読み取っている。自分を蔑み、いたぶり、死んでしまった方がましだと思って死ぬ気で酒を飲んでいたはずだ。酒を飲み続けて死んで行く連中は、人間らしさのカケラも持っていなかったのよッ！　昭男もそれが理解できるようになるといいんだがァ……そんな連中よりもいくらか自分はマシだったのかと気づくときがくる。そのときよッ！　別れた家族に一人一人対面して非を詫び、許されないこととわかりつつも許しを請うのが『いばしょ』のメインテーマなのよッ！　「ヒト科の人」が、遅ればせながら「人間」らしく生きるとはァー……「謝罪」ができるかどうかだ。私は同世代の人間として昭男はそれができる人だと思って付き合っている。「あっちに行ってろよッ」と私に弾かれる人は、それができない人たちだ。この業界の大半は病気を盾に取り、迷惑をかけた人に謝る気なんぞォない人間だ。仮面を被ったまま偉そうに「何十年断酒しているんだぜェー！　俺はよォー！」と嵩にかってくるアホは大嫌いだ。名前を挙げればキリがないほどいる。悪い見本がいてくれるから、謝罪ができる人が出てくるのだ。見本は大事よッ！

『いばしょ』での昭男は3年に及ぶドッぷり鬱から抜け出し、何となく頼り甲斐のない武男の穴を埋めてくれる人間に成長しつつある。今の『いばしょ』の立て看板は昭男の手による物だ。第1号は京一が知り合いの大工さんの資材置き場の廃材をもらってきて、流暢な書体でマジックで書いた物だ。5年も使っていると黒ずんで、良く読めなくなってきたので、娘さんが美大に通っていたおゆうに「トモミちゃんにデザインを頼んでみてよッ」とお願いした。しかし、「ママ、私にはできないよッ」と断られ、結局おゆうがデザインすることになった。それはそれは見た目もくっきりさっぱりしたデザインのでき上がりよッ！　おゆうは当時ドッぷり鬱に沈んで、当分の間は浮かび上がれそうにもない昭男に製作命令を下したのだ。「ええッ、昭男を使うのかよッ！」と私は一瞬ためらったがァー……素知らぬ体を装っていると「わかりましたァー」と返事をして製作が始まった。何ヶ月かかっただろうか、デザイナーとプロデューサー兼職工さんの意見の食い違いは、傍から見ていても冷や冷やものだったのを懐かしく思い出している。折り合いをつけてでき上がった看板は、大中合わせて5枚、白地のプラボード上に、緑と赤色を配したグッドデザイン賞ものの代物だ。おゆうの人使いの荒さにもタマゲタが、それを受けて立った昭男の根性にも「タマゲタ看板製作」の一幕だった。二人には共有の財産ができて「良かったねェー」と思う反面、無責任な立場を貫き、ジッと辛抱のシの字で耐え切った私に私自身が驚いた1コマだった。それにしても見事なチームワークだった。

58歳からの断酒は、かなり奥手の方だが、東京断酒新生会の本部と、機関紙「しんせい」の編集委員も無事にこなしている。元気になってきた昭男は、とにかく口喧しいヤツだ。「三つ子の魂百までも」かどうかはわからないが、父親の口喧しさをソックリそのまま受け継いでいる気配がこのところ顕著になってきている。本人はたぶん気づいていないと思うが、みんなに嫌われない程度で留まってくれることを祈っている。言い出したら誰の言うことも聞かない頑固者、傍で私が聞いていても明らかに昭男の方が間違っているのだが、本人は「オレの方が正しい」と論陣を張ってしまう。家を出たあと、5年間もプーたろうに等しい生活ができたのも、この頑固さゆえに違いないと私は思っている。断酒のプログラムをやり続けるということは「頑固でいちゃダメだ」ということと同じ意味になるので、私もそうそうは心配はしていない。お気張りやすゥー……

【註】

（47）神田愛山：講談師、二代目神田愛山。酒の飲みすぎで一度破門されるが、アルコール依存症を克服して舞台に復帰。お酒にまつわるエピソードが多く独自の「アル中講談」で知られる。

（48）三多摩地区：東京都のうち、23区と島嶼部（伊豆諸島、小笠原諸島）を除いた東京都西部の市町村の総称。

（49）駒木野病院：東京都八王子市高尾にある精神科病院。

15．まだまだ母親になり切れないけい子

4年前、睦子が京王レディースに泣きながら参加するようになって程なく、けい子が登場してきたのだ。一人息子の喜一の酒に一喜一憂して、心が定まらない典型的なブリっ子タイプの母親で、断酒例会で流す涙が実に嘘っぽい。人の顔色を窺っては「可哀そうな母」を一人で演じて、同情という名の賞を取ろうとする。作り笑いの陰に潜んでいる強欲さが、身体の表面に吹き出ていて、覆い隠すことすらできないでいる。私は心のなかで「頼むからなァー、京王だけにはきてくれるなよッ」と祈っていたほどだ。お節介睦子のヤツが「豊ーさん！　同じ、世田谷断酒会のけい子さんなのッ、宜しくお願いしまーす」と連れてきてしまったのだ。「あいよォーッ、わかったよッ」と気楽に答えはしたものの、私のやることは何もない。幸子さんに丸投げだ。私がしゃしゃり出て、上手く行った試しがないのは、私自身が一番良く知っている。京王断酒会にくる連中は重いのばっかりでよォー、くたびれちゃうのよォー……因果な病気だよなァー……

けい子は昭和21年に2人姉妹の第二子次女として、母親の実家で生まれている。3歳年上の姉は北京生まれ、けい子は母親のお腹のなかで戦後の引き揚げ者と一緒に船旅をして、日本で生まれたということらしい。姉はえらい美形だそうな。けい子は凄まじい劣等意識を姉に抱いている。残念ながら「人間、顔じゃないぜよッ、心だぜェッ」という言葉を知らないらしい。「大人になったとき、お姉ちゃんは美人になるけど、けい子ちゃんはそれなりに愛嬌のある子になるよ」と無責任なことを言う近所の嫌味な婆ァの言葉を真に受けて「そうかァー、そうなのかァ」と感激し「私はそれなりによくなるんだァ」と自信を持ち「何でも精一杯努力して行こう」と決心したそうなァー……乙女心は外見上の美形や否やが、それほど大切なものなのかと、書き手の私が感心させられている。美形は「ツン」と「スマ」して暗くて冷たい。私が選んだ幸ッちゃんは「笑顔美人」だ。

母親の実家に近い「引き揚げ者のバラックのマーケット」に居を構え、けい子の記憶はここからスタートする。最深部の記憶

が貧乏と空腹とはァー……お腹を空かして姉と二人で仕事から帰ってくる両親を待っていたというのだから、今でも「欲しい物は何でも手に入れなきゃ気が済まない」性格はある程度うなづけるがァー……過ぎたるは及ばざるが如し、何事につけても「欲しがりません」がけい子のメインテーマになる。息子をアル中にした母親の「償い」が「無私、無欲、無力」の三本柱になる。手を離して断酒会にお任(まか)せあれ！　悲しいかな、それ以外に方法はない。

貧乏は幼い心には辛い記憶としていつまでも残る。そうなりたくないから人一倍頑張る「頑張り屋さん」になるのは仕方のないこと。だが幼気(いたいけ)な我が子にも同じ奮励努力(ふんれいどりょく)を求めてしまうのが、この家族病のネックで、親の要求に答えられない子は「いじけ虫(むし)っ子(こ)」になって、果ては「俺なんかなんで産んだんだよッ」と牙(きば)を向いてくるのだ。頑張っても母親の要求には答えられない自分を自分で哀れんで「何をやってもダメなボク」の世界に入りこんで、アルコールの酔いのなかに束(つか)の間(ま)の安らぎを求めてしまう。憐憫(れんびん)、慰撫(いぶ)、安らぎの底辺(ていへん)に流れているテーマは、身勝手な「自分が大事大事主義」だ。結局のところ、人にとって一番大切な物は「自分」で「なんでお袋は勝手に俺を産んどきながら、俺を大事に取り扱ってくれなかったんだッ」と言って、すねまくっているだけに過ぎないのだがァー……これを理解させるのが至難の技なのだ。生命の意味がわかれば、すんなり納得できるんだがァー……喜一はけい子がつくり上げた真性(しんせい)アル中だ！

けい子の結婚は相手を見る目がなさ過ぎたチャラチャラ婚だ。

23歳で大学の同じ研究室の1年先輩と結婚、しばらく横浜に住んでいたが、小京都と呼ばれる田舎で一人暮らしをしていた夫の母親の要請で、そちらに引っ越すことになった。甘やかされて育ったわがままお坊ちゃまは、母親と一緒に暮らすのが楽で幸せなのだ。苦労して生きて行く必要はまったくない。好き勝手なことをやっていればいいのだ。仕事もけい子任(まか)せで遊興三昧(ゆうきょうざんまい)……釣りに鉄砲、酒に女とその他諸々(もろもろ)やりたい放題となれば「こんな生活耐えられないッ」と離婚を決意するのは何もけい子に限ったことではない。極々自然(ごくごくしぜん)な成り行きでしょう……結婚生活は4年強、27歳でバツイチのシングルマザーとなる。この辺りの経緯は「3．離婚・実家に帰る」と題して実にリアルに書かれてあるので丸写しで転載してみることにする。多少長文になるがァー……

「……別れるにあたって、毎晩のように話し合いが続き、主人側の条件は『息子は絶対に渡さない、置いていけ』私は東京に戻って裁判を起こしてでも子供を取り戻そうと思い、息子を姑(しゅうとめ)さんに託して、とりあえず実家に帰った。実家に帰って、すぐさま近所の弁護士のところに相談に行った。事情を話すと、弁護士に『すぐに戻って、息子さんを取り戻してきなさい！　自分の子供なんだから誘拐(ゆうかい)にはならないから。手元(てもと)に置いていないと裁判なんて不利になるだけだ』と、私はたしなめられた。

　こうなると『疲れ果てた』なんて言っている場合ではない。翌日、東京から約４００ｋｍ離れたその家に再び引き返して『大事な書類や保険証を忘れた』などと言って、寝泊りしていた2階の部屋に上がり書類を探すフリをした。そのとき、お姑さんが息子を抱いて『探し物は見つかったかい……』と2階に上がってきた。私はお姑さんに『お願いです！　これが今生(こんじょう)の別れです、もう一度、息子を抱かせてください』と懇願した。お姑さんは『しばらく、親子水入らずの二人だけにしてあげましょう……』と、私に息子を預け、部屋のふすまを閉めて、階段を下りて行った……そのとき、今だ！　と、そ～～と階段を下りて、裏口から裸足同然（薄っぺらいゴムぞうりだったかを履いて）で抜け出し、ＪＲの駅と反対方向へ走って、ず～と先の顔見知りではない店まで何とか辿(たど)り着(つ)き、タクシーを呼んでもらった。

　忘れもしない、雪がまだ残る寒～い3月、外はすでに夕方で暗くなりかけていた。ＪＲの最寄り駅方面は親戚も多かったので探し出され捕(つか)まると思って、反対方向の駅へ向かったのだ。タクシーのなか、私はず～と息子を抱きしめていた。書類を探すだけだと言って上がり込んだ家の玄関には、まだ私がそこにいると思わせるように、持ってたガラクタの入った風呂敷包みと玄関先に脱いだ靴を、残したままで……。

　何時間もかけ、列車をいくつも乗り継いで、上野駅に辿り着いた。すでに朝日が昇って、東の空は白々(しらじら)と明るくなっていた。上野駅では両親が待っていた。私の胸にうずくまって、すやすやと寝ていた息子を見ながら、しばらく緊張感から解放され、フウーッと力が抜けていくのを感じた……。

こうして大事な息子を手放すことなく、私の手元で育てることができた……」

かなりシンドイ逃走劇だったようだ。日活のB級映画でも見るような陳腐な芝居に似ている。事実には違いないと思うが、あまりにも現実離れしたドラマティックな展開で、ついて行けそうにない。離婚の悲喜劇は散々聞かされているが、けい子の顛末は私の脳ミソには、ピンとピッたし響いてこない。けい子が好んでとった行動ではなく、そうせざるを得なかった何かが潜んでいる。姑と夫との関係が強過ぎませんか？　田舎に戻った途端に遊び呆けて、仕事から家事から何もかも一切合切、けい子に任せっきりッ！　そんな息子の遊興三昧を目の当たりにして、母親たるお姑さんは、嫁側に立ってバカたれ息子をいさめることもできないのォー？……私には信じられない親子関係だ。甘やかされて育った夫が、離婚劇の後の人生を、どう生きて行ったのかは知る由もないが、けい子の話だとその後も結婚離婚を数回繰り返したようだ。たぶん息子は息子で結構辛い思いをしているんだろうと思う。いずれにせよ、けい子が結婚を選び、けい子が離婚を決断し、けい子が泣いたのは紛れもない事実、けい子の人生はけい子のものだ。プロフィールを更に転載する。「4．子供を育てる」との題だ。

「……東京の実家に戻って、私は精神的な消耗と体力的な疲労からか貧血で倒れ、10日間ほど近所の病院に入院した。そして、実家といえども、これからの生活や教育費のことなどもあり、私は息子を保育園に預けて働くことにした。2歳になったばかりの息子は突然、右も左も知らないところに連れてこられて、見たこともないお爺ちゃんとお婆ちゃんに抱かれて、どれだけの不安を感じたことだろうか。挙句の果てに、唯一頼りの母親が入院、その後働きに出たのだから、周りの環境に慣れるまでの幼子は、不安で一杯だったろうとつくづく思う。このとき、もっとしっかり抱きしめていれば良かった、もっと一緒にいる時間を大切にしておけば良かった。息子の小さなしぐさに微笑む余裕のある自分でいたかったと、しみじみ思う。私はそうまでして連れて帰ってきた、たった一人の大事な息子を何とか恥ずかしくなく立派に育てようと、こんなに立派に育てましたと、いつか胸を張って言えるように、自分の見栄も手伝ってより厳しく育てた。

学校の宿題をやらなかったとか、忘れ物をしたとか、そんなときは随分と折檻した。小さかった息子からしてみれば、虐待だったかもしれない。私はが自分が小さい頃から努力してできたことだから、当然、息子ができない訳がない！、『なぜ、できないんだ』と強く詰め寄った。私は息子の気持ちや性格を読み取ることをしなかった、ただただ、自分が何事にも自分なりに努力してできたことだから、当然、息子も努力してやるべきだと、そればかり強要した……」親という名の動物は所詮、自分が学んできた価値観で子を育てるものだ。私もそうだったし、私の母親も5人の子を女手一つで「勝手に」育ててきている。長姉を13歳で寿司屋に奉公に出し、長男を18歳で一家の大黒柱にし、次兄などは3度も赤の他人にもらわれて行っている。「子供は犬猫と同じなんだから怒るもんじゃない」とお婆さんから教わり、その通りにして育ててきたと、ためらいもなく言っていたのを思い出す。ひどい子育てだったと思うが、酒乱で家の中を修羅地獄に陥れた私には、たとえ恨みつらみしか残っていない母親でも、母親の子育てを、とやかく言える筋合い何ぞォない！　厳粛な結果があるだけだ。姉は慢性的な暗い暗アーい偏頭痛持ち、長男は26歳、次男は30歳で首吊り自殺、第四子3男坊の味噌っカスの私は酒乱のアル中、弟もプロ級の飲み師だ。父親だけの子育ても正直言ってあまりいただけない。母親の虐待的しつけを父親が止め、父親の虐待的しつけを母親が止める。子供は自分の都合のいい方に流れて行くが、アッチふらふら、コッチふらふらするのが丁度いいバランスとなって、とどのつまりは「自分で自分を養育」し、右にも左にも偏らない人に育って行くような気がしている。もっとも、そうそう上手い具合に育った人に、お目にかかったことはないがァー……けい子の子の喜一は、吃音という目に見える形で母親への拒否反応を示している。厳しく、強く「何でそんなこともできないの、あんたはァー」と詰め寄られれば、喜一といわず、子供なら誰でも拒絶反応を示し、恐怖のあまり、ブルブルガタガタ震えるのは当たり前の話だ。ましてや一人っ子じゃ逃げ場がない。「窮鼠猫を噛む」ほどに強く生まれてくる子は滅多にいるもんじゃない。けい子の最後の章のプロフィール「5．そして、今は」も転載する。

「……息子は、大学を中退したものの社会人となり、平成10年には結婚もした。このとき私はヤレヤレここまで長い道のりだった、これで私の母親としての役目も果たした。これからは、若い二人が家庭を築き上げて行くんだと、肩の荷下ろしたのも束の間、息子は2年後には離婚、お酒の問題で仕事も辞めてしまった。そして、私のこの病気と向き合う日々が続いた。私は酒に対して無力であることを教わった」

私は自分の母親のことを「子産み子育て子殺し」の実行犯、まれに見るひどい母親だと認識している。優しい面も人並みに持ってはいたが、そんな話を例会でして「普通の母親に育てられたボク」のなかに、慰安を求めるつもりはさらさらない。修羅地獄を引き起こして、妻や子供たちを苦しめ抜いた罪から逃れようなどと思ったことは一度もない。罪を生涯背負い続け、罰も生涯受け続ける。私のアル中人生に息抜きはない。このくらいで勘弁してもらおうなどと、自分を甘やかすこともない。幾世代にも連鎖して行く病気なら、医療側の言葉に耳を傾けて教えを乞い、私の代で切れるものは、切る努力をして行こうと心に誓っている。現実にはこの22年間で、何一つとして満足にできたものはないのが実情だがァー……奮闘努力中ですゥー……

けい子も「その道に入る覚悟が出てきましたァー」ということなのかしらァー？　いまいち疑わしい人だ。本気印が私の五感に伝わってこないのだ。ニコニコ「愛嬌」を振りまいても、妙に嘘っぽいニセ物を感じる。なぜ嘘っぽく感じてしまうのか、今のところは良くわからない。「はい、わかりましたァー」と返事をしても、私の言うことなど歯牙にもかけない「自分勝手な女」との印象がなかなか抜けない。「ニコニコ人形」の騙しには、散々嫌な目に遭わされてきているので、笑うべきところでもないのに笑みを振りまいて近づいてくる女性には、殊の外強い警戒心が働くのかも知れない。「あなたは井之頭病院の家族会には出続けなさい！」との幸子さんのオーダーには従っているようだが、その家族会から「嫌よねェ、あの人、仕切屋よッ」との噂が流れてくるということは、やってはならない「先生」をしているということだ。三鷹市断酒会の一泊研修からも「あの人何ですかァー？」と、さもさも嫌味タップリに耳打ちされるということは、人の迷惑も顧みずに我を押し通しているということだ。頼んまっせェッ！　うーん、けい子の我の強さはよォー、実は悩みの種なのよッ……

豊さんにめったくそに言われているけい子は、今後どういう訓練をして自分を磨いて行けばいいのかと言うとォー……ちゃらちゃら動かず、ジィーと押し黙っていられる人になる訓練をすることです。自分で静かになった自分を感じられるようになると、心の底からジワッと喜びが込み上げてきます。その喜びと共に生きて行く訓練をすることです。そうなった母親に喜一は「静けさ」を感じ「もう、お母さんの面倒を見なくてもいいんだァー」と、全人生に漬物石のように重く圧しかかっていた「母」を地面に降ろして「さようなら」が言えるようになるんです。夢々忘れなさんなよッ！　息子が母親の傍から離れられないのは、息子の心の未熟さ以前に、母親の心の中に未熟さがあるからだ。「女手一つで育てた可愛い息子」の内側に秘められているのは、大きくなってアル中になった息子への憎悪だ。思い通りの「立派な息子」に育ってくれなかった恨みと言ってもいいかも知れない。諸々の感情が互いを縛り付けるロープの役を担っているのだ。「母親の心の中の未熟さ」とは、我が子をいつまでも子供扱いして、手放そうとしない歪んだ母性と言えるかも知れない。サッパリした母親には、子は漬物石のような重さを感じないでいられるのだ。「サッパリ」に優るものはない。

断酒会では母親が登場しても続かないのが定説だ。アル中さんは言葉には出さないが、母親には幼心を満たしてもらえなかった、恨みつらみを潜在意識のなかに抱えているので、どの母親にも同じ臭いを感じてしまい「嫌味オーラ」を飛ばしてしまうのだ。「よくいらっしゃいましたァー」と憎々しげなエセ笑いで迎えても、母親側が自らに警戒信号を発令して、二度と行こうと思わないものだ。だが、けい子は執拗に諦めない。例会のなかでキチッと子育ての非を認めて語れている珍しいケースになる。奇人変人珍品の部類に入る。長くても3分以内の話を心がけると、どんどん味方が増えてきます。やって見て下さい。幸子さんの主催する京王レディースが基本中の基本ですので外さないようにして下さいねェー……「母親としての誇り」とは何なのか、考えてみるといいかもねェー……女手一つで育てた甘ったれ坊主を一人前にするのは、大変な苦労を伴うものですが、「けい子の周りには、手助けしてくれる人が山のようにいるからねェー……一人じゃありません！

幸子さんは私が親から受け継いだアルコール依存症の連鎖を断ち切るためにアラノンに10年以上通い、同時進行形で断酒会にも出るという大車輪的な行動パターンを完成させている。そんな幸子さんの学びと実践の上に京王レディースの今がある。私などは「そんなもん止めっちまえッ」と何度言ったかわかりゃしない。でも幸子さんは止めないでやり続けている。そんなグループの一員としてけい子の今がある。私に叩かれるのはどこか中途半端な「意地こき虫」なところがあるからだ。何もかもかなぐり捨てた本気モードが今少し足りないからだ。母親がどう頑張ったところで直接的に喜一をどうこうできる時代は遥か遠い昔に終わっているのだ。自分の心を穏やかにする訓練しかない。その後ろ姿を見て喜一が何を感じるかは喜一のもので、母親であるけい子にはまったく関係ないことだ。腹を痛めた子だとしても、いつまでも臍の緒をつなげていては両者がダメになる。毛深い糸を断ち切る方法として「喜一さん」と呼び方を変えることをお勧めする。

自我の強い女性は相手に期待する心も強いものだ。「漬物石」を頭のテッペンに乗せられるとは「期待の重さ」を意味するのだ。親子はつながっているので喜一は、その重さを嫌というほど感じ、その重さから必死に逃れようと、もがきつづけてきたのだ。その結果が「酒の酔い」だ。けい子のあまりの執拗さに素面じゃ抗い切れない喜一は、酔っ払って意識を飛ばせば楽になれるということを学んだのだ。喜一が今酒を飲まずにいられるのは、母親が離れて行くのを感じ取り、漬物石が軽くなってきたのを感じられるようになったからであり、酒の酔いのなかに「逃げ込む」必要性も感じなくなったからだ。悪ガキが酒をチョッと止めて、母親の顔色をうかがっているのが今の状態だと思えばいい。けい子が今のプログラムを止めると同時に喜一は飲むに違いない。けい子の親子関係はネバネバしていて執拗だ。幸子さんの生き方の真似ができるならそれが一番いい方法ですがァ―……近づく努力をしてみて下さい。ハードルの高さ云々ではない！　「愛」とは何かだ！

けい子の母一人子一人の関係に背筋がゾクゾクッとするほど怖気立っていたのは、密着度の強さだったのかァー、といまさらながらに思う。子を思う親心が仇となる病気が依存症とは、「恐れ入谷の鬼子母神様」でも気がつくめェー……私が長谷川病院に入院する直前……狂いに狂いまくっている39歳のときに、幸子さんは私の母親に相談に行ったらしいのだ。「豊の酒は私にはどうにもならないよッ」と言われてすごすご「帰ってきたのよッ」との話を何年も経ったあとで聞かされている。そんな私の母親と比べるとけい子は母親らしい母親と言えるかも知れない。私の母親は「放任」、けい子は口喧しいという「過保護」……どっちもどっち、優劣つけ難き勝負なり！　両方とも「虐待」の範疇だ。放任アル中だろうが虐待アル中だろうが、治療の場は断酒会しかない。

私には母親の立場がどういうものなのかわからない。子の立場で喜一にシンクロしているに過ぎない。親子である限り、子は母を傷つけ母は子を傷つける。傷つけられた子が傷つけた母を語っているに過ぎない。母と子の引き合う力の強さを思うとき人として生まれてきた不運を感じる。両者の粘着力の強さからこの病気が始まっているというのに、多くの母親はそれに気づこうとはしない。「思いやり」が空回りする悲しい病気だ。けい子が「一人で居られる母」になったときに、たぶん喜一は「母という名の重し」から解放されるのかも知れない。せいぜいお気張り（きば）やすゥー……

16．嵐が過ぎて静かな老後を迎えている靖枝さん

靖枝さんは私より11歳年上の大姉御、昭和14年7月7日に世田谷で生まれた七夕様だ。第一子長女、2歳下に妹一人、6歳と8歳下に弟が二人いる。4歳下にも長男だった弟が一人いたが、当時流行っていた日本脳炎で幼くして亡くなっている。父親は明治45年生まれの真面目な公務員で、新橋郵便局を最後に定年退職したという。「毎日定時に帰り、駅に迎えに行くとほとんど同じ時間の電車に乗って帰ってきた」人だ。母親は大正2年生まれの専業主婦で「具合が悪い」と言ってはすぐ寝込んでしまう、あまり丈夫な人ではなかったらしいが、そんな母親が若い頃はリレーの選手だったと聞いて「びっくり」したという。手内職か何かだったのか「いつも親戚の着物を縫っていた。私は傍で小さいときから針を持って、一針縫っては糸を抜いていた」と幼い頃の記憶を呼び起こしている。大好きなパッチワークの布切れを処分したのはごく最近のことで、リュウマチで針を持てなくなった無念さが、この一行の隙間から伝わってくる。

一つ屋根の下で二人のアル中と暮らしてきた妻であり母だ。妻の部分に関しては、表向きは同情しつつも、腹の底では「男運の悪さ」で片付けてしまうのが私の常套手段だ。子に関しては辛辣な態度をとり、終始一貫した「責め」に転ずる。「子供がアル中になるのは、あんたの育て方が悪かったからなんだよッ！　あんたのせいでアル中になったんだよッ」とはっきり言うので、たいがいの母親は私から逃げる。他の例会で会っても、コソコソと隅の方に座り、挨拶どころか私と目も合わさない。

「イヤなことばかりいうから嫌われるのよッ」と幸子さんは言うが、嫌われるのを怖がっていて、生きて行けるような半端な業界とは訳が違う。大袈裟にいうと命賭けの世界が断酒会なのだ。脛に傷を持つ者の集団、過去形ばかりじゃなくて、現在進行形のもいるのだ。甘ちょろい神経で、なよなよと泣きながら話をしても、何ももらえない世界だ。本人オンリーの世界に母親がのこのこ出てきて「息子がァー……」と訴えたところで、まともに相手にしてもらえるはずがない。家族にとってはかなり居ずまいの悪い断酒会に、靖枝さんはしぶとく十年近くもいる不思議な妻であり母だ。しかも『いばしょ』を立ち上げると

きに、役所の人脈に疎い私と幸子さんの水先案内をしてくれた人だ。靖枝さんの仕事の人脈があったからこそ、短期間で『いばしょ』を立ち上げることができたといっても過言ではない。まさに『いばしょ』設立の立役者の一人だ。私は元来息子をアル中にしてしまう粘っこい母親は大嫌いなのだが『いばしょ』の設立に関しては、多少恩義を感じているので「責め」のトーンを一ランク落として、可能な限りプロフィールに忠実に書き進めることにする。

「……私は就学前、戦争の後半、家族とは別に隣町のお婆ちゃんの家でしばらく暮らした。祖父祖母とおじ一家7名、合計9名で生活していた。焼け出されたおば一家7人も別棟に住んでいた。そこでの生活は楽しかった。農家で手伝いの若い男子が二人もいた。おじが中心で畑仕事、おばは働き者で家事一切を仕切り、もめごと一つない生活。私はおばあちゃん子といわれたが、おばも大好きで『すぐ私の後をついてくるのよ』と言われていた。就学したので実家に帰ったが時々父に怒られて祖母のところに逃げて行った。夜、父が自転車で迎えにきて『申し訳ありません』と頭を下げる姿を見て、私は『ほら、みろ』と思っていた……」

幼少女期の頃の話になると「私は皆さんと違って、小さい頃は何一つ淋しい思いはしたことがないのよッ」とケロッという。目の前の人が過去を掘り起こして、辛かった体験を涙ながらに話した後でだ。ミーティングの意味を理解しようとしない「どうしようもない人だァー」というのが私の第一印象だ。自分の過去を振り返る能力がまったくない。他の人の話を聞いて「そう、そうなの、大変だったのねェー」と、さもさも同情するフリをして、相手を蔑んでは悦に入る。すべてが自分中心でないと気が済まないのだ。トーンダウンするつもりなのにこの手の人には、どうしても嫌われるようなことしか言えないのが今の私だ。頑張ってみましょうよッ！　ダウンダウン、トーンダウンですよッ、豊さん！　上記のプロフィールにしても、この業界には何ら関係のない幸せを絵に描いたような幼少女期の切り取りに過ぎない。秘話を書く以外にこの人の病気は見えてこない。

尾山台のお婆さんは、母方の祖母、例会のなかで一度だけ声を詰まらせて、必死に涙を堪えたのが、この大好きなお婆さんとの思い出話だ。「お婆さんとのお使いの帰りに、自分の家のある駅を通り越して、お婆さんの家に行かなければならなくてエー……」ウッと涙声になったのが、わずか1、2秒だけ。これ以外に私は靖枝さんが声を詰まらせた話を聞いたことがない。幸子さん情報が一つある。京王レディースのときに、やはりお婆さんとのお使いの帰りに、自分の家のある駅で電車を降りようとしたら「ここじゃないでしょう！」とたしなめられて、仕方なしに、お婆さんの家に行ったらしいのだ。「詰まった声で泣きそうだったわよッ」と言うが、たとえ信頼の置ける幸子さんからでも、人から聞いた話では私の感性に触れてこない。要は私は靖枝さんのご幼少のミギリの話は、一度しか経験させてもらっていないのだ。就学前の一時期、なにゆえ自分の家にいられず、お婆さんの家にいなければならなかったのかは謎だ。日本脳炎で亡くなった4歳年下の弟に関係しているような気がするがァー……謎は謎だ。

就学前の女の子が母親を思い、父親を思わないわけがない。片時も離れずに、特に母親には甘えていたかったはずだ。それが何かの事情で離れざるを得なかったところに、人前では涙を見せてはならない頑なな靖枝さんをつくり上げたような気がするのだ。本当は泣きたかっただろうに、泣かなかった私はとても「辛抱強い偉い人」になってしまったような気がするのだ。就学前のこの時期は、将来に備えて人が人らしく生きて行けるように、基本的な信頼関係をつくり上げて行く大切な時期なのだ。特に母親との間の心の交流が重要視される。激しい感情が穏やかになり、喜怒哀楽を柔らかく表に出せるようになる大切な時期でもあるのだ。靖枝さんは自分の感情を表に現すのを極端に怖がる。感情表現の代わりに、ニコニコっと笑って通り過ぎてしまう人だ。感情表現に関しては、私も悪い例の見本で、辛うじてこうしていられるのは、40歳のときから5年の歳月をかけて精神科医の原先生にお世話になったからだ。診察室のなかで感情を露わにし、泣き喚き地団駄踏んで「これがオレだァー、こんなもんさァー、これでいいのだァー」との自信をつけてもらったから今生きていられるのだ。「怒る」感情には今でも翻弄されて、時折り行き詰まることもあるが「まァー、良いさァー」で済ませるようになってきている。私には「居ない方が良かった親」しかいなかった。靖枝さんのご両親が「居ない方が良かった親」だと言うつもりはまったくない。さまざまなバックグラウンドを抱えて生きてきた結果だと思うが、靖枝さんの笑顔には、どこか暗い雰囲気がある。妙にナヨってシナをつくりたがるのも、人それぞれの生き方やり方で致し方のないことなのかも知れない。「私が泣くと下の弟妹たちが悲しい顔をするので泣かないと決めた」とは靖枝さんは言うが、この言葉のなかに私は慈愛と頑なさの両方を見て取る。第一子の宿命といえばいえなくもない。

小学校入学と同時に両親の元に帰るが、祖父母の家で好き勝手なことをやりつつ暮らしていたので、下の兄弟の面倒を見るのが辛くて逃げ出し、父親に夜自転車で迎えにきてもらっているが、すでに「ほら、みろ、やっぱり迎えにくるでしょう。私って必要な人間なんだ」と陰で舌を出す子になっている。母親の言いつけなど素直に聞けないのだ。三人も弟がいて、母親から「やっちゃん、おしっこさせてエー」と言われれば、嫌々ながらも弟の面倒を見るしかない。不満たらたらの実家の生活だったようだ。「夕方になると弟をおんぶさせられ、缶蹴りをし垣根に弟の首がひっかかったりしても夢中で遊んだ」とのこと、私の姉と同じ過酷な人生は、多産系の長姉に与えられた運命なのかも知れない。淋しさを癒してくれる母親はどこにもいなかったのが靖枝さんの実態なのかも知れない。中学高校とバレーボールに夢中になることが唯一の慰みだったのか、学生時代で終わらず、ママさんバレーへとつながって行っている。

靖枝さんは高校を卒業後に就職し、その二年後の20歳で26歳の定夫と職場結婚している。アル中の定夫の帰宅は当然のごとく遅い。「兄の家の建前の日に家に帰ってきたとき、共同トイレが血の海になっているとアパートの他の奥さんに知らされる。夫の食道静脈瘤破裂による吐血だった。私はこんなことがあるのかと思いながら掃除をした。これが戦いの始まりです」とプロフィールに書いている。若干20歳の新婚生活にしては、あまりといえばあまりに酷すぎる現実だ。この状態が営々と続いて行く。一年後に知ちゃんが生まれ、靖枝さんは母親になっている。知ちゃんが3ヶ月くらいのときに、狭い間借り生活から、板橋にある多少広い公団の風呂付アパートに引越すことができて、とても喜んでいる。プロフィールの読み手であり、書き手でもある私も、喜びの手記に出会えば嬉しくなるのは、そりゃ人情というものだろうさァー……ホッと安心していると次の手記で、またまたガクンガクンと落っことされてしまう。常識ではあり得ないことをサラリと書いてしまう人らしいのだ。

私に女性心理はわかろうはずもないが、実に不可思議な行動パターンをとる女性が、靖枝さんだということを理解しているつもりだ。

「弘が生まれて、知行は実家に一週間くらい預けられ、行くときも帰るときも大泣きしました。かわいそうでした」どういう事情があったのかはまったく書かれていないが、我が子のことをまるで他人事のようにサラリと流してしまっている。1歳ちょっとの子が、母親の手から離れて、母方の実家の祖父母の家とはいえ、喜んで行くはずがないでしょう！　自分がそうされてきた淋しさを、高い高アーい否認の壁の向こうに追いやり、楽しかったことばかりに目を向けているから、平気で幼気な子を人様に預けてしまうのだ。「私といるより、お婆ちゃんと一緒にいる方が、この子も幸せよッ、私がそうだったんだからアー」と勝手なご託を並べて、母親との「基本的な信頼関係」を紡ぐ時期を失ってしまったのだ。そうとは知らずにしたこととはいえ、また誰も悪い人がいないとはいえ、結果はあまりにも重い。母親の接し方一つでその子がアル中になるやならざるやなど、若い身空にゃわかりようもないのも事実なのだがァー……致し方ない結果とはいえ事実はあまりにも重い。

靖枝さんは26歳前後の頃に、調布の分譲市営住宅に引越してきた。知ちゃんは調布の染地小学校に入学している。「知行が絵の空をピンクで塗っていた。普通はそんなことしないけど、ちっとも違和感ないでしょうと先生が褒めてくれました。知行が褒められるのは珍しい。とてもいい絵でした」空の色を青色でなく、ピンク系統の色で塗りつぶす傾向は、アル中業界の子たちには多く見られる。絵画的には情緒が不安定で、物事をあるがままに表現できない歪んだ精神構造の人がやる手法だ。良し悪しの問題ではない。事実が物語っているだけだ。夫の酒がますます酷い状態になってくると、同時に母親の心も、飲んでいる夫の酒に四六時中とらわれ、子供にまったく目が行かなくなり、結果として子供は放任されることになる。生き方の指針を失った子の心は、ふわふわ浮いているだけで、物事をきちんと見る目すら無くしてしまうのだ。それがピンクの空の意味だッ！　「基本的な信頼関係」を築けなかったところに、父親の酒害が子供の心に「空虚」という追い討ちをかけている。物事への好奇心が急速に失われて行き、自己中心的思考の温床が芽吹き始めてくる。

32歳前後に夫の転勤で一家は札幌に三年間住むことになった。靖枝さんは一度も故郷の東京に帰りたいと思わなかったそうだ。嫌な思い出のあるところよりも、新天地が良いとは、この業界の妻たちの共通認識のようだ。知ちゃんは今も鉄道オタクだが、札幌にいた中学時代に磨きをかけている。あるとき2歳年下の弟と二人で青函連絡船に乗り、東京に出てきている。理由はわからないが、私はそんな知ちゃんの無鉄砲さが大好きな人間の一人なのだ。小中と級友からのイジメに耐え続けてきているので、断酒会やＡＡのイジメなどは平気の平左衛門、そのシブトさは絵になる。イジメられっ子に友達はできないものだ。一人遊び専門のワイド版がオタクのような気がしてならない。高校に入り、突然アルバイターになり、不登校になり、留年し退学している。その間母親の靖枝さんは、部屋に引きこもって酒を飲んでいる息子に正面から向き合うことすらできず、「オロオロ虫」に徹している。バレーボールに夢中になって息子たちをほったらかしにしたツケが回ってきたのだ。

唯一できたのは「ある先生に相談した」ことだけだ。自衛隊に入ることを勧められ、それを知ちゃんに言うと「あっさり承知」したらしい。休暇で家に帰ってくると、今度は隊に戻りたくないと言ってごねたらしいのだが、この辺りの真意は、私が知ちゃんから聞いている話とはだいぶ違うので、そういうことにしておく。入隊して一年経つか経たないかで、習志野の空挺部隊に配属され猛訓練に耐えた。さすがの知ちゃんも泣いたそうなァー。二年目で酒に酔っ払って、隊のトイレの水道管をベキベキ叩き壊して叱責を受け除隊。以後民間の会社の寮に入って働くも、酒はすでに止められなくなっていたのだ。靖枝さんは夫のみならず息子の酒でも、徹底的に痛めつけられることになる。嫌なものは嫌と言えない母親の何と多いことかァー……

「……二年して自衛隊辞めてフジクラ電線に行き、社宅に入り一人部屋だと喜んでいました。働いては酒飲んで、ついにはアル中になって帰ってきました。会社からは『君はここの水に合わない』とやんわり言われたそうです。後にどういうことだったかと聞いたら、自助会回りをする今のような生き方をしなさいということだよ！　と。上司はいろいろ努力してくれたそうで、知行はとても感謝しているようです。上司も自助会に行ってみたいそうです。定夫さんも亡くなり私の人生はこういうことだったのだ、勉強しなさいということ、私に与えられた最良のことをしていこうと思っています……」

平成24年10月1日

靖枝

私は十年前に世田谷断酒会の例会で定夫さんにも会っている。知ちゃんの酒の問題で、保健所の指導の下、夫婦で断酒会にきていたときだ。この時点で知ちゃんはグデグデ状態、定夫さんは「私には関係ありません。息子のことでお伺いしましたアー」と自分の酒癖の悪さを棚に上げて、知らん振りの助を決め込んでいたが、一年も経たないうちに、知ちゃんの酒が止まり、定夫さんの酒も止まったらしい。「本当に止めたって言うんだったら、三船クリニック[50]に行って、ノックビンをもらってきて飲んでみなさいよッ」と京王のレディースの面々からまくし立てられて、定夫さんも観念したらしく、一年半位はキッチリ酒が止まっている。府中で開いた京王の一泊研修の二日目の朝のミーティング会場で脳梗塞で倒れ、四ヶ月後だったか、八王子の病院で亡くなっている。「あのときが私の人生では最高の日々でした。お酒がない生活がこんなにも幸せだとは思ってもいませんでした」と例会で語った靖枝さんの言葉が印象深く焼きついている。知ちゃんが隣の部屋で「手前ェー、このクソ婆ァー」と喚き散らしているのを、本人が酒に降参するまで、ジッと待っている母親の辛さは、この病気の元が、どうのこうのという問題以前のこと。我が子だろうと、できることなら絞め殺して、自分も死のうと何度思ったとしても、誰がその母親を責められようか？　仮に母子心中が現実に起こったとしても、絶望に打ちひしがれて、まったく希望のキの字も見えない状態の母親を、誰が責められようか？　母も病気なら夫も病気……そして子もまた病気……希望は自助会にしかない……

【註】

（50）三船クリニック：東京立川市の精神・心療内科。アルコール依存症の治療に力を入れている。

あとがき

「知りたがりやん」の旅も、そろそろ終わりに近づいてきた。『いばしょ』の記録は、『いばしょ』に通う人たちとの、完全なる「共同作業」である。「『いばしょ』の記録を残します」との提案を快く受け入れて、各々がプロフィールを提出してくれた。私が本文を書き、下書きの段階で本人に読んでもらい感想文も提出してもらっている。「あとがき」は、この感想文を一字一句違えず載せることにしたものである。各々が、どういう反応を示したのか、とても興味深い記録となっている。勿論、書き手である本人の了解はとってある……

この本に書かれているのは、書き手の「心の軌跡」のほんの数ミリ程度に過ぎない。その人となりのすべてを記録することなど「神のみぞ知る」の世界で、人智の及ぶ範囲ではない。人生の一部分の「切り取り」に過ぎない、この拙文が、プロフィールを提出してくれた人々の、心の成長の一翼を担ってくれることを、心からお祈り申し上げると同時に、今後の人生が、より「開かれた人生」にならんことを願い、最後の仕上げの「登場人物の感想文」の転載を始めさせてもらうことにする……

登場人物の感想

〈幸子さん〉

『いばしょ』は本当に不思議な空間です。ただの場所ではなく、ここには特別な時間が流れて行く様な気がする。少し息を弾ませながら階段を上ると、素晴らしい風景写真に出会える。心が和み、ドアを開けると、天井の高い広い部屋で、机に突っ伏して頭を抱える人、ソファーで話をしている人たち、小上がりで将棋に夢中になっている人、その奥で強面の男がエプロンをかけ野菜を刻む。モップをかけたり、トイレをまるで舐めるように掃除をしている人もいる。そして誰からか「おかえり」と言う声が聞こえる。

私にはホットする優しい世界に入って行く様に思えるが、皆はどう思っているのかな？　8年前何もない、ダダっ広い倉庫の3階に机を置き、鍋や食器を用意し……とにかくアル中さんが酒を飲まずに日々を過ごせる場所をつくりたかった。

プログラムをつくる。そんなたいそうなものじゃない。内容はミーティングと食事の支度、掃除、そして散歩。ただそれだけを淡々とこなす。「朝10時のミーティングに遅れないできて」と一生懸命話しても、ミーティング中に、ノコノコ入ってくる者、かたや私がドアーの鍵を開ける1時間も前から入り口前で、タバコをふかしながら待っている者……

まず、時間だ！　と思った。勝手気ままに生きているアル中さんに、規則正しい生活をしてもらう。まず朝起きるところから始める。「夜、ちゃんと寝なくちゃダメよ」と言うと、医者から睡眠導入剤をもらってくると言う。朝ボーとした顔で現われる。聞くと眠れなかったので、眠剤を11時と2時と5時に飲んだという。気持ちが悪いので小上がりで横になってもいいかと聞くので、許すと、毎日同じパターンの繰り返し、そのくせ食事ができると一番に食卓に座る。たたき起こして散歩に連れ出すと、まるでゾンビの集団、怪しげな男たちがズルズルと足を引きずってついてくる。

鬱にならないように、まず朝日を浴び、言葉を発して、よく噛んで食事をし、そして歩く。それを促していく。次は生活習慣。まず自分で食事をつくる。これは大変。包丁なんて持ったことがない人に、米研ぎから野菜洗い、そして切ることまで教える。アッ、その前に手を洗うこと、布巾と雑巾の区別、下に落ちたものを食べないこと、まるで幼稚園のようだ。

だが8年も経つと幅1センチだった千切りが、見事なみじん切りや、大根の千六本までになってきた。朝黙っていてもお茶を沸かし、米を研ぎ、タイマーをセットしてくれる。10時にはミーティングの場に皆が揃うようになった。食事の支度も、今日はこれをつくると言えば、じゃあ自分は味噌汁、自分は野菜炒め、などに別れ、テーブルセットまででき上がる。とにかく『いばしょ』はきれいだ。先日誰かが、つまずいてバケツの水を引っくり返したら、すかさず雑巾を取りに行く者、その周りをアッと言う間に片づける者。

大の男がミーティング中に声を上げて泣く。目を真っ赤にして声をつまらせながら、それでも話は続く。酒を飲んだ話などはしていないのに、それぞれの努力で酒は止まっている。夫はこれを、「さっちゃんマジック」と言うが、いいえ、「いばしょマジック」ですよ!

〈まさ子さん〉

「私が今感じていること」……私が断酒会に入ったのは平成六年、夫が長谷川病院に入院した年になります。風見ご夫婦とはかれこれ19年になるかなー。アー、こんなに本音が言い合えるご夫婦がいるんだー。内心羨しく、また不思議だなと感じたのを覚えています(この不思議がわからなくて、いまだに断酒会にいます)。

当時の私は夫がアルコール依存症という有り難くない冠をもらって、どうしていいのかわからず、家族の会のアラノンに行き、そこで初めて幸子さんと出会いました。怖れることなく、ハッキリ自分の意見を言う姿に驚き、京王断酒会の例会場でご主人に会って、またビックリ。この方がアルコール依存症?とてもアル中さんとは信じられませんでした。イケメンだし、頭もクリアーだしと……(当時感じたままに。私の夫の行動は毎日が狂気でしたので。ごめんなさい)だんだんお話するうちにすごい酒乱だったんだと……、幸子さんのご苦労が偲ばれます。

お二人にはずいぶん助けてもらいました。ある日世田谷断酒会の懇談会後、「あなたは、あなた自身の人生を生きてもいいんだよ！」と声をかけてもらいました。衝撃的でした。こんなことを言ってくれる人は、今まで誰もいなかった。毎日お酒で狂った夫の世話をし……、壊れた家族をとり戻さなければ……、結婚の義務感から何としても添い遂げねば……、田舎育ちの親から学んだ〇〇しなければ……、で……。

隠していた本当の気持ちは「もううんざりだ。私は家を出る。アル中さん本人が自分で何とかすればいい、私の知ったことではない、もううんざりだ」これが本心。何をしたらいいのかわからず、自分の気持ちに、「偽り」があるのもわからなかった私に投げかけられた言葉でした。勇気と知恵をたくさん頂いたけれど……知恵は、相変わらず活用度は少ないけど……。

「自分の人生を生きる」これが意外と難しい。振り返ってみれば、卵がかえって、一番最初に目に入ったものを親と思うように、初めて会って、自分にメリットがある人に好意を寄せて、勝手に相手を信じ、頼り切った自分。長年父親に「女は三歩さがって男について行け」的な価値観を刷り込まれた結果だ。相手の言うことさえ聞いていれば、人生問題なし、万事うまく治まる……この考え方を夫との出会いにも活用。表面的には相手に合わせる……本心は、自分のいいように解釈、判断、相手の思いなど考えもしないし、疑いもしない……いつでも自分の思い通りになる……わがままな娘そのもの。人と対等なコミュニケーションがとれていたとは思えない生き方。五十才になって、職場で子供と同じ年齢の人を上司とし、見ず知らずのお客様といかに心を通わせるかを学び……、今は『いばしょ』で学び……、まだまだ人生は長いかな……。

今回豊さんは『いばしょ』の記録として、本の出版を考えているそうな……。自分の気持ちを言葉にして書くのが苦手な私には……苦労でした。大事なこと、それは、私の目を覚ましてくださり、人生を変える決断を、後押ししてくださったお二人に感謝の気持ちでいっぱいということです……（感じたままに……）

〈ゆう子さん〉

豊さん、幸子さんに出会ってから、もうすぐ11年になりますね。

あれは、平成15年の世田谷断酒会の例会でした。「弟は19才のとき、大学の新入生歓迎コンパで死んだんです。急性アルコール中毒で……。その上夫も酒と薬でひどい状態で……。このままでは夫も死んでしまいます！」そう言って、百名近い、それも初対面の人たちの前で大泣きしました。

私は怖かったんです。彼がいなくなってしまうんじゃないか。ひとりぼっちになってしまうんじゃないかって。弟が、あのアパートを出たまま戻ってこなかったように、彼も私を置いて逝ってしまうんじゃないかって。アルコール依存症と診断された彼を思う涙ではなく、可哀想な自分のための涙でした。

『サブ担のゆう子さん』は、55歳までの私の物語ですよね。読み進めて行くうちに物語がどんどん絵になって、現在のゆう子が、絵の中にポーンと入って、階段の下で寒さに震えている子供のゆう子を抱きしめることができたんです。6年生のときの学級委員長リコール騒ぎで傷ついた私も、高校3年生で大失恋した私のことも、寄り添って一緒に「悔しいよ！　淋しいよ！」って、大泣きしました。そして、可哀想な私にサヨナラができたみたいです。

それから、元夫、洋二のことも。彼は自分では気づいてもいないと思うけど、ずっとひとりぼっち。妻と娘が傍にいたときもひとりぼっち。お金があっても、女性がいてもひとりぼっち。それでも彼は幸せなんですよね。できるものなら親子3人で幸せになりたいと、何年ももがいてきたけれど、豊さんと幸子さんが感じていた通り、やはり私には無理でしたね。

離婚から2年が過ぎ、ひとり暮らしだけれど、〈全然ひとりぼっちではない〉生活にも慣れ、年が明けたらいよいよ娘の結婚式です。準備で忙しい二人を、傍にいて、そっと見守ることができる幸せをかみしめています。

はっきり物を言い過ぎていじめられ、嫌なものは嫌だと言っては捨てられて傷ついてきた私。洋二と結婚した途端に、嫌なことは見て見ぬふりして無かったことにし、本当のことは言わなくなってしまった私。何て極端(きょくたん)なんでしょうね。これからは「あいだ」をとって程々(ほどほど)になりたいです。なれるかな？

豊さん、11年もの間私たち親子を見守ってくださって、ありがとうございます。これからもよろしくお願いしますね。

〈京一(きょういち)さん〉

『いばしょ』の記録を読んで」……読むのが恐ろしかったのですが、あまりにその通りなんで「グゥーの音もでません」、参ったって感じです。私のことを私より知っているのには改めてびっくりです。付け加えとして母親と兄ちゃんの関わりについて書きます。

私は、小さい頃から特別に独占欲が強い子供でした。それに加え物事を取引として行う子供でもあったんです。朝、昼、晩ごとにやる祖父とのバトルは、まさに母親に対する甘えのポーズで、祖父が真剣に行儀の悪さを直そうとしているのに私は、言うことをわざと聞かないんです。最初のうちは比較的穏やかな祖父も我慢の限界がきて、やがて箸(はし)や茶碗(ちゃわん)が飛んでくる。ここまでくるとシメたもんですね。母親から見ると、祖父からイジメられている可哀想な我が子の場面が、ばっちりできるんです。でも考えてみると、一度たりとも母親から私を助けてくれるような言葉や行動はなかったです。

母親からはっきり言われた記憶はないが「いい加減、お爺さんの言うことを聞きなさい」ぐらいに思っていたでしょう。とにかく偏屈(へんくつ)で自分勝手、母親の優しさは自分だけに注(そそ)いで欲しいぐらいに思ってました。母親は私だけの母親じゃないということを、五十過ぎた今、気づいています。

次に、亡くなった兄ちゃんのことです。年が8歳上の兄ちゃんにも、母親ほどではなかったですが、自分だけ特別に可愛がって欲しいと思う気持ちがたぶんにありました。でも兄ちゃんは少し違って、母親が亡くなったのを境に、下三人の兄妹を平等に可愛がりました。母親、父親が亡くなったときに、20歳そこそこの兄ちゃんは、私たち三人のために一生懸命働き、育ててくれました。何でもできる兄ちゃん、色んなことを教えてくれました。私は兄ちゃんが自慢でした。大好きでした。物心ついてから、幾度となくきた肉親の死、私はそれを、自分だけが可哀想だと思い込み、酒を飲み続けましたが、本当に悲しいのは、私たちの成長を見届けられないまま亡くなった両親だったということを、今は少しわかります。

最後に私が真剣に酒を止めなければと思ったことです。京王断酒会に入会して間もない頃です。ある自助グループの帰りに、調布駅(ちょうふえき)を降りたら雨が落ちてきました。メールが入りました。「雨が降ってきましたが、傘はありますか？　濡れないようににして気をつけてアパートに帰ってください」、誰あろう、幸子さんからでした。「ガーン」でした。

本当に私の断酒を思いやってくれる人がいる。あれから何年か経ちましたが、まだまだな私です。当たり前のことを淡々と、同じことをやり続けるって、簡単ではないです。これから先は長いですが、風見夫妻、京王断酒会、『いばしょ』の仲間に助けられながら、断酒継続のプログラムを、崩すことがないようにやっていきます。『いばしょ』で最も重症な京一。


〈富郎さん〉

感想文……あのときの子ヤギが俺だったんだという見方を新しく知りました。妙な気持ちになったり、不可思議を覚えたりと……。


男は涙を見せない……じゃあー、酒を涙がわりに飲んだ。金って何だ？　いっぱいあれば便利なのかなぁ、と今思う！　お金に対する執着が小さいようだ。母ちゃんの話は……悲しそうに話しているのかなぁ、おそらくそうだ。

子ヤギを虐待したときに子分の「かつゆき」は積極的ではなかった様子でした。可哀想だとは思わなかったなぁ……人も子ヤギも死ぬってどういうことなのかぁ？　……「苦しい」……爺さんが死んだのは、それの後だろう、婆さんも！

小六のキャンプのときにイタズラしてたら動いてしまって、度肝を抜かれたのはブルドーザーでした。おそらくバッテリーがあがったのだろう。

ツギエ婆さんの家の納屋を火事にしたのは、俺！　32歳のとき俺は田舎にいた。そのときに「かつゆき」は、身体障害者になった父親（アル中が原因）の面倒を見るという役目で、町営住宅に二人で暮らしていた。そこで彼のつくった野菜炒めを食ったぁ！

それから「かつゆき」は俺の家にきた。挨拶もそこそこに「あのとき、火をつけたのはとみろうニィーだよなぁ」と言った……グゥーの音も出ないとはこのことだ。母ちゃんがお茶を濁し、奥でエラブチ（ブダイ）の刺身を食べたが、ニガイものだった！　そりゃーそうだ、彼は二十数年濡れ衣を着せられていたのだから……。運の悪いヤツだ。一家離散の宿命、彼自身も肝臓を患い、ごらんの有り様、俺が「飲みに行くか！」と言うと「役場の職員に見つかったら大変」だと、目を潤ませて言った。俺が再々上京して数年後に死んだと風の便りに聞いた。親父はどうなったのかなぁ……あの貧乏な町の行政じゃなぁ……と他人事ながら気を揉む俺。二十数年振りに会った無二の親友はもういない（悲）。

秋徳小中学校全校生徒の人数は9クラスで、中三の俺達のクラスが二十二名と、一番の大人数だった。中一までは、モンモンと親父に虐げられた状態だが、中二からガラッと俺の学生生活が豹変する……部活が始まるのだ。人数が少ないし、体格が良かったので、レギュラーとしてバレーボールに相撲にと、日曜も祝日もない……困ったのは親父だった。俺は小気味が良かった。熱血教師のスパルタ指導の下、中二のとき、町内大会の団体戦で、相撲は優勝！　ちなみに俺が中堅で、名もなき学校に優勝という名誉をもたらしたということをつけ加えておこう。バレーボールは中三のとき、熱戦の末に準優勝！　沖永良部島での郡大会はいい思い出だ。この二年間だけが、学生らしい生活だったと、自分では考える。

尾崎豊の「卒業」という曲の歌詞にある「支配からの卒業」というのがグサリとくる。卒業式後の夜の酒盛りは、それだったのかも知れない。俺って、そんなに世間に迷惑をかけ、親に頭をさげさせたのかなぁ。親になったことがないからわからないがぁ？　支配されたままの高校生活、これは両親を文字通り泣かせたと認める。

俺に未来志向なんて元々なかった。野良仕事の手伝いをしつつ、跡継ぎだの大学を出て先生になれだのと……疲れ果てていては、子供の心など持てない。諦めの心しかなかった。せいぜい泥汚れより、油汚れの方が格好いいなぁ……白いツナギ服に煙草をくわえてと考えた次第でした。

このどこに男の夢などあろうものか！　夢が持てないがゆえに俺の考え方が、現実的だと考え、人とぶつかる。終いには憎む！　挙句の果てには路上生活。尾台橋のふもとで、学校帰りの小学生二人に石を投げられたのは本当に恐怖だ。人はああなるんだなぁとしか、表現する言葉は見当たらない。なんで俺がこうなんだよぉ、チキショウーめ！　と四六時中思っていた。

高校の恩師、淵脇準男先生に雨のなかを走らされてへとへとに。ずぶ濡れの俺に「とみろう、もういい」、「全部脱いで、オイのパジャマ着ろ」。大阪の病院で仲良くなった尾崎雅英君「関東焚き食べ行こか」。ホームレスをしていたときにばったり会った、山崎巡査「徳田、ガンバレヨ」。断酒会で声をかけてくれた風見豊氏「よく話したネ」。言葉じゃない、言霊だ！ゆう子さんとの千切りの件は、あまり覚えていない（半分、照れも入っている）。そういえば、よく豊さんが「おゆうには感謝しろよ」と言っていた。「ありがとう」ＢＹ富郎！

最後になりますが、温故知新、アル中にはアル中の人生があり、断酒会には先人の知恵がある。

少年時代＝幼少期、よくここまで生き延びたもんだと、自分で思うのだ。五十まで生きれば充分だと考えていた俺は何なんだ。明日は、俺にもある！　富郎

〈健さん〉

多くを見透す豊さんの「眼」……豊さんの「眼」は優しい光を宿していますが、私の実像の九割を見抜いているように感じました。豊さんのほとんど完璧に近い文章に二つだけ蛇足を付け加えます。

一つは友だちのこと。友だちは塾のころから中高大、会社の同期と複数付き合っています。私の天然でおバカなところが警戒されにくく、またある種の憐れみを持たれているのかもしれません。その辺りはよくわかりません。

もう一つ大事なことは、娘の朋子に対してつぐないがまだできていないことです。朋子は、池袋から中落合に夜逃げ同然で引越したまま入院してしまった私の部屋を、人間が住める部屋にしてくれました。入院した際は、許可が出ると、すぐに妹の恵子と一緒に何度も面会にきてくれました。隔離室でヒゲだらけだった私が一般室に移り、さっぱりとヒゲを剃った顔を見て、妹の恵子は笑顔で喜びましたが、朋子は厳しい目で私を見つめていました。忙しいなか、朋子は私の借金清算のため何度も弁護士のところへ足を運んでくれました。

そんな朋子が会う度に私にいつも言うのは「お父さんは普通の生活をしてくれればそれだけでいい」ということです。普通の生活って私のような甘やかされた、不器用でガチガチな人間にはとても難しいことですが、今後は娘にも妹にも、そしてマリア様、敦子さんにも迷惑をかけないように生きていくのが私に残された使命、つぐないであると思います。

そのためには、京王と原先生にプログラム通りに通って、酒を断ち病気の影響を最小限にくい止めなければなりません。私には、『いばしょ』とその仲間が絶対に必要です。

私のジェットコースターに乗っているような半生を書いてくださった風見豊さんと、いつも優しく、ときに甘えたくなる幸子さんに心からの感謝の気持ちを捧げたいと思います。ありがとうございました。

〈忠彦さん〉

誠に残念だが忠彦はこの本の原稿執筆中に、自身の箇所を見ることもなく、あの世に旅立った。あの世からこの本の出版を見守ってくれる気がする。だが忠彦の奥さんに読んでもらい「あんなもんじゃないのよっ、もっとひどいことした人なのよ！でも…亡くなってみると、とっても寂しいものね、豊さん…」とのお言葉をもらっている。

〈匡さん〉

豊さんが『いばしょ』記録を残すって言いだして「えっそうなの、どうせ気まぐれでしょう」なんて思っていたけど、そのうち「各自プロフィールを出すように！」みたいなことを言われ、あれ本気？　と思って、どうしよう、どうやってプロフィールをつくろうか迷っていたけど、「匡は面談して聞くから」ってことになり、自分でつくるより少し楽かなぁって思っちゃいました。

みんなのプロフィールができてからそんなに時間は経っていないと思うけど、みんなの原稿、まえがきを前にして「すげぇもうつくったよ」といつもながらに感動というか、凄さを感じました。

自分が『いばしょ』に通所し始めて3年半くらいになりますが、『いばしょ』では将棋が流行っていて、豊さんを筆頭に武男さんやみんなが将棋を指しており、まさか『いばしょ』で将棋が指せると思っていなかったので、すごい楽しみだったことを思い出します。豊さん以外の人とは何局か指しましたが、豊さんはいつも武男さんと対局しているのでなかなか指す機会もなく、いつになったら豊さんと指せるのかなぁとか、まだ完全に『いばしょ』の一員じゃないからかなぁとか、心待ちにしていたことを思い出しますが、何ヶ月か経って「今度、時間をみて指そう」と言われ、ついに指す日がくると思って楽しみにしていました。自分はすごい自信があって、断酒会の会長とはいえ、たいしたことないだろうと、高をくくっていて、どういう手でいこうか考えた挙句、矢倉にしましたが、全然歯が立たなくて（今でも立ちませんが……）簡単に囲いを崩され、出鼻をくじかれて「やべぇ、すっげぇ強い」というのが実感でした。以来、将棋を指すようになりましたが「将棋とは何ぞや」的な指導対局が始まり、ゴキゲン中飛車、角開き、棋理まで御指導いただき今日に至りました。常に心を見透かされつつ鍛えられているように思います。

自分が見る豊さんの凄さというのは将棋だけに限らず、普段の『いばしょ』での生活態度から、叩くところは叩く、伸ばしたいところは伸ばしてくれる、ほめてくれる、一緒に笑い、話してくれるところであり（他にもありますが）、まさに自分が欲しかった父親像だったと思います。

酒に匹敵するほど好きなパチンコは、幸子さんにパチンコ屋に入ろうとしたところを見つかってしまい、正直？　ぶっちやけ？　すぐ断パチというわけにはいかず、文中にある「疑惑の目・匡の胸三寸」には……やはり、という思いがありますが、今現在はやっていません（こそこそしてすいません）。

自分の原稿を読んで、細かく、鮮明に記載されており、出会ってから何年も経っていないのに、ここまで書いていただいたのはすごくうれしいし、読んでいるうちにその当時のことが思い出され、涙腺が少し緩みました。また、まえがきも『いばしょ』設立のエピソードがあり、大変な苦労をしての開所だったのだと知り、今まで数々の人たちが出入りして、開所当時からの人はほとんどいませんし、自分が通所してからも、入ってもすぐ辞めていくというパターンで、それほど酒を断つ難しさ、さらに『いばしょ』での生活も厳しいし、自分も何度も「もう辞める」と思ったかわかりませんが、（今でも思うときはありますが）それでも何とかしがみついて、意地になって、まだ逃げられない、という思いでやってこられたお蔭で、職場復帰も果たし、今の自分がいるんだと思います。

これからも前途多難ではありますが、『いばしょ』のお父さん（豊さん）・お母さん（幸子さん）に甘えつつ厳しく育てていただけたらと思っています。『いばしょ』があり続ける限り！

〈孝二さん〉

プロフィールをまとめていただきありがとうございます。私は自分の生い立ちを一年毎の年表にするという作業をしたのですが、何年に何歳だっけ状態で、入学、卒業、就職と怪我や入院くらいしか思い出せず、これで資料になるのかなぁ、と感じていました。豊さんからの質疑応答で、プロフィールを補完してもらいました。豊さん凄いな！　ちゃんと文章になってる！　スゲェー！

私の題名は「見かけによらず真面目な……」って、第一印象悪いんだなぁ。モジモジして発言とかしないしなぁ……でも真面目なことがわかってもらえて良かったです。

あるとき、母が離婚した当時の状況を知りたかったから「そもそも、なんで結婚したの？」と問いかけたら、質問には答えず「お父さんみたいな酒飲みにならないでよ」とだけ言われ、嫌だったことを思い出しました。〈大人になってもお酒なんか飲まない〉と、子供の頃は思っていたのに。

2歳頃の記憶は、父が酔って何度も話しをするので、後から聞き覚えたものです。内心〈またその話かよ〉と、相槌しないでいると怒り出すので、怖くて我慢強く聞いていました。3歳のときトイレで指を切ったことは覚えています。タオルで右手を止血しながら「痛くないか？　大丈夫だからな」と、小走りで春山外科に運んでくれました。あのときのお父さん、ありがとう。

下村医院は近所にあったので、母が「ここで産まれたんだよ」と、教えてくれたのを覚えていて、現在も近場に住んでいるので、今回は特に調べたりしていません。あぁ、真面目なイメージが崩れてきてしまいました。

兄弟喧嘩のことはいつも何でこうなるの？　と思いながらヤラレ損をしていました。今まで理由がわからなかったので「焼きもちと腹いせ」ならスッキリします。今でも〈嫌なヤツ〉という思いは変わりません。この本を兄が読みませんように。

「弱ぶる」のが上手いのは、自然にそうなってしまったんだと思います。経験が少ないから何事にも自信が持てないでモジモジしてしまいます。忘れているだけかもしれませんが、両親から褒められた記憶がありません。母からご褒美はもらっています。ミニカー、超合金に始まり、高校入学前には上手く甘えて現金をもらい、ファミコンを買ったりしています（これが「弱ぶる」の原点かもしれません）。原付免許取得後にスクーターを買ってもらっています。高校3年のときは就職してから返すという条件で、普通車の運転教習所のローン契約をしてもらっています。その頃の母の借金はわかりませんが、口癖は「死んだら保険金がいくら」みたいなものでした。私は心で〈いらないのは父〉と、思ったことが何度もありました。

私が働き出して「一人暮らしする」と言うと、母は「出て行ったら母さんは離婚するから。お父さんがもしも再婚でもしたら今までかけていた保険金が無駄になる」的なことを言い出す始末。私の心には〈我慢して同居していれば家賃分（月6、7万）、店に飲みに行ける〉という考えが生まれて、同居を続けました。この本を母が読みませんように。

35歳の偽装結婚は中国人と在日韓国人の別々の出来事と思っていたのですが、時期が重なり、私の記憶がつながらず、豊さんの推測が当たりなのかもしれません。両方とも酒を飲むためのお小遣い稼ぎのつもりが、戸籍に×がつき、借金までする羽目になりました。

38歳のとき、あゆみ嬢に貢ぎました。井之頭病院退院後も貢いで、お金がなくなりました。彼女の最後の言葉は「お金がないなら存在価値ないじゃん」……チーン。

『いばしょ』に行きつつ、アル中じゃない、節酒できると念じながら再飲酒した私はアル中です。悔しさ・惨めさで泣いたときに〈もうお酒は止めよう〉と、やっとその気になりました。今回、自分を再確認することができて感謝しています。ありがとうございました。

以上

〈睦子さん〉

読み始めてすぐに大笑いしてしまいました。そうですか・そうきましたか。なによ、せっかく給食が食べられなかったかわいそうな睦子さんが、あの時代の学校教育に翻弄される日々を書いてみたのに。そうですか、ただのわがままですか。でも妙に納得。

冬になると、石油ストーブの前で、案山子のように両手を広げて立っている私。その私に、ストーブの火で幼稚園の制服を暖め、それを着せる母親。そう、ボタンを留めるのも母親。そして、その延長が、給食が食べられなかった私です。納得、納得。

さて、補足と訂正を少し……。

中二のイジメ、それは少し違うんだな。ポワーンとした幸せそうな子をイジメたんじゃない。その子は、父親が金貸しを職業としていた子です。偶然入った職員室で、偶然それを知り、たまたま生意気な子だったこともあり、イジメを始めるんです。私の父親がその子の親に借金をしていたわけではないと思うのだけど、そんなことはどうでもいい。坊主憎けりゃ袈裟まで憎い、そんな感じだった。その子には何の罪もない。ただ私が勝手に「敵」に見立てただけです。藤本さん（イジメた子）、ごめん。

次に大学進学のこと。三者面談の中で、母親が断ったのなら、結果はどうあれ、きっと私は抵抗したと思う。実際はそうじゃなかった。私の知らないところで話が進められて、後で担任から聞くことになるわけです。高一の担任が「それでいいのか」って聞いてきたときの「それでいいです」以外の言葉があったら、今でも私は知りたいです。

大きな補足と訂正はそんなとこかな。

最後にもう一発、大笑い。「睦子の心の中の淋しさにスーッと入って来る同律のメロディを奏でている淋しん坊ちゃまが、今の夫君の正則なのだ」には笑わせてもらいました。そうそう、ホントホント、大正解……だと思う。「同律のメロディ」、この文章書いている今も、なぜか顔が笑ってしまう。まっ、そういうことみたいだから、ウチラ夫婦は出逢うべくして出逢ったんでしょうよ、きっと。これから先、ウチラ夫婦がどういう道をたどっていくのかは全くわからないけど、同じ方向だけは向いていけたらいいナと思うよ。

豊さん、これからもよろしくネ。ありがと。

〈正則さん〉

豊さんの『いばしょ』の記録を三度読みました。そして今この文章を書いています。豊さんの筆は、あまりに鋭く急所をえぐりこみ、読むのがすこし苦しかったです。きっと、少し前なら腹を立てて放り投げるか、それはあくまで豊さんの主観だから勝手に書いてください、と斜に構えて正対する勇気すらなかったでしょう。自分は人から何を言われても平気だと思っていましたが、実は他人の言葉に正対せず、心閉ざしてまともに聞かなかったのです。

若いころはもっともっと甘えん坊で、むしろそんな弱さや狭さを武器にして生きてきた人間です。恥ずかしい話です。でも、自分の狡さや人を馬鹿にした態度に気づき、直そうと努力していたのです。否、直さなくては嫌われものになり損をする、と損得だけでそう思っていたのかも知れません。自分の弱さを恥じ……心から反省し、自分と正対し、弱点を克服しようと努力することもなく、精々自分の醜さを隠す努力をしていただけだったような気がします。豊さんにはすべて見えていたことなのですね。私は他人から悪く言われるのがとても嫌いです。でも、この『いばしょ』の記録には少しだけ腹も立ちましたが、読み返すうちに文章の端々に、豊さんの優しさが感じられました。だから素直に読めたのかなと思います。ありがとうございました。

豊さんの指摘の通り、私は本当に「甘ったれ」そのものです。そして「弱虫」で「意地っ張り」……弱いものを馬鹿にして見下す嫌なヤツです。そんな私ですから酒だけを頼りに、一人ぼっちで生きてきました。友達などできるはずもありません。いつも一人ぼっちです。苦しいことがあると「かわいそうね」と自分で自分に酒を飲ませて現実から逃げる。頑張って上手くいくと「えらかったね」とまた自分に酒を飲ませる。そんな飲み方をしてアル中になったのです。

元気な子供に産まれて欲しいと願った両親は、母が妊娠中に、父が捕った川魚を、よく食べていたと聞いています。産まれた頃からアル中になるような運命だったとは考えていませんが、子供の頃から人見知りだったようで、アル中にはなり易い気質で産まれたのは確かです。この頃、例会を回ると自分以外にも甘ったれがたくさんいて、ああ……みんな一緒なんだなと思います。ああ……「甘ったれ心」が酒を飲ませてきた元凶だなと気づきます。そうだよな……依存症の依存は「甘え」と言い換えられるし、オレ「アルコール甘え症」とも言えるなと。

豊さんは四年間、私の断酒を見守ってくれた大恩人です。豊さんは私に酒を止めさせようとして色々とアドバイスしてくれます。豊さんのアドバイスで、睦子さんはどんどん言うことを聞かなくなり「甘えられません」。「今のこと豊さんに言いつけるからね」と言って、私を従わせようとします。私はどんどん居心地が悪くなり、毎日ヒーヒー言いながら暮らす羽目になるのです。

ああ、そうか、私は豊さんが苦手なのは、豊さんがいると酒が飲めないからダ。ああ、私はマダマダ酒が飲みたくて仕方がないんダ。飲みたいのに気づいていない。これが豊さんの言う「まさのりは危ない状態だ……いつ飲んでもおかしくない」になるんでしょうね。

酒のない人生に希望が持てたとき、きっと豊さんに感謝の気持ちが出てくるのかな。僕は自分が嫌なヤツだと思って、苦しくなることもありますが、自分では自分が結構好きなんです。ナルシスト……自分にもいいところは少しはあるヨ。ああ、まだまだ歩き始めたばかりの断酒道。先は長いよ、一生止める決意なんてとてもとても……ということで、一日断酒で頑張ります。いつか心が開きますように……

〈真代さん〉

私は、この文章を初めて読んだとき、涙も出る部分もあれば、思わず可笑しいと笑みが出てきた部分もありますが、様々な感情が私の心のなかに込み上げてきて、読むのがとても辛かった。これで感想文を書くなんてとてもじゃないけど「無理」と思った。それは、あの3度のプロフィールから、ここまで私のことがわかるのかと恐ろしくなったからだ。でも、二度目三度目は冷静に読めるようになり、今このように感想文を書いている。

私は祖母のことが大好きだ。父と母が共働きだったため、祖母と一緒に過ごした時間の方が長く、また色々なことを教えてくれたのも祖母だった。豊さんの書いたように、祖母が一番私に愛情をそそいでくれた。とにかく私はお婆ちゃんっ子と言ってもおかしくないほど、祖母が大好きだった。もちろん、父と母のことも大好きだった。だから、私は布良の家で父と母のことを知らない間に面倒を見るような子になってしまったのかもしれない。私にとって大好きであった祖母の認知症で引き起こされた様々な出来事はとてもショッキングであった。でも、その当時は何も言えず、ただただ目の前で起こる出来事に必死になって対応していた。まるでドラマのなかの出来事のように感じることもあった。「今のは嘘だ、これは本当に現実か」と、思うような出来事ばかりが私を襲ってきても、私は布良の家にいたのである。もうこのときにはすでに何も感じないようになっていたもかもしれない。

一方学校では、豊さんの書いてくれた通り、私は良い子そのものであった。ただ小学校、中学校時代の活躍は、人数が少ないために選ばれる確率も高いのである。私は決して運動が得意でもないし、またズバ抜けて良かった訳でもない。勉強だって同じである。選ばれたあとが大変で、コツコツとやり、自分なりに頑張って試合の当日を迎えているので、自分のなかでは満足感があった。先生の信頼感を得ていたのも、ここがあったからかもしれないが、確かに目上の受けが良かったのは事実である。ここに書いてある「実力の伴わないハイハイ人形」について、少し触れてみたいと思う。

自分でもわからなかったが、今の私を思うと、その通りなのだと思う部分が多くなってきている。私が障害者手帳を持ったのも、風見さんのところで一年半研修をやらせて頂いたが、私は何一つ満足にできなかった。数字の順番や、真っ直ぐに線を引くことすらできなかったのである。それを目の当たりにしていく毎日だった。いくらやっても、何度やってもできない。何度か繰り返してやっていくと、何とか線や順番通りに並び替えることぐらいはできるようになった。複雑な仕事やスピード感を求められる仕事は、一年半いても私は覚えられなかったし、理解できなかったというのが正解だろう。何度社長から「ハイ、とは理解してから言うんだ。それまでハイとは言ってはダメだ」と言われたかわからない。

昨年私は障害者手帳を持ち、同時に生涯年金をもらうようになった。そこにいくまでは何度も迷ったし、正直辛かったが、決め手は原先生の言葉であった。「就職した場合、一番初歩の初歩から教えてくれるわよ。複雑な仕事は滅多にないし、単純なことを繰り返していくだけでいいオープン就労という働き方ができるのよ」二週間考えて、私は原先生に、障害者年金と障害者手帳の話を、先生から親に説明してくださいとお願いした。私はこの二週間色々考えたが、このままずっと親に負担をかけたままではいられないし、単純な作業なら風見さんのところでできるようになってきているなどと様々な面から自分を見つめ、障害者手帳をとることにしたのである。

最後になってしまったが、幸子さんとの出会いは、私を大きく変えてくれた。私は、幸子さんのことを母のように思っている。ときには叱られたり、抱きしめられたり。色々なことを幸子さんに教わっている最中である。『いばしょ』でも、育ってきた家庭のなかでは得られなかったことをしている。時には辛いけど。私の帰る場所は『いばしょ』である。「頑固も頑固……」とは言いすぎではと思うが、当たっているかも……

〈昭男さん〉

他の人のプロフィールはどんな書き方をしているのか知らないが、私の書いた大雑把なプロフィールの隙間を完全とは行かないが、あらかた埋めている。その洞察力には感心する。それだけ普段から私自身、気づかないところまでも、その目で見てきたのだろう思う。細部については多少違うところもあるが、核心を突いているので異論はない。

読んで行くほどに、自分のとっていた言動が、違う角度から見えてくるのが明らかにわかった。うつ状態のときは、何もかも虚しく無味乾燥で、余計なお節介は焼かないでくれと思っていながらも、内なる心のなかは、日々ふつふつと葛藤していたのだ。自然と、人と話すのも接することも嫌になっていたのだ。それは当然、年月をかけて、過去における自分のした所業を見つめ、認めることをしなければ抜け出せない無限地獄みたいなものだ。

『いばしょ』と京王断酒会に入るとき、一つの決心をした。ここで酒が止まらないともうダメだろうと、ある意味で命を預けた。身勝手のようだが今、私は現実に生きている。精神科病院に三回ほど入院する前に知り合った仲間が、十人近く命を落としているなか、今私は『いばしょ』の記録の感想文を書くことができている。何と幸せなことだろう。一歩間違えれば私もその仲間の一人になっていたかも知れない。間違いなく言えるのは、私の選択は正しかった、良かったということである。自分の歩むべき道が見え、霧が晴れてきた今、以前と違う自分を再度見つめ直すという作業ができる。実に私にとってタイムリーな企画である。

忌まわしい過去があって、厳しい現実があって、その先に未来がある。当たり前のようだが、どの次元からも逃げ出したらおしまいだ。本当の意味での償いは一生かかってもできないかも知れないが、せめて人間として恥ずかしくないように堂々と生きる。短いですが、私の感想文とさせて頂きます。

〈けい子さん〉

感想文……平成24年12月15日「まだまだ母親になり切れないけい子」と題した記録の感想文を書くように言われて、瞬間に苦手で「イヤだなァー」と思った。記述にあるように当初から、イヤ今でも好ましく思われていないことはわかっている。挨拶してもソッポを向かれ「おべっかは嫌いだ」と言われた。冒頭の「招かれざる客」で、やっぱりーと思いつつ、読んでいくうちにギクッ！　心胆が穏やかでない気分になった。自分でも強気で、打算的に損得を考えるイヤな性格だと思っているが、そうは自覚しても改めて手厳しく突きつけられては冷え込む。まだ顔を出してくる嫌なヤツと酷評が続き、ヤレヤレそろそろ引き際かなと感じた。

三鷹の一泊研修はとても楽しかった。後からも三鷹会の方々から何かと声をかけて頂いた。でも「嫌味タップリに耳打ち」されていたとは愕然とする。一挙一動は人の話題にのぼる、やはり自重すべしと反省しきり。井之頭病院家族会には誰彼の勧めやオーダーに従った訳ではなく、喜一の再度の入院で「今回ばかりは私は真剣に、本格的にこの病気と取り組まなければならない」と覚悟を決めて、当初から出席し続けてきている。「嫌よネ、仕切り屋ヨ」と噂があるとは悲しい。私は仕切ってなんかいません！　家族会は看護師、ケースワーカーの専門者が司会進行し、私が仕切るようなそんなお粗末(そまつ)なところではない。井之頭病院は「喜一(きいち)を助けてくれた」一番大事なところで、私自身もどれほど助けて頂いたかと感謝している。そんな噂は残念だが、改めて一層心静かに参加しようと思った。

断酒会ではご夫婦の場合と違って母親の立場としては、一人被告席にいるようにすら感じる。「母親から受けた仕打ち」の話が出る度に、身の竦(すく)む思いがする。確かに私は幼少期の喜一に幾度か本当に過度の虐待をしてきた、可愛そうなことをしてきた。「すまない」と思っている。でもいっぱい愛してきたことも事実、今ここで非難を浴び、反省の「振り返る時間」をもらっている。離婚そして子供を連れて帰ってきた状況を茶番劇とし、母親になり切れない者が子供を連れてくるから「真性アル中に育てた」との論には、頭を叩かれた思いがした。大変な思いをした「茶番劇」なる話は色あせ、これで封印(ふういん)する。私に求められる母親としての理想のあり方にはハードルが高すぎる。近づくことは至難(しなん)の技(わざ)、ただただ何と言われても息子は大事。私は本当に大事な私の子供を手放(てばな)さなかった、他人に頼ることなく働いて働いて、やりくりしながら女手一(おんなでひと)つで育ててきた。アル中に育てたんじゃァないです！　私は「まだまだ母親になり切れない」と言われてしまいましたが、社会のなかで喜一さんはいい青年になってきていると思います。

心穏やかでない気分で何度か読み返しているうちに、噛みしめれば噛みしめるほど味の出てくることに気づいてきた。漬物石になるなヨ、意固地虫を起こすなヨ、息子の足を引っぱらないように心穏やかに生きていく訓練だヨと、人としてのありようを示して頂いていると頷(うなず)けました。

〈靖枝(やすえ)さん〉

ますます静かな生活目指して……この原稿を受け取って読んだとき、何だろうと思いました。夫と息子がこんな病気なんて、十年も通った意味、私の気持ちは、何ともとり返しのつかない過去であります。それをぬぐい去るには、同じ思いの人の中にいることだけでした。ぬぐい去るではありません、共感です。

本人も自分の不幸は、自分のせいではないと思います。この運命をどうするか、仲間だけでした。思い返せば勝手に生きてきました。わがままもしました。知行(ともゆき)には辛(つら)い思いをさせました。だけどよくここまできたな！一人で生きているな！と感心しています。あれもこれも言いたいけれど、もういいんだよと……幸せになって欲しい。帰ってきたら、好きな物を食べさせてあげたい。帰りにはドアの隙間から心配そうに私を見て帰って行く。

もちろん私の心配に変わりはありませんが、この辺りで一息入れ、昼間の家族会に参加させてください。それから、あいさつのことすいません。私も気にしていました。

泣かないと言われますが、泣くと目がはれて顔が変わってしまい、外では泣かないと決めました。「人の行動には理由（ワケ）がある」と、これで悟りました。どうぞ知行をよろしくお願いします（泣く）。

カザミＪＲ(51)

（補）リュウマチで自宅療養中。夜はつまづいて転ぶ危険性があるので、昼間の例会だけになっている。薬を飲み忘れず、きちんと健康管理してくださいね。

【註】
（51）カザミＪＲ：著者は婿養子として風見家に入籍させてもらったことに強い恩義を感じており、それを表すためにJr.（ジュニア）を自称(じしょう)している。

「知りたがりやん」の旅の終わりに

「クズにも生命はある」から始まった「知りたがりやん」の旅も、この章で終わりになる。私は抑えがたき好奇心にかられて、人の心の「ヒダ」に土足で踏み入り、その心のなかを、身勝手な主観に基づいてズタズタに切り刻んだのだ。体験談は門外不出が大原則になっているはずだ。「秘密」が守られる安心感があるからこそ、苦悩を語り、自らの声を自らの耳で聞き、頷き納得し、自分で自分を知る機会が得られるのだ。聞き手は「共感」のチャンスを与えられるに過ぎないはずだ。個人のプロフィールを提出してもらい、体験談とつなぎ合わせて、分析し解読して行くのは、断酒会に対する裏切り行為であり、あってはならない暴挙だ。既存の例会のあり方に反旗を翻す「謀反人」だ。わかっていながらやらざるを得ない「衝動」とは何なのか？　「好奇心」だけでは、私自身が納得しない。

酒を飲んで酔っ払っては不始末を繰り返し、そんな自分を罵り蔑み、飲みたくないのに飲んで、酒地獄に陥って死んで行く。薄汚い厄介者が消え、司法解剖もそこそこに荼毘に付され、やがて忘れ去られて行く。奇跡的に断酒会につながることができたアル中とて、その生存率はほんの数パーセントに過ぎない。再飲酒の痛手は半端じゃない。「断酒会につながったからもう大丈夫」は、単なる神話に過ぎない。「再飲酒＝死」の現実は、私とて例外ではない。私は酒で死んで行く生命が惜しい！

酔っ払いの不始末話を何十年やっても、雨や嵐を厭わず何十年通い続けても、酒が止まっているだけで、心はまったく成熟して行かないのだ。「未成熟」のまま酒が止まっているに過ぎないからだ。足の先から頭のてっぺんまで「生き様」が一本につながって初めて、自らと対峙するチャンスが得られ、己を知る訓練を経て己を知り、未成熟を知らしめられる……成熟へのスタート地点がここだ。針の穴ほどの「成熟の光」が見えてくるのにかかる時間は、5年10年単位だ。多くのアル中さんは思春期の入り口、すなわち未発達段階で酒に手を出しているので、心は未成熟のままなのだ。断酒会は回復のみにこだわり「心の成熟」を見逃している。

未成熟な心は、固く閉ざされたままで開きようがない。否、開くにも開き方がわからないと言った方が良い。心は茫漠として掴みようがないもの、心の襞など知りようもないのだ。何か方法はないのか？　との問いかけが何十年続いたことか……

「言いっ放しの聞きっ放し」は断酒会の大切な宝だ。たとえ不備があったとしても、この大原則は守り続けねば、酒が止まるどころか、断酒会で生き行くことすら危うくなる。生き方に土足で踏み込んではならない。既存の手法を踏まえた上でプラスαを探した結果「チャットミーティング」が自然派生的に誕生したのだ。「おしゃべり」だ。話の途中に割り込んで、話し手とおしゃべりをして、感情が多少なりとも動いた瞬間に手を離して、話し手に話しを返して、気の済むまで話し続けてもらう。動いたものは元には戻らないという不可逆性を最大限に利用していると言っても良い。何が動いたのかは誰にもわからない。それは話し手サイドの「秘密」だ。思わず笑ってしまう本音話の連続線上にしかないものだ。格好つけ話、受け狙い話にはない。アル中の「生態」は、本音そのものが可笑しいものばかりだ。実にユニークで憎めない。満座の会場が、爆笑の渦に包まれる瞬間を思い出して欲しい。意図的では決してないはずだ。話し手も聞き手も心和み穏やかになる瞬間だ。断酒会から学び得たものに味付けをして、話の途中だろうがお構いなく「何か可笑しくない？　それって」とハッキリ言ってやるのだ。反応しようがしまいが受け手側のもの、こちら側は言いっ放しだ。アタフタしてほころびを繕う姿が絵になる。心が何かに反応して動いている。心が動けばこちらも単純に嬉しい。柔らかいフンワリした暖かさに包まれる場が出現する。この暖かさは、猛スピードでアル中の心に変化を呼び起こす。

　心が動けば成熟して行くものだ。何故とは問わない。人とはそういうものなのだから、そうなるだけだ。閉ざされていた心が開かれ溶けて行く姿を、何人も見ている。「心穏やかで思慮深い人」になっている。成熟の答えはこれだ。私に反論しても無駄だ。私にはこれ以上の論理の「解」はない。

　事実を言おう。この手法の名手が幸子さんなのだ。『いばしょ』のリードオフマンが幸子さんなのだ。私ではない。私は人を傷付ける。幸子さんは人を傷付けない。真似ることができるものではない。「お婆ちゃんっ子」の中に潜んでいる豊かさ……子を慈しみ愛で育てる「抱擁力」と言っても良い。実母との心の葛藤を経て、生き行く「核」を、母方の祖母のふくよかな愛に見出した幸子さんならではのことだ。祖母は毎朝お日様に手を合わせていた人だという……

「オレが毎日『いばしょ』に来ちゃみんな嫌になっちゃうだろう、誰も残りたくないだろう」という私の言葉に『いばしょ』の連中は、「えへへッ」と笑って「答えられません」とハッキリ答える。明らかに嫌がっている。「お前ェらに嫌われるために『いばしょ』を立ち上げたんじゃねェよッ」と言い返したいのは山々（やまやま）なのだが「それを言ッちゃァお終（しま）いよッ」ということぐらい、私もわかるようになってきたので、お口をつぐんで何も言いません……

切り刻まれた心の一遍（いっぺん）に本人が触れるとき、心は動揺し、悩み苦しみ深い悔恨の渦に飲み込まれるかも知れないが、動いた心は元には戻らない。心は常に「安心して居られる状態」を探し求めて移動して行く。まず動くことが「最低限の生きる誇り」を各々の個性に応じて発見して行くファーストステップとなるものと私は信じて、人様の体験談を分析し解読する暴挙に出たのだ。どの地点が安心していられる状態なのかは各々の心情によって異なる。同じ悩みを持つ仲間と共に「共感」し合える、安住の地『いばしょ』が、我々の「拠点」として存在していたからこそ可能になった「暴挙」と言っても過言ではない……ヒントは断酒会で語られる本音の中に秘められている「爆笑の渦」のなかにあった。動いた心がどこに行くのか、それは心が動いた人の「秘密」……その不可逆性（ふかぎゃくせい）に逆（ぎゃく）ネジを巻（ま）くことは誰にもできない……

カザミＪＲ

本書に寄せて

Healing & Recovery Institute 所長　水澤都加佐

アルコール依存症は、いうまでもなく病気です。病気であるなら、治療をすることで回復するのが普通です。しかし、残念ですが亡くなる方、再発をする人が多く、治療者までが「アルコール依存症は、死に至る病であり、再発は、病気の一部である」と明言するありさまです。

この病気の原因は、飲み始めてからの累計で、一定量以上の飲酒をしたということ、遺伝的な要因があるということ、そして脳の病である、と言われています。まず、一定量以上の飲酒ですが、日本人男性の場合純アルコールで約五〇〇リッターくらいの飲酒量ではないかと言われており、女性の場合には、その半分の量で依存症の様々な症状が出現すると推測されています。

遺伝的な要因というのは、まずアルコールを摂取した場合の体の働きですが、アルコールを分解して体外に排泄する能力の高い人と低い人がいるということです。分解酵素の働きが活発な人ほど飲み過ぎてしまい、上述の飲酒量に達してしまうのです。また、両親の一方がアルコール依存症の場合、両親ともアルコール依存症でない場合に比べて子どもが依存症になる可能性は四倍高いと言われています。飲める・飲めない、の体質的な遺伝要素と、依存症そのものの遺伝要素との両方があるということです（依存症に遺伝的な要素がある、というのは、親が依存症なら子どもは必ず依存症になる、という意味ではないことはお分かりいただけると思います。子どもの飲酒に注意さえすれば、連鎖は防げるのです）。

脳の病というのは、飲み始めの時期は、多少いい気分になり、酔いがさめれば普通の気分に戻ります。それを繰り返しているうち、ある日飲酒したときにとてもいい気分を味わいます。高揚感を味わうのです。次第にこの高揚感を求めて飲んでいるうちに、今度は酔いがさめると普通の気分に戻るのではなく、気分がとても落ち込むのです。落ち込んだ気分はよくないのでまた飲酒をします。すると、再び高揚感を味わいます。そしてさめると気分は落ち込み、飲酒すると高まる、というアップダウンの繰り返しをすることになります。要するに、飲んでいて気分がいいか、飲まずにいて気分が悪いかの、どちらかで生活をすることになります。ところがこのままの繰り返しでは終わらないのです。いつか、飲んでもかつてのような高揚感は味わえなくなり、飲んでも普通の気分、飲まないと落ち込むという、同じ繰り返しでもかつての高揚感と落ち込みの繰り返しではなく、普通の気分と落ち込みの繰り返しになってしまうのです。

こうなるとどうなるかというと、普通の気分でいるために飲酒が不可欠になるということです。生きていくために、仕事をするために、人と話をするために、時には病院に受診に行くときにさえ飲酒をしなければ行かれなくなるのです。こうしたことは、脳のある部分で起きていることです。

こうしてあるとき、アルコール依存症と診断されます。酒なしでは生活できなくなったからです。長い間飲んできた酒との決別を宣告されます。入院するか外来通院をすることになります。酒がきれるプロセスでいわゆる離脱症状が出現する場合が多いため、一時的にでも入院をした方が安全です。三か月の入院プログラム、などといって、どこでも似たり寄ったりの治療メニューを用意しています。

アルコール依存症からの回復率は、いったいどのくらいなのか、という質問を受けることがあります。正直言って低いとしか言えません。アメリカの治療施設などでは、かなり高いことを売りにしているところがありますが、私自身はあまり信じていません。どこもここも、自分の施設に多くの患者に来てほしいので、80％だ、70％だと言ってはいますが、実際には残念ですがそれほど高くはありません。日本では、保険制度がアメリカとは異なるため、単純な比較は難しいですが、特徴としては日本には再入院が多いことでしょう。どの病院でも、入院患者の半数前後が再入院と言っても過言ではありませんし、何年も何十年もクリニックに通院して服薬している患者が多いのです。いったい、どこに回復のむずかしさがあるのでしょう。

上述の三つの原因をもう一度考えてみましょう。一定量以上飲んでなった病気なら、飲むのをやめるしかありません。余談ですが、よく、飲み過ぎたからなった、とか、あんなにたくさん飲んでいたら依存症になる、などという言い方がありますが、これは正確ではありません。あんなにたくさん飲むようになったころには、すでに依存症になっていたと考えた方が正確です。二つ目の遺伝の要素ですが、依存症になってしまった人に、あなたは遺伝の要素がある、と言ってみたところで目を白黒させるだけの話です。予防的には重要な要素ですが、患者にあなたは遺伝だ、と言ってみたところで、では回復はどうしたらいいのか、という質問の回答にはなりません。治療者は、遺伝だと分かったようなことを簡単に患者に言って専門家ぶるのは無意味であることを知るべきです。

脳の病ですが、患者が飲酒をやめて落ち込んだ気分が普通の気分に戻るまで数か月以上かかることは珍しくありません。長期離脱症状（急性期の後の離脱症状）と言われている様々な症状、たとえば、イライラ、集中力のなさ、まとまらない、思い出せないなど、これらを処方薬で対応するのも日本的な特徴の一つでしょう。処方薬依存の多くが、こうしたプロセスで作られていると言っても言い過ぎではないでしょう。

こうして振り返ってみると、アルコール依存症の治療における医療の限界と風見さんのように断酒会に参加をして回復を図る意味が明確になってくるはずです。特に再発の要因には、生い立ちの問題、トラウマ、癒されていない喪失感など、依存症の直接的な原因ではないが取り組みをしない限り再発を防ぐことが困難な要素が存在しています。また同時に、いわゆるクロスアディクション[52]の原因にもなりうるのです。医療の場面では、こうした問題にほとんどと言っていいほど取り組んでいません。三か月もの長期にわたる入院期間があるのであれば、いくらでも取り組める問題なのに、まずスタッフがこうした課題に対応できないことと、現在の医療制度のもとでは、こうした基本的な問題に時間をかけたとしても保険点数にならないため、作業療法や投薬など、点数になるものしか患者には提供されないという限界があるのです。

摩訶不思議なことに、数あるアルコール依存症専門病院のどの治療プログラムを見ても、断酒会やAAなどの自助グループの例会、ミーティングが載っていません。これは病院のスタッフによって行われているものではなく会員、メンバーによって行われているものであり、自腹で病院まで来てくれているボランタリーな人たちによって治療の最も大切な部分を担ってもらっているという現実を、もう少し直視して、スタッフによるプログラムの充実を図るべきではないかと、常々思っている次第です。

いずれにしても、断酒会の役割が、今まで大きかっただけでなく、今後もますます大きくなるように思われます。こうした本が出版されることにより、日本の隅々(すみずみ)まで断酒会のメッセージが届けられるのは、本当にうれしいことです。今後もますますのご活躍を祈ります。

2014年5月12日

【註】

(52) クロスアディクション：見かけ上は異なる依存症である2つ以上のアディクション(依存症、嗜癖)が一緒に発症していること。アルコール依存と共依存、摂食障害と窃盗癖、薬物依存とセックス依存など多様(たよう)な組み合(く あ)わせがある。

著者略歴

風見　豊（かざみ・ゆたか）

１９５０年、北海道北見市生まれ。39歳の時にアルコール依存症と診断され、専門病院に入院し治療プログラムを受ける。退院後、三鷹市断酒会を経て、東京断酒新生会に入会。２００６年にＮＰＯ法人京王断酒会が運営する、アルコール依存症者本人と家族のための自立支援センター『いばしょ』を設立。理事長としてアルコール依存症者の回復と社会復帰を支援している。著書に「アルコール依存症の正体～私という酒乱はこうして生まれた」がある。

ＮＰＯ法人京王断酒会　自立支援センター『いばしょ』

〒１８２―００２４　東京都調布市布田１―２９―４　川口第二ビル３Ｆ

電話　０４２（４８９）９３５７

オフィシャルサイト：www. keiodanshu. com/

再生へのエール

アルコール依存症者の自立支援センター『いばしょ』の物語

2024年5月31日発行

著　者　風見　豊
発行者　向田翔一

発行所　株式会社22世紀アート
〒103-0007
東京都中央区日本橋浜町3-23-1-5F
電話　03-5941-9774
Email: info@22art.net　ホームページ：www.22art.net

発売元　株式会社日興企画
〒104-0032
東京都中央区八丁堀4-11-10 第2SSビル 6F
電話　03-6262-8127
Email: support@nikko-kikaku.com
ホームページ：https://nikko-kikaku.com/

印刷
製本　株式会社PUBFUN

ISBN：978-4-88877-292-1